LE PORT DE CASABLANCA
AU XXe SIÈCLE

Collection « Inter-National »
dirigée par Denis Rolland, Joëlle Chassin
Françoise Dekowski et Marie-Hélène Touzalin

Cette collection a pour vocation de présenter les études les plus récentes sur les institutions, les politiques publiques et les forces politiques et culturelles à l'œuvre aujourd'hui. Au croisement des disciplines juridiques, des sciences politiques, des relations internationales, de l'histoire et de l'anthropologie, elle se propose, dans une perspective pluridisciplinaire, d'éclairer les enjeux de la scène mondiale et européenne.

Dernières parutions

Guy LORANT, *Les ambiguïtés de la démocratie participative, De Porto Alegre aux Gilets jaunes,* 2019.
Despina TOMESCU, *Roumanie histoire d'une identité,*2019.
Jean KUDELA et Bernard LORY (dir.), *Le regard sur l'autre en Europe médiane,* 2019.
Rubenilson *BRAZAO TEIXEIRA,* avec la participation d'Edja Trigueiro, *Des deux côtés de l'Atlantique : Natal-Dakar dans une perspective comparative*, 2018.
Jules DURAND, *Lettres de prison- septembre 1910-février 1911*, 2018.
Félix PAVIA, *Mexique : la guerre perdue contre le narcotrafic*, 2018.
Laurie SERVIÈRES, *Colombie : la paix comme levier politique internationale, 2018.*
Antonia AMO SÁNCHEZ, Marie GALÉRA, *Métissage de la création théâtrale. Amérique hispanique/Espagne/France*, 2018.
Tristan LEFORT-MARTINE, *Des droits pour la nature ? L'expérience équatorienne*, 2018.
Mariella VILLASANTE CERVELLO et Raymond TAYLOR (sous la dir. de), avec la collaboration de Christophe DE BEAUVAIS, *Histoire et politique dans la vallée du fleuve Sénégal. Mauritanie. Hiérarchies, échanges, colonisation et violences politiques, VIIIe-XXIe siècles. Essai d'histoire et d'anthropologie politique*, 2017.
Catherine DURANDIN, Irina GRIDAN, *Moldavie, repères et perspectives*, 2017.
Ruggero GAMBACURTA-SCOPELLO, *Les régimes passent, l'État développementaliste demeure. Le cas de la Banque Nationale de Développement Économique* et Social (BNDES) au Brésil, 2017.
Pierre JOURNOUD, *L'énigme chinoise. Stratégie, puissance et influence de la Chine depuis la Guerre froide*, 2017.
Morgan DONOT, *Discours, identité et leadership présidentiel en Amérique latine*, 2017.

Miguel SUÁREZ BOSA

LE PORT DE CASABLANCA AU XXe SIÈCLE

Une source de développement pour le Maroc

Traduit de l'espagnol par David Bovy

L'Harmattan

5-7, rue de l'École-Polytechnique, 75005 Paris

http://www.editions-harmattan.fr

ISBN : 978-2-343-17802-8
EAN : 9782343178028

Pour Lucas Schubert Suárez, qui a débarqué il y a un an à peine et navigue joyeusement sur les eaux de ce monde difficile.

SOMMAIRE

REMERCIEMENTS

Cette publication est le fruit de l'analyse menée par l'auteur dans le cadre du projet de recherche « Global South. Puertos y Desarrollo económico y social en el Atlántico Meridional (1850-2010) » [Global South. Ports et développement économique et social au sein de l'Atlantique Sud (1850-2010)] et de sa suite, « La gobernanza de los puertos atlánticos. Siglos XIV-XXI » [« La gouvernance des ports atlantiques. Du XIVe au XXIe siècle »] (HAR2016-81812-REDT), financés par le ministère de l'Économie et de la Compétitivité espagnol et dont il est le chercheur principal.

Les informations présentées proviennent des fonds de nombreux centres de recherche, institutions, bibliothèques et archives (cités dans l'introduction) que je tiens à remercier pour l'attention qu'ils m'ont accordée, ainsi qu'à tous les membres de leur personnel qui m'ont prêté leur concours. Je tiens à remercier tout particulièrement la Chambre de Commerce et d'Industrie de Casablanca qui a veillé à me faciliter la consultation de ses fonds documentaires, ainsi qu'à son personnel qui a toujours fait montre d'une grande amabilité lors de mes visites.

De nombreuses personnes m'ont également aidé et soutenu dans cette entreprise complexe qu'est l'édition d'un livre et j'aimerais remercier tout spécialement Daniel Castillo Hidalgo, toujours prêt à vérifier les informations et à rechercher des données, des tableaux et des graphiques ; Irene Cuscó, responsable de l'édition et de la couverture ; et David Bovy, qui a accepté de réaliser le difficile exercice de la traduction en français.

Je tiens aussi à témoigner mon immense gratitude à la Docteur Leila Maziane, sans qui cette publication n'aurait jamais pu voir le jour. Elle m'a en effet ouvert les portes de ce monde inconnu qu'étaient pour moi les institutions marocaines et qui m'ont permis d'obtenir toutes les informations nécessaires. Elle m'a également accompagné et enseigné l'idiosyncrasie du port de Casablanca et de ses habitants et a supervisé la version finale de la traduction, même si la responsabilité d'une quelconque erreur incombe uniquement à l'auteur.

Nous tenons également à exprimer nos sincères remerciements à Madame Joëlle Chassin, directrice de collections de la maison d'édition «L'Harmattan», dont l'accompagnement, sûr et précis, a largement facilité l'édition de ce livre.

PRÉFACE

Quel plaisir d'avoir enfin cette monographie tant attendue de Miguel Suárez Bosa sur le port de Casablanca! Il s'agit d'une œuvre de premier ordre d'un historien qui maîtrise ses sources et ses méthodes et qui éclaire d'un jour nouveau nos connaissances sur ce port au destin planétaire.

Pour la première fois, une synthèse d'une grande densité sur le monde portuaire marocain à l'époque du protectorat voit le jour. Elle se base sur une masse documentaire foisonnante, marocaine et française, et sur de patientes recherches et enquêtes menées là où les navires casablancais avaient coutume d'accoster. Rien n'est laissé au hasard! Ne se contentant pas de nous offrir un texte soigneusement écrit, Miguel Suárez Bosa l'accompagne d'une avalanche de tableaux et de graphiques complets d'évolution du trafic, ainsi que des données bien commentées et présentées.

Il s'agit d'une présentation du Maroc économique et portuaire en contexte colonial, dans toute sa complexité ; une rétrospective qui entend intégrer cette fresque dans une toile de réseaux : ceux de l'Afrique et ceux du monde atlantique. La configuration et la modernisation du système portuaire du Maroc atlantique sont prises à bras le corps, tout comme le port de Casablanca, en analysant posément et méthodiquement sa conception, son évolution, ses fonctions ainsi que le volume et les origines des investissements alloués aux équipements. Le bilan de la relation entre le port et la ville, qui se déploie prodigieusement et prend vie à partir du port, est minutieusement abordé par l'auteur qui nous éclaire sur l'ensemble des transformations introduites au niveau du monde portuaire et de la communauté portuaire par/et au contact du protectorat français.

Un coup de sonde dans les sources française a suffi pour lever le doute sur un autre aspect, souvent omis par les chercheurs en histoire maritime. Il s'agit de la main d'œuvre portuaire et du prolétariat industriel, que l'auteur a essayé de mettre en évidence avec tout le système de gestion que cela induit (salaires, législations, organisation du travail, évolution des conditions de vie des travailleurs, etc.). Il n'en reste pas moins que, grâce à tout le travail effectué par une cohorte de chercheurs français au temps du protectorat (Eyquem, Celce, Célérier, Montagne, etc.) et d'autres au temps de l'indépendance sur le port et la ville de Casablanca (Ayache, Belal, Adam, Kaioua, etc.), en sus des archives exploitées, que le livre de l'historien espagnol prend toute sa valeur. Miguel Suárez Bosa possède également cette vue d'ensemble nécessaire pour donner à ce sujet sa véritable force. Certes, ce ne sont là que de menus détails mis en évidence dans le présent volume et qui résument largement la dynamique d'un port et d'une ville appelée, non sans raison, à devenir à long terme le cœur battant du Maroc indépendant, car l'effort accompli offre une solide matière au travail et à la réflexion et ouvre à d'autres historiens de nouvelles perspectives de recherche.

Leila Maziane
Casablanca, le 20 février 2019

PRÉSENTATION

Cette publication a pour but d'étudier le port de Casablanca au temps du protectorat français (1912-1956), à savoir lorsque le Maroc se trouvait sous la domination française et espagnole qui étaient alors les deux puissances chargées resectivement de l'administration de la zone atlantique et nord-méditerranéenne. La présente étude de cas constitue une opportunité pour découvrir un modèle intégrant les variables caractéristiques des ports modernes issus de la réforme portuaire entamée dès le milieu du XIXe siècle. En effet, les nouvelles technologies appliquées à la navigation après la révolution industrielle ont permis la construction de navires de grande taille exigeant des infrastructures portuaires capables de les accueillir et de leur garantir une gestion opérationnelle efficace. Pour tenter de rivaliser avec les autres ports de la région, tels que le port britannique de Gibraltar ou celui de la ville internationale de Tanger, les autorités du protectorat français au Maroc ont dès lors misé sur la construction d'un port « national » doté des dernières avancées techniques de l'époque et qui deviendrait le moteur de l'économie du pays grâce au développement de sa connectivité avec les autres moyens de transport, comme les réseaux ferroviaire et routier. Ces infrastructures devaient permettre la mobilisation des ressources économiques ainsi que la croissance du commerce extérieur.

Responsable en dernier ressort de l'administration du territoire marocain attribué à la France à la suite du traité de Fès, l'État français décida d'investir dans des biens d'équipements et des outils de communication, ainsi que de consacrer la moitié du budget de la période 1914-1920 aux secteurs portuaire, routier et ferroviaire. Cette politique se fondait sur la conviction des autorités du protectorat de l'importance de doter le pays d'infrastructures publiques ou publiques-privées pour atteindre la croissance économique. La volonté politique s'est donc centrée sur le renforcement de la collaboration entre les deux secteurs (public et privé) à partir de deux approches : d'une part, en investissant des fonds publics dans des sociétés mixtes telle que la *Manutention Marocaine*, chargée de la gestion de la main-d'œuvre et de l'activité portuaire ; et, d'autre part, en finançant des sociétés publiques tel que l'Office chérifien des phosphates (OCP), entité chargée de l'exploitation et de la gestion des riches gisements de phosphates et bénéficiaire de la concession des activités portuaires liées à l'embarquement de ce minerai.

Conscients que les ports s'inscrivent dans un contexte social spécifique, nous avons tenu à ce que cette recherche aborde également différents aspects sociaux et politiques du Maroc. À cet égard, il y a lieu de noter que la structure sectorielle duale constitue la caractéristique fondamentale du système économique et social marocain. Il s'agit en effet d'une économie fondée, d'une part, sur un secteur traditionnel lié à l'agriculture et à l'élevage ne favorisant guère l'innovation et, d'autre part, sur un secteur des exportations dynamiques (produits miniers, agricoles et industriels). Ce dernier a attiré toute l'attention du protectorat qui s'est à peine inquiété du développement ou du financement des infrastructures éducatives étant donné que le modèle économique choisi n'exigeait pas une population possédant un niveau de formation élevé. Il fallait toutefois qu'elle soit en bonne santé et le secteur des soins de santé, quant à lui, a bénéficié d'importants investissements.

La décision d'installer un grand port à Casablanca constituait un défi considérable pour cette région qui allait devenir le terrain d'expérimentation d'une série de techniques de construction puisque, à l'instar du reste du littoral marocain, les conditions naturelles de cet emplacement s'avéraient peu favorables à une telle entreprise. Cette infrastructure est donc le résultat de la volonté politique du protectorat français de construire un port national qui résorbera une grande partie des investissements publics. Lorsque la décision a été prise, un débat s'est alors engagé pour déterminer le meilleur modèle portuaire à développer et pour savoir s'il était préférable d'opter pour une centralisation autour d'un grand port doté des dernières avancées techniques ou, au contraire, pour une décentralisation axée sur un ensemble de ports régionaux bien équipés.

Parallèlement au développement des infrastructures et de l'activité portuaire, la croissance vertigineuse de la ville pose également une autre question historiographique : qui du port ou de la ville est arrivé en premier ? En d'autres termes, dans le cadre de la croissance portuaire liée au secteur urbain, le modèle Anyport de Hoyle est-il applicable au cas de Casablanca ? Cette croissance est-elle le fruit de dynamiques locales (internes) ou de facteurs exogènes ? Les données empiriques n'offrent aucune donnée concluante en faveur de l'une ou l'autre de ces options. Il importe de signaler que cette publication prétend également aborder d'autres aspects complémentaires mais tout aussi attractifs, tels que le mouvement des marchandises, la gestion et l'administration du port, les caractéristiques de la communauté portuaire, la structure de l'entreprise ou, en définitive, l'organisation du travail.

CHAPITRE I

LE PORT DE CASABLANCA, SOURCE DE DÉVELOPPEMENT POUR LE MAROC

1. Contenus et justification du sujet

Le port de Casablanca a joué un rôle clé dans le développement du Maroc sous le protectorat français (1912-1956). Son importance pour l'économie nationale prouve que, pour les pays euphémiquement appelés « nouveaux », les infrastructures constituent une condition *sine qua non* de la modernisation. Les autorités françaises l'avaient bien compris et ont clairement misé sur la création d'un réseau de ports modernes couvrant la côte atlantique du pays dont Casablanca serait la pièce maîtresse.

En vertu du Traité de Fès (1912), le Maroc dejà sous l'influence des puissances européennes signataires des accords d'Algésiras (1906) était alors administré par la France et l'Espagne. La France a hérité de la partie la plus fertile du territoire national, à savoir la zone atlantique connue sous le nom de « Maroc utile ». Cette date a marqué le début du régime connu sous le nom de « protectorat », à savoir l'administration conjointe du territoire entre le gouvernement français et le sultan, même si, dans la pratique, le pouvoir exécutif était exercé par le résident général désigné par les autorités françaises.

Bien que centrée sur un cas concret, cette publication revêt un caractère interdisciplinaire afin de comprendre, d'une part, l'interaction entre les transformations du commerce mondial du XIXe siècle et, d'autre part, les mutations de l'économie portuaire. Ce faisant, nous établissons un lien avec le concept de la mondialisation, considérant que l'économie internationale est mondialisée depuis le milieu du XIXe siècle, tout en tenant compte des transformations politiques et macroéconomiques qui se sont succédé au cours de l'entre-deux-guerres.

La période couverte par ce travail s'étend du début du XXe siècle, plus précisément de l'époque de l'occupation du Maroc par les puissances européennes, événement ayant marqué la fin de l'indépendance réelle du Maroc, jusqu'à la fin du protectorat (1956). Cette période coïncide avec la première réforme portuaire moderne liée aux innovations appliquées à la navigation maritime et à la construction des ports.

L'analyse de ce cas permet de pondérer les bienfaits des politiques mises en œuvre par la puissance coloniale au cours de cette période. Les administrateurs de cette colonie ont misé sur la création d'un « port national », titre revenant de droit à Casablanca. Contestée, cette décision a toutefois donné lieu à un intéressant débat. Les partisans de la centralisation privilégiaient en effet l'option d'un grand port appelé à devenir le moteur économique du pays, tandis que les défenseurs de la décentralisation considéraient qu'il convenait de créer un réseau de ports régionaux permettant de promouvoir leurs zones d'influence respectives. Le fait est que la théorie avancée par la littérature spécialisée dans le domaine du développement spatial des systèmes portuaires s'est, une nouvelle fois, confirmée, à savoir la tendance à un niveau croissant de monopolisation et de concentration lors des phases avancées de développement portuaire. Que ce soit en raison de l'action délibérée de l'administration ou par la force des choses, l'activité portuaire du Maroc colonial s'est concentrée sur un seul port principal.

Les auteurs qui se sont intéressés à cette période de l'histoire du Maroc s'accordent à dire que les investissements en infrastructures réalisés sous le protectorat ont été cruciaux (Ayache, 1956 ; Belal, 1968). Selon le modèle en vogue à l'époque, les nouvelles infrastructures ont été financées quasi intégralement par le secteur public et exécutées par des entreprises privées en échange de la concession de l'exploitation des services portuaires. Le facteur clé est que, comme à l'accoutumée dans les territoires coloniaux ou peu développés, les conditions contractuelles permettaient aux agents privés d'obtenir de plus grands bénéfices que dans la métropole.

Sachant que l'économie marocaine duale se partageait entre un secteur moderne dynamique et un secteur traditionnel stagnant, ces grands travaux publics servaient les intérêts du premier, à savoir de l'exportation des minerais et de produits agricoles, ainsi que de l'importation de marchandises européennes destinées à la consommation intérieure. Compte tenu de son importance, le secteur public a joué et joue encore un rôle essentiel dans la gestion, la réglementation et la planification des activités et des infrastructures portuaires. La réalisation de grands investissements en infrastructures portuaires constitue par conséquent une condition essentielle (bien qu'insuffisante) à l'exploitation des économies d'échelle dans le secteur du transport maritime. En réalité, les ports sont souvent appelés à prendre une position de monopole naturel (comme tout autre territoire insulaire ; le cas du port de Las Palmas illustre parfaitement ces dires), aspect souvent mis en exergue pour justifier leur financement public.

Mais le succès du port de Casablanca est également dû à l'efficacité de l'administration portuaire qui a opté pour un modèle de gestion public-privé. En effet, les autorités, ou l'administration, géraient les services réalisés par le port qui étaient à leur tour cédés, par le biais d'un système de concessions, à des entreprises (publiques ou privées). Ce modèle a donné naissance à la communauté portuaire à laquelle sont venus s'ajouter les travailleurs portuaires.

L'expansion soutenue de l'activité portuaire a entraîné une croissance exponentielle telle de la ville qui l'entoure que ce petit bourg ou hameau du début du XXe siècle s'est rapidement transformé en une grande ville de référence en quelques décennies à peine. Mais qui du port ou de la ville est arrivé en premier ? Au risque de surprendre, nous sommes en mesure d'affirmer que le port de Casablanca a permis la croissance et la modernisation de la ville qui l'accueille. Il a en effet permis de générer le flux d'intrants que demandaient l'industrie florissante et le commerce croissant. Les industries dépendant directement du port ont commencé à s'installer à ses côtés tandis que d'autres se sont implantées dans des zones plus éloignées mais tout aussi connectées au milieu portuaire.

La ville fournissait, quant à elle, la main-d'œuvre à l'industrie naissante en canalisant l'arrivée massive des travailleurs en provenance des quatre coins du territoire marocain et, notamment, des régions centrales et méridionales du pays. Des minorités ethniques d'autres villes ou régions ont, par ailleurs, encouragé l'activité commerciale, tels que les *fassis* (originaires de la ville de Fès) ou les *sussis* (originaires de la vallée du Souss). Dans les deux cas, de puissantes chaînes migratoires se sont formées (Pallez, 1951).

Plusieurs auteurs se sont penchés sur le cas du port de Casablanca. Axés principalement sur les fonctions portuaires, le commerce, le trafic et les infrastructures, les textes élaborés au cours de la période coloniale (Celce, 1952 ; Celérier, 1934 ; Croze, 1949 ; Eyquem, 1933 ; Vidalenc, 1928) s'avèrent particulièrement intéressants. Ils suivent en effet les tendances marquées par l'école française, profondément influencée par les études de l'économiste et géographe belge De Rousiers (Marnot, 2012). Seul inconvénient, tous ces auteurs semblaient partir du principe de la nécessité de ventiler les types de trafic en fonction de la destination. Or cette alternative méthodologique s'est avérée excessivement schématique puisqu'elle ne tenait pas compte d'une série d'aspects essentiels à tout port moderne, tels que les services de ravitaillement ou de réparation navale, et qu'elle ne permettait d'ailleurs pas non plus de faire la distinction entre les rôles régional et commercial. Un texte plus contemporain élaboré à partir d'une approche technique (Cherfaoui et Doghmi,

2005) offre une vue d'ensemble du système portuaire marocain jusqu'à nos jours. De même, certaines revues de vulgarisation ou scientifiques, dont le *Bulletin économique et social du Maroc* (BESM), offrent des articles traitant divers aspects de l'activité portuaire, tels que le trafic, les infrastructures, les entreprises portuaires ou l'influence du port sur la croissance urbaine, et proposent des données et des analyses dans le domaine de la société et de l'économie liée au port. Publiée en 1966, la thèse doctorale de A. Kaioua constitue un élément essentiel de l'étude de la croissance de l'industrie et de sa localisation. De nombreux articles et livres se penchent également sur les aspects urbanistiques et rappellent le chaos relatif de la ville, ainsi que les multiples tentatives d'aménagement des différents plans urbanistiques. Cette discipline se centre essentiellement sur les valeurs architecturales de la ville de Casablanca, considérée comme un symbole de l'architecture moderniste (Ecochard, 1951 ; Cohen et Eleb, 2004). En ce qui concerne les aspects politiques, économiques et sociaux de l'époque du protectorat, questions déjà largement étudiées, la majeure partie des publications d'origine française exaltent les mérites de la métropole en tentant de convaincre que son action civilisatrice a provoqué la chute des anciennes politiques du Royaume du Maroc (rétrogrades, isolationnistes, corrompues) alors sous l'emprise des traditions. Elles ne tarissent pas d'éloges à l'égard de personnalités telles que H. Lyautey, premier résident général du protectorat, qu'elles présentent comme un pacificateur et un modernisateur du pays. Il a, par ailleurs, écrit lui-même d'intéressantes mémoires intitulées « Paroles d'action », animé par cette même volonté d'exalter l'œuvre du protectorat (Celérier, 1934 ; Celce, 1952), la majorité des auteurs soutiennent la centralisation portuaire et ce, même si certains questionnent la validité de cette option (Eyquem, 1933).

Il est toutefois vrai qu'un autre courant historiographique alternatif offre une vision plus critique de l'action du protectorat. Se composant principalement d'auteurs à tendance nationaliste, il cherche à souligner les valeurs de la société et de la culture du Maroc tout en revendiquant son passé et ses traditions (Ayache, 1956 ; Kaioua, 1966). En vérité, plusieurs aspects de l'activité portuaire et de sa relation avec l'économie et la société du Maroc exigent encore une étude plus approfondie de la question. La gestion et l'administration de l'activité portuaire, l'impact du cadre institutionnel sur l'évolution de l'activité maritime, la gestion du commerce et de la main-d'œuvre, la relation entre le port et la ville, les conditions de vie de la population, en particulier des travailleurs, ne sont que quelques exemples des aspects requérant une nouvelle approche.

La modernisation des ports au cours du XIXe siècle, également appelée la première réforme portuaire, illustre bien l'histoire de l'innovation. La technologie et les transformations morphologiques du port qui en découlent occupent une place de plus en plus centrale au sein de l'économie portuaire. Les changements tels que la modification de la gestion de l'entrée et de la sortie des navires ou le contrôle des marchandises et des voyageurs étaient inévitables et les autorités portuaires n'ont pas eu d'autre choix que de s'adapter aux nouvelles méthodes pour ne pas risquer de perdre leur clientèle. Il convient toutefois de ne pas oublier que, bien que nécessaires, les améliorations techniques des ports ne suffisent pas à garantir leur compétitivité et les potentiels de leur environnement économique doivent donc être dûment évalués. En tant que plates-formes permettant l'échange entre les agents et leur connexion avec des réseaux internationaux, les infrastructures portuaires encouragent le développement de l'activité de production, contribuent au renforcement du potentiel de l'offre et de la demande en réduisant les coûts de production et de transaction des entreprises et soutiennent la hausse de la demande, conséquence directe de la réduction du prix final des biens et des services, tout en augmentant le pouvoir d'achat des consommateurs.

À partir de cette prémisse générale, la présente publication vise à caractériser la politique portuaire du protectorat et sa volonté centralisatrice, à étudier l'importance des institutions formelles et informelles caractéristiques de la formation sociale marocaine et leur relation avec l'activité portuaire et à déterminer le type d'institutions portuaires typiques des territoires coloniaux. L'analyse du type de trafic (international et de cabotage) permet de plus de définir les fonctions portuaires et les relations du port avec son *foreland* et son *hinterland*, de catégoriser ou classer les infrastructures portuaires et leur relation avec la technologie et de définir l'intégration avec d'autres moyens de transport. Il s'avère particulièrement intéressant d'analyser la relation entre le port et la ville et l'activité entrepreneuriale ou de quantifier l'emploi créé à partir de l'activité portuaire. Enfin, une méthode novatrice consiste à caractériser la communauté portuaire qui s'est développée au fil du temps.

À l'instar d'autres études antérieures, ce projet part de l'hypothèse centrale que Casablanca a joué un rôle clé dans le développement économique et social du Maroc sous le protectorat. Pour notre part, nous estimons que la disponibilité des infrastructures, des technologies adaptées et d'une bonne gouvernance sont autant de facteurs venant contribuer à la croissance de l'activité portuaire. En effet, les autorités politiques en place et l'administration du protectorat ont imposé un cadre institutionnel ayant permis de faciliter le développement économique et la croissance. Mais, comme nous le verrons avec le cas du Maroc, les infrastructures à elles seules ne suffisent pas à provoquer le développement dans son sens le plus large et doivent être accompagnées d'institutions inclusives et non extractives, ces dernières étant source d'effets pervers. L'imposition d'un régime autoritaire par le pays colonisateur n'est pas le fruit du hasard.

Le non respect des principes démocratiques (liberté de réunion, liberté d'expression, liberté syndicale, etc.) et la non reconnaissance de ces droits à la population autochtone ont permis au capital français et à l'oligarchie locale, ou *makhzen*, d'être les grands bénéficiaires de ce processus. Toutes ces circonstances ont supposé l'instauration d'un facteur limitatif aux effets pervers et, à long terme, sur l'inégalité qui se sont prolongés au-delà de l'indépendance du pays.

De même, la centralisation de l'activité portuaire à Casablanca est le résultat d'une décision politique stratégique de la puissance colonisatrice visant à déstabiliser les deux piliers du pouvoir local qu'étaient alors Fès et Marrakech et, parallèlement, à défendre les intérêts économiques et commerciaux de la minorité européenne. Ce port a toutefois acquis une importance telle pour l'économie marocaine qu'il était difficile de définir sa zone d'influence. En effet, même si l'on considère la région de la Chaouïa comme son *hinterland*, ses relations couvrent les régions situées plus au nord, via la route qui mène à Fès, les régions orientales de la zone de l'Anti-Atlas et les régions méridionales jusqu'à Marrakech.

Ce projet se fonde sur une méthode d'analyse intégrale et multidisciplinaire. Et pour cause : l'élaboration d'une proposition de ce type et l'atteinte de son objectif général exigent une approche holistique du port et, même si les études portuaires ont accompli des progrès significatifs, il convient de ne pas écarter certaines propositions méthodologiques des courants de pensée traditionnels. Pionnière dans ce domaine, l'école anglo-saxonne considère un port déterminé comme une unité d'analyse, tandis que son homologue française fonde son analyse sur les fonctions portuaires. Pour leur part, les tendances plus contemporaines préfèrent adopter une approche intégrale ou globale des ports.

D'un point de vue méthodologique, les hypothèses doivent s'appuyer sur des données statistiques, instrument objectif de mesure de l'activité commerciale portuaire. Le critère de référence pour l'évaluation de l'activité commerciale est le commerce extérieur, duquel il faut déduire le trafic du cabotage national. Celui-ci doit être étudié sous tous ses aspects : quantification du nombre d'unités et leur capacité respective, volume, dimensions, zones géographiques et types de marchandises.

En ce qui concerne l'étude des relations entre le port et la ville, plusieurs facteurs doivent être pris en considération : l'origine et la localisation des travailleurs, la corrélation entre le trafic et le nombre d'entreprises créées dans la ville ou la distribution spatiale de l'activité industrielle et ce, tout en veillant à différencier les industries situées à proximité du port de celles quî sont éloignées mais connectées par voie routière ou ferroviaire. Comme il est précisé dans le chapitre VIII, plusieurs enquêtes publiées offrent un suivi des entreprises créées et implantées à Casablanca. Qui plus est, toute étude intégrale d'un port doit veiller à inclure la communauté portuaire, composant essentiel à son bon fonctionnement. Les consultations menées auprès de l'administration, des entreprises et des travailleurs, des Archives de l'Autorité portuaire, des institutions locales, telles que la Chambre de commerce ou l´administration même du protectorat, nous ont permis de rassembler une base documentaire suffisante pour procéder à sa caractérisation. En définitive, la présente proposition permet d'élaborer une approche, partielle, de l'influence du port sur le développement de la société et de l'économie marocaines.

L'étude d'un port dans sa globalité exige la prise en considération des apports de différentes disciplines, ainsi que l'application de la méthode de recherche historique à partir de l'analyse rigoureuse des sources consultées pour expliquer son évolution. La convergence de la théorie économique évolutive et institutionnelle, de la géographie, du droit et de la sociologie permet non seulement d'analyser le port d'un point de vue économique, social et administratif, mais également d'étudier son rôle dans la croissance et le développement du pays en mettant un accent particulier sur la technologie et les institutions.

Ce projet repose principalement sur les principes de la géographie économique. Souvent oubliés par les historiens portuaires, les concepts de la géographie maritime peuvent apporter des éléments déterminants pour comprendre l'importance des trafics, l'insertion réticulaire ou la dimension diachronique et spatiale. Toujours selon cette discipline, la redistribution de l'activité économique serait le résultat de l'interaction entre les caractéristiques de la technologie existante, la mobilité intersectorielle et interrégionale des facteurs de production, la taille des marchés et les coûts de transport, ces derniers étant tributaires de la disponibilité des infrastructures (Krugman, 1995).

Le domaine de la géographie pourrait s'avérer être le plus productif au niveau de l'étude de la relation entre la ville et les ports. L'ensemble des publications élaborées directement ou indirectement à partir du modèle *anyport* analyse l'évolution de la relation port-ville (Bird, 1963 ; Hoyle, Pinder et Hilling, 1985). L'une de ses forces consiste à intégrer les points de vue de différentes disciplines, dont celles mentionnées plus haut, partageant des intérêts communs.

Les concepts fondamentaux de la théorie de l'évolution institutionnelle sont, d'une part, la dépendance de la trajectoire, à savoir le niveau de connexion avec le passé, et, d'autre part, la considération des processus évolutifs en tant qu'élément pluriel en ce sens que les institutions peuvent évoluer différemment en fonction du contexte culturel. L'économie évolutive accepte donc le concept de l'hétérogénéité microéconomique, à savoir la diversité des conduites et des résultats intra et intersectoriels industriels, sachant que l'influence durable qu'ils exercent sur les variables macroéconomiques est telle que chaque pays affichera des caractéristiques singulières en dépit des pressions croissantes de la concurrence internationale et de la mondialisation économique. Cette analyse rejoint celle de Porte (1990) qui soulignait l'importance des économies nationales ou régionales pour l'économie mondiale. Comme bien d'autres, cet auteur a tenté de projeter l'*economic competence* des entreprises sur l'ensemble de l'économie (López García et Valdaliso, 39).

Pour toute société complexe, l'obtention de bénéfices issus de l'échange impersonnel d'une activité économique connexe dépend des coûts de transaction[1]. Le modèle institutionnel d'un pays se compose toujours d'un mélange irrégulier de conventions informelles, de normes formelles et de procédures obligatoires (North, 1993 ; Ostrom, 1990). Les premières sont généralement des coutumes, des codes de conduite ou des normes de comportement liées à chaque culture (bien que constamment modelées par l'expérience), à savoir des éléments tendant à donner une certaine continuité aux solutions appliquées aux problèmes des échanges ; tandis que les secondes, de plus en plus nombreuses, se réfèrent à des normes politiques et judiciaires, à des règles économiques (délimitation des droits fonciers) et à des contrats.

Dans le domaine de la gouvernance, des progrès significatifs ont également été accomplis au niveau de l'efficacité et de la productivité du secteur portuaire. Le théorie institutionnelle permet de clarifier les limites entre les gestions publique et privée des ports, laquelle est réalisée dans un cadre spécifique mais évolutif. Ce cadre peut également faire référence aux lois et aux accords régissant les actions individuelles et collectives. Mais cette approche ne se limite pas uniquement à l'efficacité du modèle de gestion puisque d'intéressantes contributions théoriques sont également requises pour rappeler la manière dont se forment les institutions, sachant que si les inclusives encouragent le développement, les extractives tendent pour leur part à l'enrayer (Acemoglu *et al.*, 2001 ; North, 1993).

Façonné par le cours de l'histoire et non par les lois économiques rationnelles et universelles, le «sentier» emprunté ou la dépendance au «sentier» (*path dependence*) doit également être pris en considération. Il ne faut pas

1. Parmi les coûts de transaction figurent les suivants : coûts d'information, coûts de la valeur des objets, coûts de négociation et de rédaction des contrats, coûts de contrôle et de sanction en cas d'infraction.

oublier que les sociétés africaines sont imprégnées de nuances culturelles distinctives, étrangères à la prétendue rationalité économique des sociétés occidentales, européennes ou américaines. Force est de constater que ces aspects conditionnent l'activité économique et, notamment, l'organisation et la productivité du travail. La différence de comportement économique réside dans le fait que depuis la révolution industrielle, les pays occidentaux développés accumulent les capitaux et les réinvestissent continuellement.

Les contributions de la sociologie économique et culturelle (Casson, 2006 ; Granovetter, 2005) offrent par conséquent des outils analytiques utiles pour l'étude de cas concrets en considérant que les activités économiques s'intègrent dans des objectifs et des structures sociales spécifiques. C'est pour cette raison qu'elles rejettent les hypothèses telles que celles du choix rationnel et de l'individualisme méthodologique et insistent sur le fait que la coordination de l'activité économique est due davantage aux entreprises, aux groupes industriels ou aux associations qu'à des individus isolés, confirmant de ce fait la théorie de la construction sociale des institutions économiques (Torres Villanueva, 1997 : 76). Dans cette optique, la poursuite d'objectifs économiques va généralement de pair avec d'autres, non économiques, tels que la reconnaissance sociale, l'exercice du pouvoir etc., étant donné que l'activité économique se développe dans des contextes sociaux déterminés et ne peut s'expliquer uniquement par des motifs individuels. Au vu de l'importance des minorités ethniques pour les entreprises installées à Casablanca, les contributions tendant à associer les entreprises aux processus migratoires s'avèrent également pertinentes (Massey, Arango et Hugo, 1993).

Mais l'histoire de l'entreprise portuaire n'a été abordée que superficiellement, peut-être à cause des problèmes liés à sa définition. Et pourtant, ce domaine peut offrir d'excellents résultats puisque les ports accueillent ou attirent tous types d'entreprises aux caractéristiques singulières. Leur étude est donc essentielle pour comprendre le développement du port, d'une part, et de l'économie nationale, d'autre part. La théorie économique de l'entreprise se fonde sur le tronc commun de Coase (1994), dont une branche se centre sur l'opportunisme de la conduite individuelle (Williamson et Winter, 1991) et une autre sur les informations asymétriques et les contrats incomplets. Pour sa part, Baumol (1993) reprend la figure de l'entrepreneur en tant que moteur de l'activité innovante, certes limité par les règles du jeu (institutions) imposées par chaque société. Le paradigme de la grande entreprise la considère comme la « main invisible » de la croissance économique (Chandler, 1987 et 1996) et ce, même si son application à d'autres réalités et contextes a été remise en question. Bien que d'autres approches exercent une influence sur la pluralité des formes d'organisation pouvant l'encourager, cette réalité reste difficile à saisir avec un seul modèle (García López et Valdaliso, 1997 : 36).

Axée sur le changement technologique, l'économie évolutive centre son attention sur l'entreprise en tant qu'unité d'étude. Les partisans de ce modèle soutiennent que leur analyse ne doit pas se limiter aux coûts de transaction, mais doit également tenir compte de l'apprentissage (*path dependence*), des opportunités technologiques, de la sélection et des actifs complémentaires. Nombre de ses postulats coïncident avec ceux de la direction stratégique (Porte, 1980) en considérant l'entreprise comme une entité déterminée par ses ressources et ses connaissances. L'économie évolutive rejoint par conséquent les principes défendus par E. Penrose qui définit l'entreprise comme une entité historique aux caractéristiques propres et singulières.

L'organisation et la gestion portuaires faisant souvent l'objet de processus d'innovation et de transformation, les ports constituent également un terrain d'étude de l'innovation technologique des plus intéressants. Bien que la technologie ait toujours été considérée comme une variable exogène et déterministe de l'évolution économique et sociale, certains courants plus récents l'associent aujourd'hui à la science, à la politique, au changement social, à l'économie, aux arts et aux sciences humaines. Son étude doit par conséquent inclure une analyse historique empirique (Rosenberg, 1992). En effet, le triomphe d'une technologie n'est pas dû uniquement à sa seule supériorité par rapport aux autres, mais aussi aux conditions sociales et culturelles en présence et doit par conséquent être étudié d'une manière endogène.

En définitive, le type d'institutions dominantes et les incitations qu'elles encouragent constituent la clé du développement économique d'un pays. De nombreuses publications tentent de justifier la trajectoire divergente du développement économique à partir de modèles dans lesquels les changements institutionnels, technologiques et démographiques sont introduits comme des éléments endogènes étant à la fois la cause et la conséquence de la tendance à long terme de leur comportement économique. Il s'agit d'un dialogue fécond entre différentes approches analytiques de la dynamique économique et, notamment, entre les différentes variantes de l'analyse institutionnelle et de l'économie évolutive, intégrant également les contributions de la nouvelle sociologie économique.

Nonobstant les paragraphes précédents, les notions exposées doivent être interprétées avec prudence étant donné qu'elles s'avèrent rarement applicables à tous les contextes et analyses historiques qu'exige un point de vue critique. Ce point est particulièrement important pour les historiens qui ne doivent pas se laisser prendre en otage par les concepts des sciences auxiliaires. Leur objectif doit rester de les utiliser de manière rationnelle afin de pouvoir forger leurs propres outils qui leur permettront d'analyser et d'interpréter le passé.

2. Sources et documents consultés pour l'étude du port de Casablanca

L'étude d'un port d'un point de vue global doit s'asseoir sur une base documentaire fiable des infrastructures, de l'activité commerciale (locale ou internationale) et des aspects institutionnels. Bien que la documentation primaire sur les ports du Maroc soit relativement abondante, particulièrement en ce qui concerne les infrastructures ou le commerce, les documents portant sur l'administration, la gestion et la main-d'œuvre ne sont pas légion. Il est vrai que les statistiques concernant la période antérieure au XXe siècle sont souvent biaisées ou peu fiables et que cette situation complique quelque peu l'homologation des données. C'est d'ailleurs le cas des rapports consulaires, britanniques et français qui abondent de données bien souvent imprécises. Les informations commerciales, politiques et sociales figurant dans *The British Diplomatic and Consular Reports* et correspondant aux districts consulaires de Casablanca, de Rabat et de Tanger en font toutefois une lecture indispensable.

La documentation de l'administration du protectorat conservée au Maroc et en France reste également abondante. À cet égard, il convient de rappeler que les accords d'Algésiras visaient à doter le pays d'un instrument statistique homologable, objectif partiellement atteint puisqu'il présentait certaines lacunes, notamment en ce qui concerne la période antérieure à la Première Guerre mondiale. La grande majorité de ces documents est conservée aux sièges des *Archives diplomatiques* (Nantes et La Courneuve, Paris) ou, dans une moindre mesure, dans d'autres centres et bibliothèques de Paris et d'Aix-en-Provence. Diverses institutions marocaines (Chambre de commerce et d'industrie de Casablanca, Autorités portuaires) conservent des documents originaux, élaborés par leurs soins ou récupérés d'autres institutions, contenant des informations sur l'activité maritime et portuaire. La Bibliothèque nationale du Maroc autorise la consultation de certains exemplaires des revues, des bulletins et des bibliographies mentionnés ci-après.

L'*Annuaire statistique général*, dont le premier numéro publié en 1917 portait le nom d'*Annuaire* économique *et financier*, constitue la référence des publications officielles sur la vie économique et sociale du Maroc. Publié sans interruption jusqu'à la fin du protectorat (1956), cet ouvrage pose cependant un problème : les changements dans la présentation des données rendent les comparaisons difficiles. La *Conjoncture économique marocaine*, publiée tout d'abord comme un supplément en 1947, est un bulletin statistique mensuel offrant une analyse rapide de la situation générale du comportement économique pour un mois donné. Dès sa parution, en 1947, le *Lexique de l'économie marocaine* a détaillé par ordre alphabétique la tendance des principaux aspects de l'économie nationale. Sous la direction du *Service central des statistiques*, organisme relevant du *Secrétariat général du protectorat*, les *Statistiques du mouvement commercial et maritime du Maroc* offrent une présentation annuelle complète des importations, des exportations (par produit, pays d'origine et de destination) et des échanges réalisés au sein de la zone française du Maroc. Cette publication propose également les statistiques complètes du mouvement commercial entre 1939 et 1945.

Plusieurs publications de caractère périodique offrent des données de nature économique. Parmi les principales publications figurent notamment : a) *Bulletin économique du Maroc*, organe d'expression de la *Société d'étude économique et de statistique*, institution fondée en 1932 par René Hoffherr. Cette publication trimestrielle changea de nom en 1933 pour s'appeler *Bulletin économique et social du Maroc*. Ses pages contiennent des études spécifiques sur des aspects économiques d'actualité, ainsi que des documents statistiques issus de sources officielles. Publication hautement scientifique, elle permet à elle seule de réaliser une étude de l'économie et de la société marocaine ; b) les publications hebdomadaires proposant des informations commerciales (*Le petit casablancais*) ou trimestrielles (*L'économie marocaine*) ; c) le *Bulletin de la Chambre de Commerce et d'Industrie de Casablanca* présentant l'activité de cette institution ainsi que des données sur la santé du port et de l'économie en général.

Les « Mémoires de stage » des jeunes étudiants de l'École nationale d'administration en visite au Maroc constituent également une lecture obligatoire. Ceux-ci peuvent être consultés sur support numérique à partir des *Archives diplomatiques de Nantes* ou au siège de l'ENA à Strasbourg. Le tableau suivant offre une évaluation des documents précités ainsi que des services statistiques du protectorat :

TABLEAU 1.1.
Évaluation de la documentation sur le Maroc et le port de Casablanca

		Bonne	Insuffisante
Population	Mouvement naturel	X	
	Mouvements migratoires		X
Agriculture, pêche et mines		X	
Industrie, entreprises			X
Consommation			X
			X
Prix, salaires			X
Activité intérieure	Transport	X	
	Transport, indice de la valeur du commerce, affaires, emploi		X
Échanges extérieurs	Volume du commerce de biens	X	
	Capitaux		X
Finances	Banque		X
	Bourse, valeurs immobilières	X	
	Impôts, budgets	X	
Revenus	Revenus individuels		X
	Revenu national		X
Comptabilité institutionnelle			X

Source : Adaptation des articles publiés dans le BSEM n°49 (premier trimestre, 1951, pp. 230-234) et n° 42 (1949, pp. 17-19).

Comme le montre le Tableau 1.1, les documents disponibles offrent une base acceptable pour l'étude de l'activité portuaire. Les données sont relativement suffisantes dans le domaine des transports, de la population ou des échanges extérieurs.

D'autres, tels que le niveau de vie (revenus, consommation), ne disposent toutefois pas de sources suffisantes.

Dans le droit fil de ce projet, les contenus sont structurés du général au spécifique. En d'autres termes, la configuration du réseau africain des ports atlantiques sera abordée avant de passer progressivement à l'étude du cas concret de

Casablanca. Sur la base de cette approche concentrique, cette introduction (I) laissera place aux chapitres portant sur l'étude du port dans le cadre du réseau portuaire atlantique de l'Afrique de l'Ouest et de son importance pour l'expansion impérialiste à partir de la fin du XIXe siècle (chapitre II) étant donné qu'il permettait l'exportation de matières premières minérales et agricoles.

Le chapitre III vise à analyser le rôle des ports de la façade atlantique du Maroc dans le cadre d'une économie duale, à savoir divisée entre deux secteurs, l'un dynamique, orienté vers l'extérieur, et l'autre traditionnel rétrograde. Le chapitre IV propose une caractérisation de Casablanca par rapport à l'ensemble des ports du protectorat et à son rôle en tant qu'élément central de la politique de concentration portuaire.

Le chapitre V brosse un portrait général de l'évolution et de la consolidation de l'infrastructure et rappelle l'importance de la technologie utilisée pour surmonter les difficultés physiques de la côte atlantique avant d'analyser les caractéristiques de la gestion et de l'administration portuaires. Les fonctions portuaires correspondantes sont, quant à elles, analysées dans le chapitre VI. L'objectif est d'aborder les éléments qui façonnent l'activité portuaire, tant au niveau commercial qu'industriel, en veillant à souligner le rôle stratégique joué par le port au niveau de l'exportation des minerais et, plus particulièrement, des phosphates.

Mais un port n'est rien sans la communauté portuaire, sans ces personnes qui lui donnent vie. Son analyse détaillée dans le chapitre VII nous offre une approche intégrale et souligne les singularités des entreprises et de l'organisation du travail portuaire, tributaire pour sa part de la culture de la société marocaine.

Le chapitre VIII se centre sur l'étude des relations entre le port et la ville à laquelle il s'est greffé et qui lui fournit la main-d'œuvre nécessaire, souvent originaire de l'intérieur du pays ou de pays étrangers. La dernière partie est, quant à elle, consacrée aux conclusions.

CHAPITRE II

LE RÉSEAU DE L'AFRIQUE DU NORD-OUEST (1880-1940) ET L'HISTOIRE PORTUAIRE

1. Histoire portuaire et les ports modernes - La faible représentation africaine

Exception faite, peut-être, des pays anglo-saxons, l'histoire maritime contemporaine est, comme l'a si bien signalé Bruno Marnot, « le parent pauvre de l'histoire économique » (Marnot, 2001 : 14). Il convient toutefois de mentionner certaines monographies intéressantes sur des ports concrets, ainsi que l'une ou l'autre tentative de synthèse. En Espagne, les spécialistes de l'histoire économique ne se sont guère plus intéressés à l'étude des ports. Cet oubli d'autant plus manifeste dans les pays africains, et notamment au Maroc, se doit peut-être au manque d'intérêt culturel et religieux pour tout ce qui a trait à la mer. Les études les plus intéressantes sont l'œuvre de spécialistes étrangers et de chercheurs de l'administration coloniale française, surtout sous le protectorat. Fils de leur temps marqués par une vision eurocentrique, leur approche rejoint la majeure partie des travaux publiés en Europe au cours de la même époque.

L'évolution de l'histoire économique des ports contemporains répond aux tendances suivantes. Considérée comme la plus traditionnelle, l'approche fonctionnelle a généré le plus grande nombre d'études sur les ports. Elle a hérité des inquiétudes et des questions des géographes et des économistes de la première moitié du XXe siècle quant aux fonctions des ports modernes. Son objectif principal consiste à séparer les processus et la multiplication des fonctions portuaires afférents aux transformations économiques. De ce point de vue, les approches monographiques ont été privilégiées, notamment par les chercheurs anglo-saxons. Les premiers travaux en ce sens sont en effet l'œuvre de l'école anglo-saxonne et prétendaient identifier les processus impliqués dans l'évolution des fonctions portuaires et leur relation avec la transformation économique. Ses partisans ont rédigé d'importantes monographies dès les années soixante-dix, dont l'étude initiale d'E. Hyde sur le port de Liverpool (1971), particulièrement digne de mention. Pour sa part, l'historiographie portuaire française du XXe siècle a pris comme référence la proposition méthodologique fondée sur les fonctions portuaires de l'économiste franco-belge P. De Rousiers, ligne suivie en masse par les chercheurs français s'intéressant au port de Casablanca. Mais cette méthodologie néglige certains aspects d'importance tels que le ravitaillement, les réparations navales ou la fonction régionale. Les courants qui ont suivi étaient quant à eux divisés entre les auteurs accordant un rôle prépondérant au *foreland* et la tradition hollandaise qui, au contraire, privilégiait l'*hinterland*. A. Vigarié, géographe français dont les travaux revêtent une importance incontestable en la matière, a émis une proposition unificatrice avec son concept *triptyque portuaire* regroupant l'*avant-pays* maritime, l'*arrière-pays* portuaire et l'espace portuaire organisé (Marnot, 2011 : 11-12). L'unité profonde de ces trois espaces se traduit par le voyage effectué par les marchandises entre leur lieu d'origine et leur destination finale ou, en termes économiques, par le coût total du transport. Ces trois aspects montrent que les ports et leurs horizons terrestres et marins constituent les espaces structurés par et pour la circulation. Les limites de l'*hinterland* étant toutefois de plus en plus diffuses, la zone d'influence constitue le concept le plus controversé de cette théorie.

En tant qu'héritière de la tradition axée sur la dimension administrative et financière, l'approche institutionnelle reste également très traditionnelle et particulièrement ancrée en France, où elle s'est intéressée à la relation entre les ports et l'État. Née à la fin du XIXe siècle, elle a été encouragée par nombre de juristes et d'économistes cherchant à stimuler l'autonomie et la décentralisation des ports (Marnot, 2011 : 15). Les résultats les plus intéressants de ce courant qui a continué à évoluer jusqu'à des étapes plus contemporaines sont les différentes monographies d'acteurs locaux tels que les chambres de commerce.

L'approche environnementale semble plus novatrice étant donné qu'elle cherche à comprendre les directives appliquées dans le cadre de la transformation de l'espace portuaire, à savoir des évolutions successives qui ont dû être opérées pour pouvoir répondre aux exigences de l'économie maritime. Cette approche tient non seulement compte de la mise en œuvre des nouvelles technologies, mais aussi des réponses fournies par les planificateurs aux défis économiques liés à leur application et du rôle joué par les cultures ainsi que leur influence sur les transformations morphologiques.

Enfin, l'approche mondialiste rompt avec les précédentes et leur quasi inéluctable étude de cas pour proposer une option transformatrice dans l'histoire des études portuaires. Axée sur une approche comparative, elle considère plusieurs ports. Ce faisant, elle parvient à déterminer le degré de rivalité ou de complémentarité entre les ports, leur déclin absolu ou relatif ou, enfin, leur essor ou la rénovation des uns ou des autres. En ce sens, le choix d'une unité géographique dûment justifié s'avère fondamental. Son objectif ultime consiste à saisir les effets de l'évolution de l'économie mondiale et nationale sur les économies portuaires locales afin de comprendre les différentes dynamiques en place. Cette option s'inscrit, consciemment ou non, dans la tradition braudélienne de « l'économie-monde » (Braudel, 1994). Au fond, il s'agit de l'histoire de l'intégration plus ou moins réussie des ports dans les mutations de l'économie mondiale. Cette approche est celle choisie par la majeure partie des disciplines concernées, à savoir aussi bien par les études historiques que géographiques.

Les recherches menées sur les systèmes portuaires des ports africains ont porté principalement sur le rôle de ces ports en tant que moteurs de l'activité économique régionale (Castillo Hidalgo et Mohamed-Chérif, 2016 ; Peterec, 1967 ; Thomas, 1957 ; Vigarié, 1979 ; Marnot, 2012). En ce qui concerne l'Afrique du nord-ouest, la majeure partie des travaux a privilégié les études de cas en commençant par quelques unes des œuvres contemporaines de grand intérêt, telle que celle portant sur les ports marocains (Eyquem, 1933 ; Celce, 1952). Par ailleurs, des études empiriques établissant un lien entre les politiques institutionnelles coloniales et la configuration actuelle d'un système de transport plus extraverti ont commencé à voir le jour (Debrie, 2010 ; Castillo Hidalgo, 2015 ; Mohamed-Chérif et Ducruet, 2011). Olukoju (2004) a pour sa part continué à approfondir ses recherches sur les caractéristiques des ports africains et leur rôle en tant que points de rencontre et d'interconnexion des dynamiques économiques régionales et mondiales. Les études sur la relation entre les ports et les villes ont donné des résultats intéressants dans plusieurs domaines. L'intérêt porté par les administrations et les secteurs industriels à la concentration de l'activité économique n'est qu'un exemple parmi d'autres. Certains auteurs ont choisi d'appliquer le modèle *anyport* (Hoyle, 1968), ainsi que l'étude essentielle de Seck (1970) sur l'importance régionale de Dakar. Pour sa part, l'étude récente de Castillo et Marnot (2014) a tenté de mieux comprendre l'importance du port sénégalais pour le développement des politiques impériales françaises au sein de l'Afrique- Occidentale française.

2. Aspects conceptuels de l'activité portuaire Ports et typologies

Les ports ont été qualifiés et considérés de différentes manières au fil de l'histoire. Selon le modèle le plus répandu (Bird, 1963), l'évolution peut se résumer comme suit : a) première génération (jusque 1950) : une interface entre deux modes de transport ; b) deuxième génération (1950-1970) : centre de transport, d'activités industrielles et de commerce ; c) troisième génération (1970-1980) ; centre de transport intégré et plate-forme logistique pour le commerce international ; d) quatrième génération (à partir du milieu des années 1990) : chaîne de ports. À l'instar de tout autre classement, ce modèle manque toutefois de flexibilité. À titre d'exemple, et comme nous le verrons dans la deuxième partie, Casablanca développait des activités de deuxième génération jusque dans les années 1950, les vagues de la modernisation portuaire n'étant pas homogènes à l'échelle internationale.

Étant donné que le port de Casablanca représentait à lui seul entre 70 % et 80 % des échanges, il peut être considéré comme un baromètre de son économie. Ceci vient par ailleurs confirmer que la mer constitue la principale porte de sortie de son économie nationale. Son étude permet donc de réaliser une synthèse de l'économie et, dans une certaine mesure, d'obtenir une radiographie d'une partie du Maroc de l'époque. Mais définir un port maritime reste un exercice complexe. La définition généralement acceptée est qu'il s'agit d'une superficie terrestre et maritime aménagée et dotée des installations nécessaires pour, notamment, accueillir les navires, charger, décharger et entreposer des marchandises, recevoir et envoyer ces mêmes marchandises par voie terrestre et, le cas échéant, permettre le développement des activités d'entreprises liées au transport maritime. Il s'agit par conséquent des infrastructures utilisées par les navires pour réaliser les opérations de transfert des marchandises et des passagers, mais aussi du lieu où se déroule l'interconnexion terre-mer/mer-terre. Les eaux doivent y être tranquilles et suffisamment profondes pour que les navires souhaitant y opérer puissent se maintenir à flot et offrir des conditions de sécurité suffisantes pour le déroulement de leurs opérations et ces infrastructures doivent pouvoir agir comme des centres de distribution et d'opérations dans un contexte international.

Un port doit donc être analysé à partir d'une approche holistique et globale et en considérant l'ensemble de la communauté portuaire. Qui plus est, les ports influent sur la naissance et la configuration des villes auxquelles ils sont liés et constituent des éléments essentiels pour le développement des économies côtières étant donné qu'ils concentrent le transit de marchandises ainsi que les opérations de services de certaines industries spécifiques. Il est également important de considérer l'aspect lié aux infrastructures physiques du transport. Elles permettent en effet la réalisation de nombreuses opérations, du ravitaillement à la construction de navires, en passant par différentes activités industrielles ou de transformation, et assurent les opérations d'entreposage et de conservation de denrées alimentaires, ainsi que celles afférentes aux activités sportives et de loisirs qu'il convient également de prendre en considération. Selon une conception moderne et conformément aux plus récentes interprétations, un port est plus le résultat de l'échangeur que d'une industrie segmentée et limitée à des mouvements purement uninominaux et à des opérations de manutention (Faust, 1995). Il s'agit par conséquent de points nodaux jalonnant les réseaux de transport.

FIGURE 2.1.
Schéma d'un port et de sa relation avec son environnement

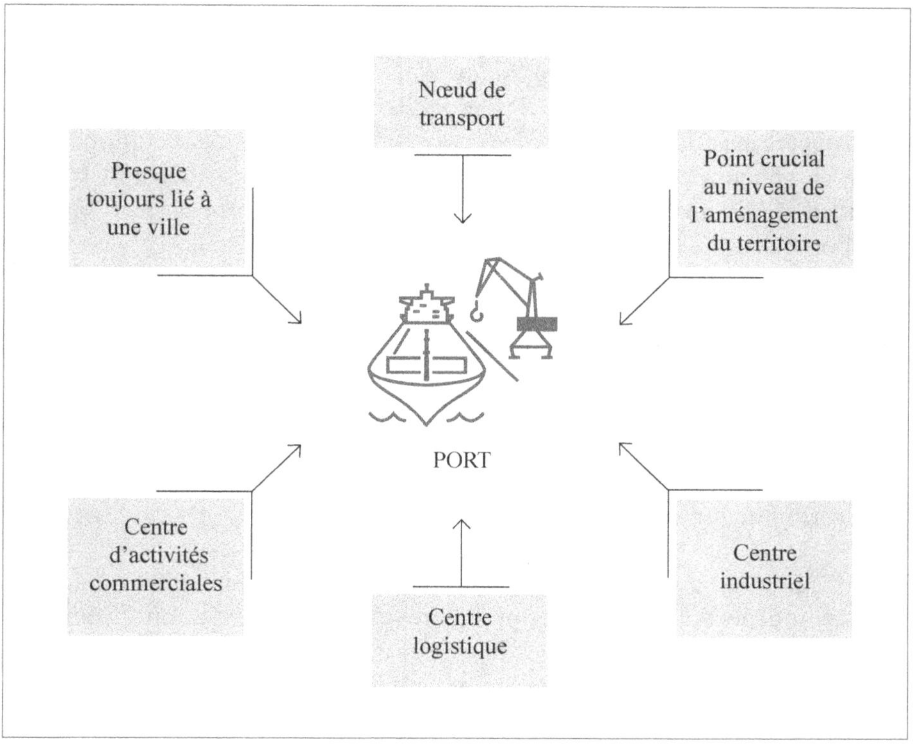

Source : Élaboration personnelle inspirée de Castejón Arqued (2009).

Sachant qu'il s'agit d'un lieu de passage obligé pour les marchandises transportées par voie maritime, un port constitue la manifestation la plus significative, d'une part, de la navigation et du transport océanique et, d'autre part, de l'activité d'un pays donné en tant que point de contact entre le transport terrestre et maritime. Mais le port ne se limite pas à un seul point de rupture de charge, à un lieu de passage du transport des marchandises ou à un espace de contact entre deux systèmes de transport (intermodalité). Au contraire, ses activités, sa structure, son paysage et sa clientèle sont à l'image de la grande diversité des produits qu'il accueille, de la multiplicité et de la complexité des routes maritimes et terrestres. De même, ses installations peuvent recevoir de grandes quantités de produits et de matières premières lourdes et volumineuses, mais de grand intérêt pour de nombreuses industries, ainsi que, parfois, des *inputs* de faible valeur, dont la réduction des coûts élevés du transport terrestre après avoir été transformés en des produits plus sophistiqués leur permet d'acquérir une certaine valeur ajoutée.

Les ports remplissent donc leur rôle de centre de réception et d'expédition de marchandises et il est dès lors évident que le commerce extérieur constitue l'une des conditions préalables à la croissance portuaire. Les ports facilitent le commerce et les services à un point tel que les entreprises liées au commerce maritime ont la possibilité de participer au commerce extérieur, d'ouvrir de nouveaux marchés, d'exporter des produits nationaux, etc. Par ailleurs, un port n'opère pas de manière isolée mais comme une infrastructure pouvant entrer en concurrence avec d'autres pour gagner les faveurs des armateurs et facilitant l'intermodalité de la chaîne de transport en jetant un pont entre le transport maritime et le transport intérieur.

À cet effet, signalons que les facteurs déterminant la compétitivité sont principalement la dotation en infrastructures et le fonctionnement des services de transport. La compétitivité portuaire, ou la rivalité portuaire, repose sur un ensemble de facteurs exogènes à l'administration portuaire et il convient de tenir compte aussi bien de la localisation géographique du port que de ses dynamiques intrinsèques. Mais cette vision traditionnelle reste insuffisante et trop schématique (González Laxe, 1999 : 99).

Il s'agit bien souvent d'une gigantesque entreprise vivant à son rythme, de manière indépendante, ayant des problèmes et une administration spécifiques, dotée d'un budget et de finances propres ; d'une entreprise particulière, généralement de type concessionnaire ou, enfin, de travailleurs présentant une culture ouvrière caractéristique. Considérés dans leur ensemble, ils forment ce que l'on appelle la communauté portuaire ou le tertiaire portuaire. L'activité maritime ou portuaire se compose des éléments suivants : a) trafic de marchandises et de passagers ; b) mouvement de véhicules de transport ; c) activités spéciales développées dans la zone des services du port ; d) flux d'informations au sein du port. Certaines activités connectent le port avec l'extérieur. C'est le cas, par exemple, du trafic de véhicules transitaires, à savoir des véhicules destinés au transport des marchandises, ou des agents des douanes dont les bureaux peuvent être situés en dehors de l'enceinte portuaire. Les activités menées au sein du port, ou dans les zones connexes, sont sous la responsabilité des services portuaires qui forment la communauté portuaire.

Enfin, il convient de préciser que cette étude se limite à la zone d'influence du port, bien que la définition de ce terme présente une certaine ambiguïté. En effet, les termes *hinterland*, façade maritime, impliquant la notion de continuité de la côte, ou région maritime sont souvent utilisés indistinctement. Il est à noter de plus qu'un système portuaire implique un certain degré d'intégration régionale, ainsi qu'un groupe de ports desservant une zone géographique spécifique (Ducruet et Zaidi, 2012 : 151-168 ; Barragán Muñoz, 1987). En tant que maillons des réseaux de transport, ils remplissent une fonction essentielle pour le développement des activités économiques des régions côtières et de celles plus reculées, à savoir l'*hinterland*, tandis que dans le cadre de leur fonction internationale, devant être réalisée par voie maritime, il convient plutôt de se référer au foreland[2].

3. Changements technologiques et réforme portuaire

Arrivée à son apogée à la fin du XIXe siècle, la modernisation est le fruit des profondes transformations de l'économie occidentale. Les changements technologiques et socioéconomiques de la révolution industrielle combinés à l'expansion du capitalisme ont profondément transformé la navigation. L'utilisation des chaudières à vapeur et des coques en acier, parmi d'autres innovations, ont permis la construction de navires de grande taille et capacité exigeant des infrastructures portuaires adaptées pour leur permettre d'accoster, de se ravitailler en carburant, de s'approvisionner en eau, de réaliser des travaux de réparation ou de profiter des services d'agences, d'assurances et autres. La croissance dans le secteur de la navigation a entraîné une :

- hausse considérable du nombre de passagers et du volume de charge. De grands entrepôts ont par conséquent dû être mis en place, provoquant de ce fait une spécialisation des zones portuaires.

- Cette révolution du transport maritime et terrestre a exigé une amélioration de l'accès au port, ainsi que la dotation d'un espace suffisant pour faciliter la réception et la mobilité des grands navires. Elle a également conditionné la localisation des terminaux terrestres, des canaux et des réseaux ferroviaires.

- La création d'un réseau de transport international destiné à garantir la continuité du flux permanent de biens et de personnes tout en limitant au maximum les inconvénients de la rupture de charge. Au sein de la zone de l'Atlantique moyen, ce processus s'est traduit par la construction ou la rénovation de ports afin qu'ils puissent agir comme des bases stratégiques de soutien aux flottes européennes, ainsi que comme des points de canalisation de l'importation massive et de l'exportation des biens.

Les changements technologiques issus de la révolution industrielle ont entraîné une diminution des coûts du transport : à la fin du XIXe siècle, ces coûts étaient tombés à un sixième de ceux appliqués au début du siècle, tandis que

2. Barragán Muñoz (1987) propose une définition et une signification des termes afférents aux zones d'influence des ports.

les coûts du transport terrestre ont chuté de 90 % entre 1800 et 1910 (Crafts y Venables, 2005 : 323-29). De même, des auteurs tel que North (1958) font état d'une chute annuelle d'environ 1,5 % des coûts du transport maritime jusqu'en 1913, ce qui équivaut à une réduction totale de 45 points de pourcentage (Finley et O'Rourke, 2005 : 35-37). Ces changements ont toutefois pris un certain temps à se consolider, les voiliers étant encore préférés aux bateaux à vapeur jusqu'à ce que le tonnage des bateaux à vapeur ait plus que doublé celui des voiliers (Fletcher, 1958).

Les avancées techniques ont permis l'accès aux baies qui ont été dûment remodelées en fonction des besoins et dotées des équipements nécessaires pour permettre les opérations de transbordement ainsi que la connexion avec les autres moyens de transport, notamment avec le réseau ferroviaire. De bonnes relations économiques ont pu être établies avec l'intérieur du pays. L'utilisation des nouvelles techniques de construction ont permis aux ports de ne plus être tributaires de la configuration naturelle de leur environnement dès la fin du XIXe siècle. La taille des navires et leur vitesse de croisière, combinées au besoin de disposer de services réguliers, ont exigé l'exécution de grands travaux de réaménagement des ports. Dans le cas concret du continent africain, la complexité de son littoral, et Casablanca illustre bien cette affirmation, a exigé la mise en œuvre de grands chantiers qui ont uniquement pu être achevés grâce à l'apparition des nouvelles techniques de construction.

Les ports ont commencé à jouer un nouveau rôle économique. Ils ont en effet été plongés dans un processus permanent de modernisation exigeant un appui financier considérable qui a supposé un véritable défi pour les autorités publiques. De même, l'espace requis par tout port moderne était proportionnel à la capacité des infrastructures des services proposés : sites de stockage de la houille, chantiers navals ou bases des forces armées nationales, pour ne citer que quelques exemples. Dans presque tous les cas, un investissement massif a été déployé à un point tel qu'il est devenu l'une des caractéristiques de la réforme portuaire.

De nombreux pays ont lancé des plans de modernisation de leurs ports (Guimerá et Romero, 1996). Le Royaume-Uni a par ailleurs été contraint de s'aligner sur la vitesse et la taille des bateaux à vapeur afin de garantir sa capacité d'exportation du charbon et d'autres matières premières (Jackson, 1983). En France, les réformes se sont basées sur le plan Freycinet. Élaboré par le ministère des Travaux publics en 1878, ce plan incluait la possibilité d'assigner un budget direct et de concentrer l'investissement sur un nombre limité de ports (Marnot, 1999), ce qui a profité à Casablanca par la suite. À titre comparatif, il convient de signaler qu'en Espagne, un investissement significatif a été réalisé à partir du XIXe siècle, notamment après l'adoption de la loi sur les ports de 1880 (Alemany Llovera, 199). Généralement réalisés directement par l'État ou par lesdites *Juntas de Obras Portuarias*, ou Assemblées des Travaux Portuaires, les chantiers étaient financés à l'aide des recettes fiscales, de subsides ou de prêts autorisés par le gouvernement.

4. Configuration du système portuaire de l'Atlantique moyen

D'importantes infrastructures portuaires ont été érigées dans les territoires, insulaires et continentaux, de l'Afrique du Nord-Ouest entre le milieu du XIX et le début du XXe siècle. Parmi celles-ci figurent notamment le port de La Luz et Las Palmas de l'île de Gran Canaria, le port de Casablanca au Maroc, le port de Dakar au Sénégal et le port de Mindelo au Cap-Vert. Situés en marge du monde capitaliste, au sein du territoire appelé Sud global[3], concept désignant les régions participant à la première mondialisation bien qu'à partir d'une position subalterne et de dépendance par rapport aux grandes puissances impériales du nord industrialisé, ces ports, profondément rénovés ou construits au cours des dernières décennies du XIXe siècle, répondaient aux besoins des économies en développement et extroverties (Mohamed-Chérif et Ducruet, 2011) et mobilisaient les ressources et les facteurs de production, à savoir les matières premières, les marchandises ou les personnes.

Les ports précités ont joué un rôle fondamental dans les politiques d'expansion du capitalisme industriel des empires européens. D'une part, les ports comme celui de Las Palmas fournissaient les services logistiques aux bateaux naviguant le long des routes atlantiques en opérant en tant que stations de ravitaillement en charbon et en eau. D'autre part, les ports de Casablanca et de Dakar ont tous deux été conçus et développés par l'empire français afin de servir ses intérêts politiques et économiques au Maroc et au Sénégal, respectivement. Grâce à ces derniers, la France a pu renforcer sa présence, contrôler les marchés régionaux et faciliter l'expansion des produits miniers (phosphates) et agricoles d'exportation (cacahuètes, céréales, gommes, caoutchouc, huiles et graines de palmier), pierres angulaires du modèle extractif colonial. D'une manière ou d'une autre, ces ports ont donc su répondre aux nouvelles exigences de la navigation et du commerce maritime international.

---

3. Ce concept a commencé à se développer à partir des tendances et de la tradition historiographique d'auteurs tels que Wallerstein (2006). Prashad (2013) propose une contribution récente sur cette question.

CARTE 2.1.
Réseaux portuaires de l'Atlantique

Source : Élaboration personnelle.

En termes généraux, ce processus a bénéficié de la libre circulation des biens, des services et des facteurs de production en tant qu'indicateurs de la mondialisation. Bien que de dimension planétaire, ce phénomène présente certaines caractéristiques spécifiques à la zone géographique étudiée, l'Atlantique moyen, et exige donc que d'autres paramètres, tels que la culture propre à chaque pays, soient également pris en considération.

Dans ce contexte, l'infrastructure de transport joue un rôle essentiel étant donné qu'elle fournit les actifs nécessaires à l'expansion et à l'ouverture de nouveaux marchés. Ces « instruments de l'empire » (Headrick, 1989) se divisent en trois groupes : les chemins de fer, les bateaux à vapeur et le télégraphe. Fers de lance de la pénétration du système capitaliste dans les régions intérieures du continent, les bateaux à vapeur ont supposé une contribution essentielle aux politiques expansionnistes impériales en Afrique de l'Ouest et en Amérique latine. Parallèlement, les principales lignes de chemins de fer créées dans les régions limitrophes des ports facilitaient le transport des matières premières destinées à l'exportation : les phosphates de Khouribga et les cultures céréalières de la Chaouïa étaient envoyées vers les marchés étrangers via le port de Casablanca. De même, Dakar a été choisi comme point d'embarquement pour la production de cacahuètes, notamment à partir de 1930. En canalisant les produits de l'intérieur destinés à l'exportation, les ports ont contribué à la dynamisation des activités agricoles tout en renforçant la dépendance à l'égard des aliments importés.

L'historiographie européenne moderne s'est concentrée sur l'analyse des systèmes portuaires et des réseaux intercontinentaux. Les ports pouvant se constituer en pôles d'échange de transport, il n'est pas rare d'assister à la création de réseaux ou de chaînes. Les concepts tels que « réseau », « hiérarchie » et « complémentarité » sont donc essentiels pour comprendre les relations complexes qu'ils entretiennent. Le concept de « hiérarchie » est relatif étant donné qu'il n'existe aucune hiérarchie sans équivoque et universelle. Il convient, dans ce cas, de définir les variables marquant la position relative par rapport aux autres. L'objectif principal consiste à déterminer ce qui va être comparé et de quelle manière. La référence pourrait être le volume du commerce et le transport maritime à l'échelle locale et interrégionale, considérés simultanément, sans se limiter à un port ou à un seul pays étant donné que plusieurs peuvent être connectés. Au sein d'un même réseau, les processus historiques déterminent les ports gagnants, les ports perdants à succès, ceux voués à l'échec et ceux pouvant même être amenés à disparaître (Martner Peyrelongue, 1999).

Ces réseaux ont été desservis par les principales compagnies maritimes, comme *Blandy Brothers & Co.*, Chargeurs Réunis, *Elder Dempster*, *Woermann Linie* ou la *Compagnie Générale Transatlantique* pour ne citer que quelques exemples, qui contrôlaient l'activité portuaire et ont joué « un rôle essentiel dans la politique d'expansion coloniale » (Miège, 1962). Les nombreux accords collusoires sur les tarifs de fret à appliquer ont provoqué l'apparition de monopoles au sein des conférences maritimes. Un exemple significatif, de par son influence sur la zone étudiée, est la Conférence de l'Afrique de l'Ouest (1895) qui a regroupé la compagnie anglaise *Elder Dempster* et son homologue allemande *Woermann Linie*, lesquelles opéraient le long des côtes occidentales du continent africain. Ce système d'accords est devenu la règle d'or du transport maritime transocéanique. À cette conférence viennent s'ajouter les conférences de Chine (1879), d'Afrique du Sud (1886), du Nord du Brésil (1895) et, enfin, du Río de la Plata et du Sud de Brasilia (1896) (Davies, 1973 ; Kirkaldy, 1919). Cette analyse macroscopique est en relation avec la dénommée « histoire atlantique » (Armitage, 2002), laquelle est à son tour liée au concept de système mondial (Braudel, 1994 ; Wallerstein, 2006). Pour la période étudiée, nous avons pu identifier un réseau plus vaste au sein de l'Atlantique, reliant l'Europe à l'Afrique et à l'Amérique via des connexions maritimes (Kirkaldy, 1919 ; Zimmermann, 1983), ainsi qu'une série d'autres réseaux connectant des régions plus spécifiques tels que le nord-ouest de l'Afrique, les ports de Casablanca-Dakar et de Lagos et, parallèlement, les territoires insulaires du Cap-Vert et des Canaries.

5. Innovation et réformes dans les ports de l'Afrique de l'Ouest

L'analyse de l'intervention publique et privée au niveau de la dotation en infrastructures et en services portuaires permet de distinguer deux étapes séparées par la Première Guerre mondiale. Amorcée au milieu du XIXᵉ siècle, la première se caractérise par les changements que le monde portuaire a dû traverser à la suite de l'intensification et du développement de la navigation à vapeur, du trafic ferroviaire et des échanges commerciaux. Outre les réformes institutionnelles visant à encourager la libéralisation des facteurs de production, il fallait se doter d'infrastructures et de moyens matériels plus complexes et coûteux permettant l'optimisation de la capacité opérationnelle du trafic, la réduction du coût des opérations et la génération d'effets de report positifs sur la génération de richesse et la productivité régionale.

Le défi financier et technique de ces réformes a été assumé principalement par le secteur public étant donné que ces activités impliquaient une longue période d'amortissement des investissements et de faibles taux de rentabilité à court terme. Et pourtant, les critères appliqués pour la dotation des différentes enclaves analysées ne sont pas homogènes. Pour Las Palmas, par exemple, il a été décidé de miser sur le développement et la croissance économique de son environnement régional étant donné que les installations portuaires étaient considérées comme un élément parmi d'autres de la politique de dotation en infrastructures générales. Au contraire, le critère généralement appliqué dans les ports coloniaux était d'encourager la croissance économique sans tenir compte du développement économique à l'échelle régionale.

Au Maroc, la construction du port de Casablanca dans une région où la côte offrait peu d'abris naturels a constitué un défi institutionnel, technologique et financier. Comme nous le verrons dans le chapitre III, le coût élevé des travaux a exigé un effort considérable de la part de l'administration coloniale qui a su se maintenir à flot grâce à l'émission d'emprunts et à sa politique de concessions administratives cédées aux entreprises chargées de l'exécution et de la conservation des installations portuaires.

La deuxième étape de la modernisation portuaire a commencé à la fin de la Deuxième Guerre mondiale. En effet, les différentes administrations publiques ont constaté que les infrastructures disponibles n'étaient pas en mesure de répondre à l'évolution des demandes de la navigation. D'une part, l'augmentation de la taille et du tonnage des navires, ainsi que l'essor de l'activité commerciale répondaient aussi bien à la hausse de l'importation de marchandises européennes qu'à celle de l'exportation des produits agricoles (cacahuètes, céréales, bananes, tomates, etc.) et des minerais (phosphates). Ces activités exigeaient la mise en œuvre d'importantes restructurations afin d'augmenter en conséquence la surface de protection, la profondeur des fonds, les lignes d'amarrage et les espaces destinés aux dépôts et aux entrepôts couverts. D'autre part, la demande de mazout a créé la nécessité de disposer de nouvelles infrastructures de stockage et de ravitaillement spécifiques (réservoirs de stockage, pompes à impulsion, réseaux de distribution, etc.), tandis que les installations charbonnières (entrepôts, rails, barges, dépôts) disparaissaient ou étaient reconverties. Il ne faut pas oublier qu'au cours de cette période, la diversification des sources énergétiques utilisées par le transport maritime a signifié une hausse du pourcentage de navires de la flotte mondiale consommant des produits pétroliers, passant de 11,2 % à 49,8 % de la marine commerciale.

Certes différentes, les réponses publiques et privées aux nouveaux défis confirment l'existence d'une lutte interportuaire plus acharnée pour accroître la compétitivité de ces services, notamment entre Dakar et Las Palmas. Dans ce cas, et à l'inverse d'autres ports, le défi de doter le port des services liés aux nouveaux combustibles (mazout et produits pétroliers) a été intégralement relevé par le secteur privé. Tout comme pour le charbon, le choix du port de Las Palmas par les entreprises pétrolières a été motivé par les avantages de son emplacement géographique, les projets d'amélioration des installations portuaires et, surtout, ses tarifs préférentiels. En effet, le régime de port franc alors en vigueur aux îles Canaries permettait d'offrir du combustible à moindre coût étant donné que les hydrocarbures destinés à l'exportation et au ravitaillement étaient exonérés d'impôts et ce, même si les navires étaient toutefois tenus de payer les redevances exigées par les Juntas de Obras : tonne déchargée, droits de quai (taxe sur le chargement et le déchargement en fonction du type de navigation, à savoir cabotage, grand cabotage et haute mer) ; ainsi que celles exigées depuis 1920 dans le cadre de l'application de l'impôt sur le transport.

Après avoir obtenu des concessions administratives au sein de la zone portuaire, les grandes multinationales pétrolières ont commencé à installer différentes infrastructures d'approvisionnement en combustible dès les années vingt. À l'aide de navires-citernes d'abord et d'installations permanentes de stockage et de distribution ensuite, elles ravitaillaient en combustible les navires en transit. Bien que différentes compagnies aient opéré parallèlement dans le port canarien, la Sociedad Petrolífera Española, filiale de la Royal Dutch-Shell, occupait la première place du marché du ravitaillement (Burriel de Orueta, 1974). Ces deux facteurs, combinés à la récupération du commerce et aux stratégies mises en œuvre par les entreprises houillères pour lutter contre la concurrence portuaire et interportuaire, ont permis au port insulaire de récupérer sa place de première base d'escale et de ravitaillement au sein de cette région de l'Atlantique. À l'aide des directives du projet Boucher de 1921, l'administration française a tenté de transformer Dakar en un port d'escale au même titre que les ports canariens via la promotion de la construction d'infrastructures favorisant la compétitivité.

À Casablanca, le début de l'exportation de phosphates et, dans une moindre mesure, l'essor du commerce de céréales, a impliqué une série de changements dans la politique portuaire. Alors que Las Palmas et Dakar optaient pour une gestion publique des ouvrages, le port marocain a choisi de déléguer les travaux de construction au secteur privé (la Compagnie Marocaine). De même, le nouveau quai de phosphates a été cédé pour une période de 75 ans à l'entreprise étatique Office Chérifien des Phosphates, tandis que la gestion des silos à céréales a été concédée en 1930 à la Chambre de commerce et d'industrie de Casablanca pour une durée de 50 ans. Enfin, contrairement aux ports de Las Palmas ou de Dakar, et même si les principales compagnies pétrolières y opéraient également, les infrastructures liées à la distribution de combustibles liquides ont progressivement été déplacées vers le port voisin de Fedala où se sont installées des entreprises telles que la *Vacuum Oil Company*, la *Compagnie Marocaine et Asiatique des Pétroles* (filiale de la Shell) et, en 1927, la Compagnie Marocaine des Carburants.

En conclusion, les principales réformes opérées au niveau des infrastructures des ports étudiés suivent un modèle axé sur l'innovation technologique continue et visent à relever, à court terme, les défis liés à la prestation de services compétitifs et adaptés à la navigation internationale (Marnot, 2012).

6. Caractérisation du réseau portuaire de l'Afrique de l'Ouest

Au cours de la première mondialisation, à la veille de l'expansion impérialiste, les économies africaines du nord-ouest ont enregistré une forte croissance basée sur le développement du commerce extérieur. Éléments clés pour le développement économique de ces pays, les investissements dans les infrastructures de transport ont joué un rôle essentiel dans ce processus. La littérature académique met l'accent sur le fait que les ports et les chemins de fer ont jeté les bases de la transformation des structures économiques régionales du régime colonial (Lakroum, 1982 ; Thomas, 1957). Fers de lance de la colonisation, les ports ont notamment permis de rapprocher les structures de production régionales des marchés internationaux (Olukoju, 2002 ; y 2004 : 4). Il s'agit de centres dynamiques où les acteurs locaux, les expatriés, les pouvoirs publics, les travailleurs et les conditions extérieures internationales interagissaient entre eux (Hoyle y Pinder, 1992).

Les premières transformations portuaires opérées dans les ports de Las Palmas, Dakar et Casablanca étaient liées à la montée de l'impérialisme et à la présence européenne en Afrique de l'Ouest. Cette expansion exigeait l'articulation d'un réseau régional de ports reliant ces enclaves africaines à celles du littoral méditerranéen (européen et africain) et atlantique. À un deuxième niveau, la hausse du trafic dans les ports français de Dakar, à partir de 1910, et de Casablanca s'explique par l'exploitation de leurs *hinterlands* respectifs, notamment en tant que conséquence de la politique protectionniste française, ainsi que par le renforcement du contrôle et de l'exploitation des territoires coloniaux après la Première Guerre mondiale. Enfin, un troisième facteur d'innovation a été déterminé par le rôle des ports en tant que nœuds de communication dans les flux internationaux ayant permis de connecter l'économie régionale (niveau régional) aux dynamiques commerciales métropolitaines (niveau mondial), ainsi que comme solution aux besoins de points d'appui à la navigation internationale et à la configuration d'un réseau de bases houillères ayant son épicentre dans les îles de la Macaronésie, à savoir le Cap-Vert et les Canaries (Suárez Bosa et Cabrera Armas, 2012 ; Suárez Bosa, 2013). Compte tenu de l'autonomie des navires, tributaires de leur consommation en combustible, ces bases s'avéraient nécessaires pour offrir les nombreux services d'escale et portuaires requis, notamment, dans le cadre des traversées interocéaniques. Les ports insulaires de l'Afrique du nord-ouest ont donc été pensés comme des lieux de passage obligé pour les bateaux à vapeur qui devaient s'approvisionner en charbon, en eau et en vivres ou réaliser tous types d'activités de maintenance technique. Pour leur part, les ports continentaux tels que Dakar ou Casablanca ont développé des fonctions commerciales conformes à leur propre système régional de ports et ce, même si Dakar a complété son offre par des opérations d'escale, notamment à partir de 1908.

Les cas étudiés font partie d'un réseau régional articulé par les routes maritimes qui étaient exploitées par les principales entreprises de navigation internationales. En effet, les navires des principales compagnies maritimes reliaient les ports canariens à ceux de Casablanca et de Dakar qui étaient à leur tour unis par d'autres lignes maritimes. À cela vient s'ajouter le trafic de cabotage régional, réalisé par de petites embarcations à voile ou à vapeur, qui venait compléter les grands flux internationaux et desservait les ports secondaires du réseau. Cette connectivité et intégration régionale revêtent toute leur importance à plusieurs niveaux, étant donné que l'établissement et la continuité des routes commerciales, ainsi que le rythme et l'orientation des trafics régionaux, du moins en ce qui concerne les connexions maritimes entre les îles macaronésiques ou dans le cadre des relations maritimes microrégionales (cas du Sénégal) et du Maroc, dépendaient fondamentalement de ce trafic régional. À long terme, ces tendances ont contribué de manière décisive à la configuration de réseaux essentiels basés sur les hiérarchies, les complémentarités et les centralités définissant la nature des relations entre les différents ports (Polónia, 2010). En tout état de cause, il convient de considérer la relativité de ces positions dans une perspective plus large situant les réseaux régionaux dans d'autres, de dimension supérieure.

D'un point de vue géographique, les dernières études sur les ports et les systèmes de transport de l'Afrique de l'Ouest ont concentré leur attention sur les couloirs de transport vers l'intérieur, ainsi que sur la recherche de solutions à la faible intégration régionale résultant de l'établissement d'un système linéaire, exclusivement tourné vers l'extérieur. Il est toutefois à noter que le Maroc et le Sénégal s'étaient dotés d'un réseau de petits ports de cabotage à forte connectivité locale sans qu'aucun de leurs composants n'exerce une prééminence absolue sur les autres. Cette situation a changé au cours du dernier tiers du XIXe siècle, lorsque la France a modifié sa politique d'intervention en Afrique en réponse à la pression exercée par le Royaume-Uni et à la concurrence croissante de l'Allemagne et a centralisé l'activité économique de ses colonies et protectorats sur certains pôles spécifiques. Ainsi, dès le début du XXe siècle, ces territoires ont joui des systèmes de transport caractéristiques des économies dépendantes, propres du Sud global, à savoir de structures terrestres linéaires présentant peu de ramifications régionales entre les centres de production de l'intérieur et l'axe maritime d'évacuation et rappelant la claire orientation extrovertie soutenue par l'appareil économique colonial (Debrie, 2012 ; Lombard et Ninot, 2010).

Plongés dans une dynamique analogue, les ports océaniques africains partageaient un *foreland* commun où prédominaient les relations avec l'Europe en tant qu'axe névralgique de l'expansion impériale. Ces étroites relations interocéaniques venaient s'ajouter à une plus forte présence européenne dans la région soutenue par les bases houillères précitées et les *gateway* régionaux, tels que Casablanca ou Dakar, qui ont commencé à structurer le commerce extérieur régional au cours de la première décennie du XXe siècle.

Il est également possible de considérer l'existence d'un deuxième *foreland* incluant ces ports africains jalonnant les routes maritimes qui les unissaient à l'espace des marchés émergents de l'Amérique du sud, du Golfe de Guinée et de l'Afrique du Sud. À ce niveau, les connexions tricontinentales s'inscrivaient dans la lignée des dynamiques commerciales héritées de la période préindustrielle et ce, même si les conditions économiques en plein cœur de la mondialisation avaient modifié la nature des échanges (Curry-Machado, 2013). L'exploitation des marchés de matières premières coloniales dans les nouveaux territoires a provoqué l'expansion impériale qui a été rendue possible grâce au développement de nouvelles connexions maritimes régulières entre les ports industriels européens et ces enclaves.

Tous les éléments décrits plus haut indiquent que les ports analysés ont facilité l'expansion de l'activité maritime. En effet, les différentes lignes maritimes et les connexions télégraphiques intercontinentales déployées au sein de la région à partir de 1850 leur permettaient de se situer en plein cœur du processus de mondialisation économique. Toutes les conditions requises étaient réunies, bien qu'à des niveaux et à des degrés différents. En effet, leur rente de situation par rapport à leur *hinterland* et *foreland* leur permettait d'optimiser les divers frets et d'influencer l'intensité de leurs trafics. Comme indiqué précédemment, le cadre institutionnel a toutefois marqué une différence notable dans ces ports.

CARTE 2.2.
Réseau portuaire nord-africain

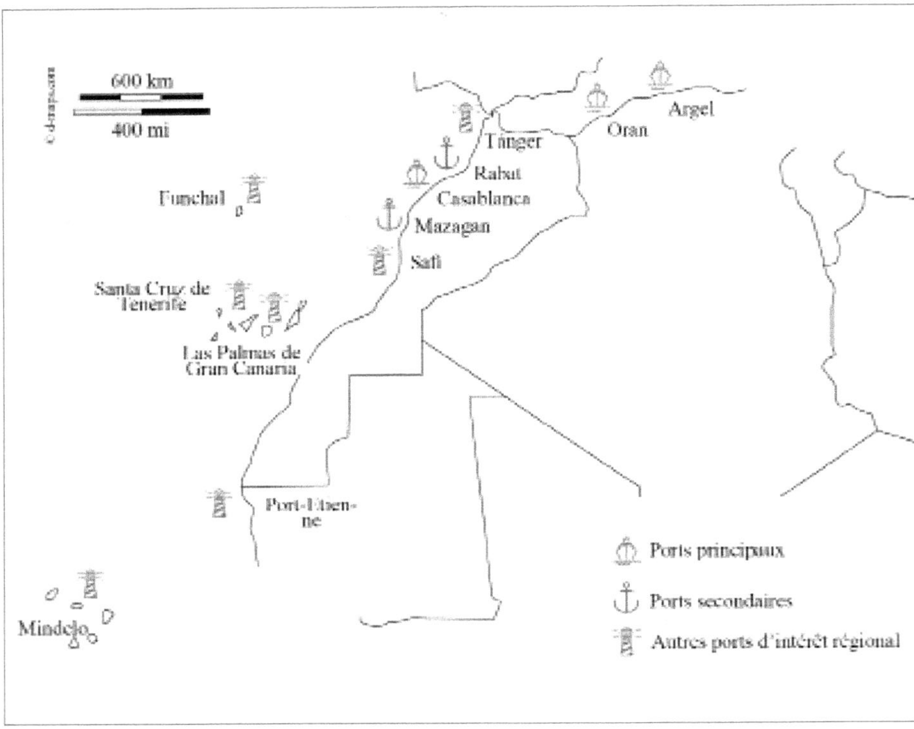

Source : Castillo Hidalgo y Mohamed-Cherif (2016 : 3).

Pour clore ce point, rappelons que les différents ports qui composaient le réseau régional présentaient un degré relatif de complémentarité. En effet, la spécialisation des fonctions inhérentes aux services portuaires ou à l'activité commerciale s'avérait déterminante pour les indicateurs de l'activité portuaire et, notamment, pour l'arrivée des navires et le tonnage manutentionné. Il convient toutefois de signaler que le port de Gran Canaria a toujours dominé le marché régional et que cette première place ne lui a été ravie que pendant la Première Guerre mondiale par le port de Dakar. Au cours de cette période, ce dernier a en effet joué un rôle central en tant que base navale sûre pour les pays alliés tandis que les ports canariens souffraient du blocus maritime allemand et de leur nationalité espagnole, alors pays neutre.

7. Ports et économies maritimes au cours de l'expansion impérialiste

Hormis quelques moments critiques, les régions de l'Afrique du Nord-Ouest analysées ont affiché une croissance soutenue et progressive de leur commerce extérieur entre 1880 et 1939, tant en termes de volume que de valeur. Cette dynamique reposait sur le développement des infrastructures ainsi que sur le renforcement des secteurs agricoles commerciaux et des matières premières minières ayant encouragé le commerce extérieur. Pour atteindre cet objectif, les administrateurs coloniaux ont introduit quelques modifications institutionnelles comme le « pacte colonial » qui limitait la liberté de commerce entre les colonies et les pays tiers. L'exclusivité coloniale a permis aux secteurs industriels métropolitains de profiter de la protection des produits stratégiques tels que les dérivés du pétrole, les cacahuètes pour le Sénégal ou l'extraction de matières telles que les phosphates au Maroc, en Algérie ou en Tunisie (Austin, 2008 : 303-304). Certains différences institutionnelles ont certes pu être observées entre les régions analysées. Au sein des colonies françaises tels que le Sénégal et le protectorat du Maroc, les institutions politiques et les élites locales conservaient leur influence et leur pouvoir relatif. Le cas des ports des îles Canaries et du Cap-Vert est particulièrement significatif. En effet, ces ports ont abandonné l'idée de la complémentarité pour devenir des concurrents directs en se spécialisant dans les services maritimes (ravitaillement en combustible, en eau et en vivres, assurances, chantier naval, dans ce dernier cas, surtout Las Palmas). Tous deux visaient les principales compagnies maritimes qui opéraient le long des routes commerciales de l'Atlantique Sud et ont tenté d'attirer les trafics internationaux dans leurs ports respectifs depuis le XIXe siècle (Suárez Bosa et Cabrera Armas, 2012). Le contexte institutionnel en faveur des libertés commerciales instauré aux Canaries était considéré comme un atout pour les investissements et les compagnies maritimes étrangères. En revanche, le régime institutionnel colonial de l'archipel du Cap-Vert, imposant de lourdes taxes sur les importations de combustibles, a freiné le développement du port et, par conséquent, des îles dans leur ensemble qui « ont perdu leur chance » de rivaliser avec les ports des îles Canaries et de Dakar pour la captation de trafics maritimes internationaux (Prata, 2014).

Il est couramment admis que l'existence d'institutions extractives, locales ou étrangères, constitue un frein au développement économique à long terme. Au sein de l'Afrique Occidentale française, les institutions politiques coloniales ont soutenu et encouragé les élites marocaines regroupées en *makhzens* (Ayache, 1956), lesquels collaboraient avec les administrateurs français sous le protectorat.

En tout état de cause, ces institutions extractives ont créé un réseau d'infrastructures de transport (initialement destinées au contrôle militaire du territoire) visant principalement à garantir l'articulation des secteurs de l'exportation, ainsi que l'expansion et l'ouverture des marchés émergents (Hopkins, 1973). Le premier objectif du réseau de transport régional était de relier les régions productrices (minerais et produits agricoles) aux marchés métropolitains via les grands ports maritimes des principales colonies. Ce modèle économique extroverti a été défini et conçu pour les colonies du Maghreb (Mohamed-Chérif et Ducruet, 2011).

D'une manière générale, les premières réformes portuaires mises en œuvre en Afrique de l'Ouest ont eu des retombées positives sur l'activité commerciale des ports analysés. Les indicateurs portuaires disponibles pour la période comprise entre 1900 et 1930 indiquent une tendance commune de croissance avec quelques divergences liées aux conjonctures internationales ou aux dynamiques internes.

La relation avec l'administration centrale s'avérait déterminante pour les ports situés dans les territoires dépendants de la métropole. La gestion du système portuaire de ces pays correspondait à une autorité étatique, laquelle déléguait cette responsabilité à des organismes locaux plus ou moins décentralisés tels que les *Juntas de Obras del Puerto* en Espagne ou l'Administration des travaux publics en France. En ce qui concerne la gestion basée sur le principe des concessions (Casablanca), celle-ci favorisait les entreprises à capital international, bien souvent au détriment des petites entreprises regroupées au sein de la Chambre de commerce.

C'est peut-être au niveau de l'organisation du travail et de la gestion de la main-d'œuvre que la culture locale se fait le plus sentir *(embeddedness).* Le rôle des dirigeants des communautés locales dans les ports du continent africain a été souligné. Ils jouissaient en effet d'une autorité morale dans la composition des équipes et des horaires de travail des travailleurs occupés au chargement et au déchargement des bateaux. Tributaire des aléas du trafic maritime, l'organisation du travail portuaire qui restait toutefois marquée par la précarité et l'irrégularité des journées de travail, caractéristiques quelque peu corrigées par les innovations technologiques actuelles, a également tenté d'uniformiser cet aspect.

Autre caractéristique commune, l'extrême concentration de l'activité portuaire s'explique, d'une part, par les difficultés naturelles de la côte atlantique qui limitaient l'existence de ports naturels le long de la façade maritime (fonds sablonneux, houles fortes et violentes, nature intrinsèque du commerce atlantique) et, d'autre part, par l'absence de marchés internes orientés vers les produits commerciaux jusqu'au dernier tiers du XIXe siècle qui auraient pu justifier le besoin de se doter de ports modernes équipés d'infrastructures de pointe (Castillo et Marnot, 2014 : 350).

Les principaux changements opérés dans le système portuaire colonial français sont le fruit de la grande réforme portuaire métropolitaine (de 1871 à 1921) mise en œuvre en réponse à la révolution de la navigation à l'échelle mondiale (De Raulin, 1941). La multiplication des contacts entre les différents systèmes de transport (principalement le chemin de fer) constitue l'un des éléments clés de cette révolution technique, économique et institutionnelle liée aux avancées de la révolution industrielle. En ce qui concerne la France, l'administration coloniale a développé un programme de grands investissements en infrastructures de transport dont la partie principale a été destinée aux ports et aux chemins de fer.

Nous pouvons dès lors confirmer l'existence d'un modèle de gestion portuaire commun aux ports de ces pays, bien souvent similaire aux modèles portuaires européens continentaux, ayant jusqu'à entraîné le développement des principales caractéristiques de leurs homologues métropolitains et ce, même s'ils présentaient également quelques nuances locales tels que le régime de franchises commerciales aux Canaries ou le facteur colonial (De Raulin, 1941 ; Celce, 1952 ; Marnot, 1999).

Pour ce qui est du Maroc français, le port de Casablanca a été le principal instrument du protectorat dès 1912. Ce port a été construit à partir de l'ancien port de Dar El Beïda dont les infrastructures étaient peu développées. Après la Deuxième Guerre mondiale, Casablanca est devenu le moteur de l'économie marocaine et a absorbé la majeure partie du trafic portuaire national (voir Chapitre III). Les ports de second rang ont été relégués à des positions marginales, tendance qui s'est accentuée au cours des décennies suivantes. Le modèle relativement diffus a été abandonné au profit d'un système portuaire macrocéphale caractéristique d'une économie coloniale extrovertie. Cette tendance est similaire à celle observée au Sénégal. La valeur de la charge par port constitue l'un des éléments clés de cette étude sachant que, comme nous le verrons plus tard, l'objectif visé est de parvenir à le mettre en relation avec le rendement général.

Conformément à la tendance à la concentration de l'activité maritime entamée dès le début du XXe siècle, Casablanca occupe un rôle de plus en plus prépondérant au sein du réseau des ports de l'Afrique du Nord-Ouest. Pourtant initialement en retrait, il viendra occuper les avant-postes de la hiérarchie portuaire de l'Afrique du Nord-Ouest en termes de navires entrant au port (Carte 2.2.) ou de tonnage de marchandises manutentionnées. En 1938, le port de Casablanca traitait 1 849 200 tonnes, contre 1 828 50 tonnes pour Alger et 1149 579 tonnes pour Dakar, seul le port d'Oran le devançait avec ses 3 046 900 tonnes (Castillo Hidalgo et Mohamed-Chérif, 2016 : 10). La croissance rapide de l'exportation des phosphates est sans nul doute le principal moteur de développement du port marocain. On constate néanmoins un faible développement des ports situés au sud du Sahara jusque dans les années cinquante ainsi qu'une connectivité relativement faible entre ces ports et les grands pôles portuaires insulaires.

CHAPITRE III

LES PORTS MAROCAINS DANS UNE ÉCONOMIE DUALE

1. Maroc et la mer

La Mer Ténébreuse

Pour mieux comprendre l'histoire du port de Casablanca (ou des ports marocains en général), il convient de mener cette analyse sous la forme d'une étude sociale, qui tiendra compte de l'histoire, de l'économie, de la société, ainsi que de l'évolution politique du pays. Contrairement aux apparences, le Maroc est un pays marqué par de profondes traditions, présentant une structure étatique vieille de plusieurs siècles qui assumait ses responsabilités internationales nées d'accords passés avec des puissances étrangères. Mais ce glorieux passé laissa peu à peu place à un repli sur soi, à une réduction des contacts avec l'extérieur et, plus particulièrement, avec l'Europe. Au début du XIXe siècle, il s'ouvrit brusquement au monde occidental alors en pleine expansion depuis la révolution industrielle et n'échappa donc pas non plus aux convoitises des grandes puissances.

Comme le rappelle l'historiographie, notamment et l'européenne plus particulièrement encore, le Maroc a toujours eu tendance à tourner le dos à la mer. Paradoxalement, depuis l'antiquité, les côtes marocaines ont servi de portes d'entrée aux étrangers, notamment aux Ibériques. En revanche, à partir de la période moderne, les Européens ont « pour leur part, tenté de » limiter la croissance de la flotte maritime autochtone de manière à ce que la suprématie technique européenne leur permette de dominer les voies maritimes tout en nuisant le plus possible aux intérêts marocains. Dans ces conditions, le Maroc ne pouvait qu'abandonner ses côtes et oublier l'idée d'équiper ses ports.

D'autres auteurs contredisent toutefois ce manque d'intérêt pour la mer. Ils affirment qu'il s'agit d'un discours biaisé, lancé de manière intéressée par l'historiographie coloniale. L'argument avancé pour rejeter cette vision pessimiste est que personne ne peut nier que la flotte commerciale a été soutenue et encouragée par le souverain Mohammed ben Abdellah (Miège, 2012 : 269-270 ; et 1992). Ayant compris l'importance du commerce extérieur et ses mécanismes, ce sultan a centré ses efforts et ses interventions sur le commerce atlantique afin de s'assurer une rente et de se libérer de la dépendance des tribus. Preuve de cet intérêt pour l'activité maritime, sa première action après avoir accédé au trône a été de se rendre dans les principales villes atlantiques du pays, à savoir Rabat, Salé, Mohammédia et Larache. La fondation d'Essaouira (Mogador) est venue concrétiser ce projet qui a marqué l'ouverture du Maroc sur l'Atlantique et sur le monde. Il a donc créé une flotte commerciale, reconstruit les ports (Lourido Díaz, 1992 : 222). Non sans raison, cette époque est associée à la naissance du sentiment national marocain.

Il convient de rappeler que bien que le Maroc dispose d'un littoral de près de trois mille kilomètres, sa profondeur continentale n'en est pas moins importante. Les relations commerciales avec l'intérieur du continent, à savoir le commerce saharien, avaient toujours significativement contribué à la configuration de la personnalité marocaine. Ce n'est pas un hasard si le Maroc a dominé les routes commerciales occidentales africaines vers le Soudan et jusqu'à Tombouctou, à savoir le commerce caravanier, et si la continentalité a joué et continue de jouer un rôle prépondérant dans l'économique marocaine.

Le projet de revalorisation de l'espace atlantique sera repris, au XXe siècle, par les dirigeants du protectorat souhaitant rattacher le Maroc à la France. L'espace atlantique marocain prit dès lors une importance sans précédent. L'objectif final était de trouver la manière de canaliser le potentiel économique et humain de l'ensemble des régions du territoire national vers le pôle atlantique afin de servir les intérêts de la métropole et de répondre à ses besoins. Dans, le même temps, l'intention était de montrer le « Maroc utile », à savoir la façade atlantique, comme le symbole d'un monde nouveau, synonyme de modernité, une sorte de nouvelle « Californie », tout en stigmatisant le Maroc profond et séculaire. Le premier Résident Général, H. Lyautey, a misé sur la mise en œuvre de ce programme en commençant par la ville de Casablanca qui a dès lors confirmé sa position de première agglomération avant de prendre la tête du classement des principales villes du pays. Décidé à ce que cette côte devienne la grande porte d'accès au développement du Maroc, il a de plus encouragé d'autres actions telle que la construction d'un port fluvial à Kénitra (qui prendra en 1932 le nom de Port-Lyautey) ou la désignation de Rabat en tant que capitale administrative et lieu de résidence du protectorat.

Le poids de la tradition

La deuxième moitié du XIXe siècle peut être considérée comme une période de transition dans l'histoire du Maroc. Elle marque en effet le début d'un processus historique qui aboutira à la création d'un État caractérisé par l'apparition de nouvelles structures économiques et sociales. La reprise des relations avec les pays européens va se dérouler dans un contexte de crise des structures politiques et sociales du Maroc précolonial. Bien que dans un premier temps l'indépendance ait pu être conservée, les contacts avec l'Europe industrielle ont donné un nouveau souffle à l'économie marocaine et à la politique du Makhzen.

Le Maroc du XIXe siècle se caractérise par un faible développement économique. Cette faiblesse était due à une série de facteurs allant de l'existence de vastes régions arides à la simplicité des techniques employées. Pour ne citer qu'un exemple, la roue était très peu utilisée pour le transport, qui manquait également cruellement de réseaux routiers, et une grande partie des produits étaient acheminés à dos d'animaux. Plongée dans une relation de cause à effet, la paralysie technologique semblait être associée au fractionnement tribal supposant lui-même un frein au développement des forces de production. La faiblesse des gouvernements, incapables de construire et de conserver un réseau routier adéquat, ne faisait qu'aggraver cette situation. Une telle structure était en effet indispensable aux échanges entre les différentes régions, condition requise pour pouvoir diviser les tâches les plus complexes et encourager une augmentation de la productivité, à son tour pierre angulaire du développement économique. À cela vient s'ajouter la situation de pauvreté généralisée impliquant un faible pouvoir d'achat de la population, ainsi que d'autres facteurs soutenus par les théories du développement pour justifier le retard accusé par certains pays, notamment les pays africains, tels que le cadre institutionnel, les conséquences de la colonisation ou les caractéristiques géographiques (Voir à ce sujet le travail de N. Michel, 1997).

En dépit de l'importance des institutions tribales, le Maroc est toutefois parvenu à se doter d'un appareil administratif relativement solide ainsi que d'une administration bien organisée. Leur nature était un autre problème, tout comme si leur volonté était d'encourager ou non l'éventuel développement économique et social du pays (Amin, 1986 : 9-11). Une autre caractéristique de cette formation sociale est la dualité entre les tribus plus ou moins autonomes, d'une part, et le sultan et son administration (*makhzen*) tentant de les soumettre avec un succès, certes, relatif, d'autre part. Cette dualité entre les tribus et l'État s'est traduite par la célèbre dichotomie entre *bled siba* et *bled makhzen*, à savoir entre le pays de la dissidence et le pays soumis au pouvoir central où l'autorité du sultan était effective.

L'État souffrait d'une faiblesse chronique et était contraint de continuellement pactiser avec les pouvoirs locaux. Il n'existait aucun cadre légal clair et stable, aucun système de normes souverain qui s'entourait de ses plus proches collaborateurs.

Aucun consensus n'a été trouvé pour établir un système de lois un tant soit peu respectées par tous ou permettant un exercice ordonné du pouvoir. Conséquence du faible développement économique, le fractionnement social entravait encore plus la création de ce système d'accords.

2. Le début de la modernisation portuaire

La lente pénétration commerciale européenne du début du XIXe siècle va s'accélérer peu à peu au cours de la deuxième moitié de ce siècle. À partir du XIXe siècle, la pression des puissances occidentales sur ce pays s'est en effet accentuée. Un nouveau climat politique s'est installé entre l'Europe et le Maroc suite aux défaites militaires face à la France à Isly (1844) et à l'Espagne à Tétouan, dans le Nord Ouest (1859-1860), lorsqu'une armée de cinquante mille hommes a conquis Tétouan. L'importante compensation exigée, quatre millions de livres sterling, a été réglée par le sultan qui, sur la base des recettes des douanes marocaines, a souscrit un prêt auprès de banques anglaises.

Les puissances européennes ont alors profité des concessions, formule des plus destructrices pour l'économie marocaine. L'ouverture douanière était un fait établi et la domination s'est concrétisée par la signature d'une série de traités qui allaient ranger définitivement le pays du côté des intérêts commerciaux internationaux.

À partir du milieu du XIXe siècle, les nations européennes se sont fixées pour objectif de lancer leurs produits sur les marchés locaux. Comme dans le reste du monde, la méthode adoptée pour atteindre leurs fins consistait à imposer des traités commerciaux insoutenables à la colonie et à l'obliger à ouvrir ses ports, dont celui de Casablanca, au commerce international. Signées sur un même pied d'égalité et fondées sur la réciprocité, les conventions du début du XIXe siècle ont laissé place aux nouveaux traités imposant la clause de la nation la plus favorisée et permettant à une nation étrangère signataire de bénéficier de toutes sortes d'avantages pouvant être accordés a posteriori avec un tiers. Un accord de ce type a été signé avec l'Angleterre en 1856, lequel décrétait la liberté absolue des échanges commerciaux, l'abolition des monopoles du sultan, exception faite de la vente du tabac et de l'opium, ainsi que des armes et des munitions, et l'imposition définitive de droits de douane de 10 % *ad valorem*. Le Maroc était donc ouvert aux produits et aux négociants étrangers et se réservait uniquement le droit d'interdire l'exportation de produits comme la laine et les céréales.

Les consulats ont dès lors commencé à étendre leurs prérogatives, en commençant par réclamer la compétence dans la résolution des conflits entre les ressortissants britanniques et marocains. Cette protection profitait également aux citoyens marocains y adhérant. Cette institution dénommée « le protégé » permettait à certains Marocains, en fonction de leurs relations avec un ressortissant étranger, de passer sous l'autorité de la justice consulaire du pays en question et de ne plus être soumis à l'action des tribunaux locaux. Jouissant d'une immunité quasi totale, ils étaient dès lors libres de commettre tous types d'abus. L'accord signé avec la France en 1863 permettait l'application du droit de protection aux indigènes travaillant dans les exploitations rurales de Français. Ce dernier a été un prétexte suffisant pour décider d'organiser la conférence de Madrid de 1880 qui marquera le début de l'internationalisation de la question marocaine. Cette conférence qui allait également réglementer l'acquisition de propriétés immobilières sur l'ensemble du territoire marocain visait surtout à concéder aux États signataires le bénéfice du principe de nation la plus favorisée.

À l'imposition de coûteuses indemnités de guerre au trésor du sultan viendra ensuite s'ajouter l'occupation d'Oujda et de Casablanca (1907) et l'établissement du protectorat (en 1912). L'excellente politique de Moulay el Hassane (1873-1894) a toutefois permis au Maroc d'échapper à l'influence européenne jusqu'à la fin du XXe siècle. Ce souverain a en effet encouragé l'établissement de relations avec divers pays européens tout en veillant à ne tomber sous la dépendance d'aucun en particulier. Cette dynamique a favorisé la rivalité commerciale entre les Européens souhaitant se faire une place sur un marché prometteur (Miège, 1952 ; 1954).

Le trafic maritime était en plein essor et huit ports supplémentaires ont été inaugurés. La primauté passera successivement de Mogador à Tanger avant que Casablanca ne prenne le dessus. Après s'être rendu sur place en 1878, le sultan a ordonné l'exécution de plusieurs améliorations qui marqueront le début de la prospérité et de la croissance de Casablanca. Ce fait incontestable s'appuie sur une série de données historiques : ce petit bourg d'un millier d'âmes à peine en 1830, date de l'ouverture de sa rade au trafic, affichait une population d'entre vingt et trente mille habitants à la fin du siècle. Son port accueillait des lignes régulières comme celles de la Cie de Navigation Paquet qui établissaient la connexion avec d'autres ports de la zone atlantique tels que Londres, Hambourg, Gibraltar et Marseille.

Les historiens, politiciens et journalistes servant les intérêts de la métropole ont répété sans relâche que, pour le Maroc de la fin du XIXe siècle, anarchique et au bord de l'explosion, la conquête française avait été un événement providentiel tant pour le sultan que pour le peuple marocain (Terrrase, 1954). Cet avis ne faisait toutefois pas l'unanimité et certains affirmaient que sous cette apparence d'anarchie se cachait une véritable robustesse. Le résident lui-même, H. Lyautey, a déclaré plus tard (1916) « Au Maroc, nous nous sommes trouvés en face d'un empire historique et indépendant [...], jaloux à l'extrême de son indépendance, rebelle à toute servitude, qui, jusqu'à ces dernières années, faisait encore figure d'État constitué, avec sa hiérarchie de fonctionnaires [...] » Ayache (1956 : 55). Il semblerait qu'à la fin de son règne, Moulay Hassan, monarque respecté, ait essuyé les dettes, remboursé les emprunts en cours et laissé un solde du trésor excédentaire. Son fils préféré, le jeune Moulay Al-Aziz, lui succéda et, avec l'aide de son vizir, Ba Ahmed, maintint le pays en ordre et le trésor en bonne santé.

3. Dépendance économique et domination coloniale

Le développement de ce pays était pourtant entravé par un ensemble de facteurs internes et externes qui l'ont placé dans une position de faiblesse par rapport aux puissances européennes. Ces dernières ont profité du retard du Maroc et du manque d'expérience du jeune sultan pour entamer un processus de prise de contrôle qui a abouti à l'instauration du protectorat franco-espagnol en 1912. La dynamique n'a pas dérogé à la règle de l'expansion européenne. Des relations commerciales ont été établies pour que le Maroc puisse exporter des matières premières contre des produits manufacturés.

Ainsi, l'économie marocaine a pu entrer progressivement dans les circuits commerciaux transnationaux dominés par les Européens et toujours à partir d'une position subalterne. L'intensification progressive de ce commerce a entraîné la présence de plus en plus fréquente de commerçants, de fonctionnaires et de soldats européens sur les côtes du pays. Ceux-ci ont profité de l'occasion pour arracher progressivement aux autorités locales une succession de concessions commerciales et d'immunités diplomatiques et pour s'immiscer de plus en plus dans le fonctionnement des institutions autochtones. Néanmoins, ce nouveau processus s'est de nouveau soldé par des résultats discutables. Durant une certaine période, il a produit l'effet inverse du but recherché et a permis aux autorités métropolitaines, et locales, de profiter des droits douaniers en appliquant une sorte de modèle analogue à l'ancien commerce lointain et aux vieilles expéditions de conquête.

Cet assujettissement graduel du pays n'aurait cependant pas abouti sans la collaboration de certaines tranches de la population autochtone qui sont devenues les alliés objectifs des puissances coloniales. Ce fut notamment le cas pour plusieurs chefs militaires, ainsi que pour un autre collectif qui tenta également de s'allier avec les pouvoirs coloniaux : les grands commerçants juifs et musulmans. Toutes ces alliances politiques et économiques passées entre Marocains et étrangers ont eu un effet dévastateur sur la société marocaine. En effet, le makhzen a progressivement perdu son autorité sur des secteurs croissants de la population qui ont été placés sous le contrôle de pouvoirs étrangers. L'une des clés de ce processus a été donnée par la célèbre institution du « protégé » mentionné plus haut. L'occupation du pays était comme un fruit mûr sur le point de tomber de l'arbre.

Il est vrai que le Maroc n'a été occupé qu'à partir de 1912. Les raisons de ce retard étaient dues principalement aux disputes internes entre les puissances européennes. Mais les richesses du Maroc plaçaient ce pays au centre des ambitions françaises, espagnoles, britanniques et allemandes qui n'avaient d'autre choix que de se dresser les unes contre les autres. Cette situation ne pouvait durer. En 1906, la conférence d'Algésiras scella le démantèlement douanier : les produits qui entraient sur son territoire n'étaient dorénavant soumis qu'à une taxe de 10 % *ad valorem* majorée d'un impôt de 2,5 % destiné au financement des investissements publics. Ce fut également le début d'un partage entre deux zones d'influence : la zone du sud-ouest cédée à la France, également appelée le « Maroc utile », et la zone du Rif située au nord, plus petite et pauvre, attribuée à l'Espagne.

Une réaction d'une bien plus grande envergure a finalement changé la donne, laquelle nous permet d'ailleurs d'en apprendre davantage sur les limites et le potentiel de la société marocaine de l'époque. Il s'agit du renversement du sultan Mouley Abd Al-Aziz de 1907 qui fut remplacé par son frère, Mouley Abd Al Hafid, supposé partisan de l'indépendance qui a pourtant été contraint de signer le traité de Fès instaurant définitivement le protectorat ce qui, paradoxalement, lui coûta le trône.

Parallèlement, les groupes capitalistes français ont commencé à gagner du terrain sur ceux des autres puissances, tels que l'Angleterre. La constitution de la Compagnie marocaine en tant que *holding* international, dont l'influence à tous les niveaux de la société marocaine s'est avérée déterminante au cours de la période du protectorat, illustre parfaitement cette influence croissante. L'initiative a été prise par la Compagnie Schneider et Cie. qui chargea M. G. de Caqueray d'organiser une mission d'étude en 1902 (De Caqueray, 1952). Parmi ses actionnaires figuraient notamment l'armateur français Nicolas Paquet, la *Banque de l'Union parisienne* et la Banque d'État. D'autres groupes sont venus grossir ses rangs, telle que la Compagnie générale du Maroc, fondée par un consortium français composé, entre autres, par la Banque de Paris et des Pays-Bas (PARIBAS).

Cette initiative a été soutenue par le ministre français des Affaires Étrangères, M. Delcassé, qui lança d'ailleurs l'idée de « pénétration au Maroc » lors d'un discours prononcé à la Chambre des députés en 1904 (Ayache, 1956 : 65). La France s'apprêtait à étendre sa domination sur le Maroc après avoir signé un accord avec l'Angleterre qui acceptait de ne plus s'intéresser à ce pays en échange d'autres territoires. L'accord a ensuite été étendu à l'Espagne qui avait signé un engagement secret avec la France (signé par l'ambassadeur à Paris et le Canarien Fernando León y Castillo) et l'Allemagne en 1904. Suite à l'incident provoqué par la présence de l'empereur Guillaume II qui s'est rendu à Tanger (1905) pour soutenir les prétentions du sultan Abd al Aziz, une compensation consistant en d'autres territoires du continent africain a toutefois été exigée.

Bénéficiant du soutien de groupes de pression comme le Comité de l'Afrique, le grand capital français faisait pression pour que le Maroc soit occupé. Parmi les membres de cette institution figurait le Comité du Maroc, dirigé par le député et publiciste E. Etienne et soutenu par la Société de Géographie. Il est à noter qu'en France, la colonisation était rejetée par une bonne partie de l'opinion publique, ainsi que par certains partis politiques et dirigeants, tels que le socialiste J. Jaurès. L'Espagne a été confrontée au même problème : la majeure partie des Espagnols, opposait à l'envoi de troupes dans le pays voisin. Comme on le sait, cette opposition a provoqué le soulèvement anarchiste de Barcelone, où la grève générale s'est soldée par une dure répression militaire et l'exécution de Francisco Ferrer. Le mouvement international de protestation a suscité l'adhésion de l'opinion et l'appel à plusieurs grèves de soutien.

Le peuple marocain n'a pas plié pacifiquement à l'occupation et a accusé son souverain d'avoir vendu le pays aux étrangers. La présence d'agents étrangers dans les ports pour contrôler le paiement des droits de douane destinés à affronter la dette a notamment suscité une très vive indignation, tout comme les travaux programmés pour le port de Casablanca. Même si la propagande européenne tentait de présenter la présence française comme une œuvre de pacification et de civilisation, les historiens indépendants s'accordent à dire qu'il s'agissait en réalité d'une occupation visant à soutenir les intérêts capitalistes des colons français. Les troupes françaises envoyées près de Casablanca, dans la région de la Chaouïa, ont été attaquées par les tribus voisines. Leurs leaders exigeaient l'arrêt des travaux du port assignés à la Compagnie marocaine mais n'ont pas été entendus. Pire encore, les travaux ont provoqué la profanation de sépultures musulmanes au cimetière de Sidi Belyout et l'indignation de la foule qui a pris le détachement d'ouvriers européens d'assaut, faisant neuf morts. Cet incident a été utilisé comme prétexte pour justifier l'occupation définitive de la région par les troupes françaises. Le frère du sultan, Mulay Hafid, ne comptait toutefois pas se laisser faire et se dressa contre les forces de l'occupation. Bien qu'il soit sorti victorieux de ce combat, il a toutefois été contraint de signer le traité de Fès reconnaissant la légitimité de la présence étrangère, ainsi que de demander un prêt de 100 millions de francs pour payer la dette laissée par son prédécesseur, affronter les coûts des nouveaux projets du port de Larache et des travaux en cours dans le port de Casablanca et indemniser les familles des victimes européennes du soulèvement [sic]. Incapable de satisfaire ces souhaits et en proie à l'indignation populaire, il a dû renoncer au trône. Sa tentative de résistance initiale face à la colonisation reste néanmoins considérée d'un bon œil par l'historiographie nationaliste.

4. Transformations introduites par le protectorat

Le traité de Fès de 1912 a fini par déclarer l'établissement du protectorat français sur la majeure partie du territoire marocain. Le pays conservait toutefois son indépendance théorique, ainsi que ses institutions traditionnelles auxquelles est venue se greffer une administration européenne chargée d'assurer leur mise sous tutelle pour une durée indéterminée. Ce système se démarquait du modèle de gouvernement colonial direct déjà instauré dans nombre d'autres territoires. Cette modalité d'occupation permettait d'utiliser les institutions préexistentes, de réduire les coûts administratifs et de bénéficier d'une certaine légitimité de la part de la population. Malgré cela, la pacification totale n'a toutefois pas été obtenue avant la décennie des années trente.

À moyen terme, le régime colonial a également permis d'instaurer la pacification générale et d'offrir une série d'améliorations matérielles à la majorité de la population. En effet, d'importants travaux d'infrastructures ont été exécutés, les bases des systèmes nationaux de santé et d'éducation ont été jetées et les opportunités d'emploi ont commencé à se multiplier, tant dans le secteur privé qu'au sein de la nouvelle administration. Ces nouveaux avantages ont poussé une partie de la population à composer avec les colonisateurs.

Comme c'est souvent le cas, tous ces faits ont permis au système de domination coloniale de bénéficier de nombreuses complicités locales nées de la satisfaction d'intérêts particuliers et immédiats. Malgré la violence de l'occupation, les colons ont donc pu s'installer sur les terres préalablement expropriées. Mais le nouveau pouvoir colonial ne s'est pas limité à maintenir la société marocaine telle qu'elle était initialement et lui a imposé une série de transformations radicales. D'une façon générale, l'administration du protectorat a encouragé un développement intensif des forces de production en encourageant la modernisation agricole, l'exploitation de nouvelles ressources minières, la construction d'infrastructures de transport et de communication, l'industrialisation relative, l'urbanisation à grande échelle, la hausse de l'espérance de vie et la croissance démographique connexe. La croissance des villes côtières, notamment de Casablanca, terres d'accueil d'une grande majorité des émigrants ruraux, est particulièrement digne de mention. Ce processus a également contribué à réduire le particularisme traditionnel de la population.

Il convient de rappeler à nouveau la situation de déséquilibre régional entre le « Maroc utile », se composant principalement de la plaine atlantique, et son grand potentiel agricole, et le reste du territoire national, à savoir les zones montagneuses présentant peu d'intérêt pour la colonisation. Ce déséquilibre supposait de plus une fracture sociale entre les membres de cette société inégale. En effet, l'expansion des secteurs économiques autrefois inexistants, tels que le transport, l'industrie et les services, a permis à une minorité de s'enrichir. À celle- ci sont venues s'ajouter quelques personnes d'origine modeste qui ont réussi à gravir l'échelle sociale grâce à leur relation professionnelle et à leurs contacts avec les colons, ainsi qu'un nombre intéressant de représentants de la bourgeoisie locale, tels que les *fassis* (Pallez, 1951). Par contre, la majorité de la population locale et urbaine peuplant les bidonvilles vivait dans des conditions des plus précaires.

Le Maroc restait néanmoins un pays rural et une grande partie de sa vaste population de paysans pauvres a été contrainte d'émigrer vers les villes en quête des nouvelles opportunités de travail qu'offrait la croissance économique. Nombre d'entre eux ont cependant été victimes du déracinement lié à l'émigration et l'artisan traditionnel n'était pas en mesure de lutter contre la concurrence de la nouvelle production industrielle. La structure sociale s'est encore compliquée avec l'arrivée de nouvelles classes sociales, telles que le prolétariat industriel et minier, les employés de l'administration publique et les professions libérales. Tous ces profonds déséquilibres sociaux et régionaux résultent en grande partie d'un modèle de développement de caractère extroverti et qui a survécu jusqu'à nos jours.

5. Les institutions coloniales

Le traité de Fès (1912) mit fin à l'indépendance du Maroc. Même s'il devait théoriquement s'agir d'un accord entre la République française et le Gouvernement de Sa Majesté, dans la pratique il s'agissait plutôt d'un acte unilatéral permettant au Gouvernement français d'imposer sa loi. Le sultan conservait officiellement ses attributions et pouvait continuer à jouir du faste, de la souveraineté religieuse et de son rôle de leader devant signer les décrets (dahir) qui lui étaient présentés. Mais, en réalité, il avait été déchu de tout pouvoir réel, lequel était maintenant aux mains du résident général. Il fallut attendre le conflit provoqué par le sultan Sidi Mohammed Ben Youssef en

1944 pour qu'il puisse à nouveau exercer un droit de veto sur un nombre limité de questions. Mais, concrètement, il fut condamné à l'exil lorsqu'il tenta de réclamer la souveraineté nationale.

FIGURE 3.1.
Organisation institutionnelle du Protectorat

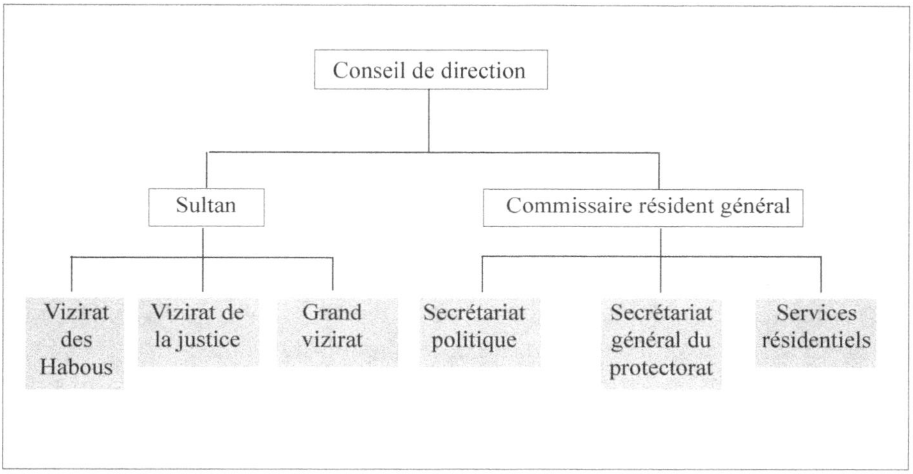

Source : Élaboration personnelle.

Il est vrai qu'officiellement, l'administration française et marocaine cohabitaient sous le protectorat. Les directions générales constituaient les pièces maîtresses de la structure institutionnelle, notamment celles des finances, de l'agriculture et des travaux publics. Les ports étaient placés sous la houlette de cette dernière direction générale qui devait superviser les projets et l'exécution des équipements de base, telle que la construction des ports, des voies ferrées, des centrales électriques ou des barrages.

La constitution et la mise en œuvre de ces organismes chargés de défendre les intérêts économiques et professionnels dès l'année ayant suivi l'instauration du protectorat constitue une donnée particulièrement intéressante. Il s'agit essentiellement des Chambres consultatives françaises (instaurées par dahir du 29 juin 1913), de la Chambre chérifienne (dahir du 20 janvier 1919), ainsi que de celles de l'agriculture, du commerce et de l'industrie. Les membres de la première étaient élus dès 1919, tandis que ceux de la Chambre chérifienne étaient nommés jusqu'en 1947, date à laquelle ils ont commencé à être élus par suffrage restreint.

Le Conseil du Gouvernement (1919), où étaient représentés les organismes précités, se divisait pour sa part en deux sections distinctes : une française et une marocaine. Il s'agissait en réalité d'un conseil privé du résident général.

Les mesures prises au niveau des libertés individuelles ont plus d'intérêt. Celles-ci ont en effet été limitées par ordre du 02 août 1914 concédant un grand pouvoir à la justice militaire. Les libertés importaient peu. Preuve en est que les Marocains ne jouissaient d'aucune garantie individuelle : les libertés d'association, de réunion et d'expression étaient inexistantes. Bien qu'un dahir du 26 mars 1914 prévoyait le droit de réunion, celui-ci a ensuite été limité à de nombreuses reprises sous prétexte qu'il convenait de veiller à maintenir l'ordre public. Un autre du 24 décembre 1936 autorisait la création de syndicats et d'associations professionnelles, mais ce droit était réservé aux Européens uniquement [sic] et les Marocains cherchant à s'y affilier risquaient pour leur part une peine de cinq jours à trois mois d'emprisonnement ou une amende de cinq à trois mille francs (Ayache, 1956 : 100). Ce n'est qu'après la Deuxième Guerre mondiale, dans l'élan du mouvement de libération, que les droits syndicaux ont été reconnus et les organisations ouvrières, tolérées.

6. Budget et financement des ports

Activité portuaire et développement économique

La littérature portant sur l'analyse économique appliquée a déployé de grands efforts pour tenter d'évaluer l'impact économique des ports sur les villes et les régions maritimes en Europe et aux États-Unis. L'histoire est toute autre pour les pays de la région de l'Atlantique moyen, comme le Maroc, qui n'ont fait l'objet que de très peu d'études, exception faite de certaines contributions dignes de mention dans le domaine de la nouvelle géographie économique qui rappelle que le transport constitue un facteur clé de la localisation industrielle.

L'activité portuaire se nourrissant de l'activité économique de production et de consommation, l'offre de services d'un port doit donc faire face à une demande de nature dérivée. Le prix de ces services implique un coût généralisé couvrant plusieurs aspects : la demande de services portuaires se divise en différents niveaux et comprend plusieurs concepts tels que les frets, les tarifs portuaires et autres, l'attente et les coûts (tarifs et durée) du transport terrestre entre le port et la destination finale de la marchandise. Par conséquent, si plusieurs ports se trouvent dans une même région, le consommateur choisira l'option offrant le coût généralisé le plus bas. Ceci peut impliquer préférer le port proposant le coût théorique le plus élevé mais situé plus près de la destination finale de la marchandise, ce qui se traduit par une réduction des coûts du transport terrestre compensant le surcoût des services strictement portuaires ou des temps d'attente plus courts (De Rus, Román et Trujillo, 1994 : 35-36).

Comme le montre le cas de Casablanca, les ports maritimes peuvent exercer une puissante force d'attraction au sein de leur zone d'influence ou des territoires dépendants (ville, région ou territoire national). Ce n'est pas un hasard si l'expansion urbaine suivait la courbe de la croissance de l'activité portuaire, laquelle a offert un débouché à la production agricole et minérale de la région de la Chaouïa et, au fil du développement de ses connexions, à une bonne partie du territoire du protectorat.

Ports maritimes, infrastructures sources de développement

Pour la plupart des économistes, les infrastructures constituent la clé de voûte de la croissance. Les représentants de l'école classique s'étaient déjà penchés sur le rôle des infrastructures dans la croissance. Plus concrètement, ils ont théorisé sur l'influence du coût du transport sur la formation du marché, la spécialisation et la croissance économique. Plus tard, à partir de la fin de la Deuxième Guerre mondiale et de la décolonisation, les études portant sur le développement ont tenté d'évaluer l'impact des infrastructures en veillant à souligner la pertinence de se doter de celles-ci afin que le producteur ne soit pas contraint de s'installer à proximité des marchés, mais qu'il puisse choisir le meilleur emplacement pour son activité. Un tel modèle permettrait la concentration de la production industrielle, la réduction du coût de la distribution d'intrants aux entreprises et l'exploitation des ressources. À titre d'exemple, le transport des phosphates de la région de Khouribga, située à proximité de Casablanca, exigeait et a impliqué la construction d'une voie de chemin de fer ainsi que l'aménagement d'un quai au sein du port.

L'approche la plus récente définit les ports comme des agents de changement et de modernisation culturelle, socioéconomique, politique, technique, etc. Les régions et les systèmes portuaires dans lesquels il s'insèrent ont constitué des phénomènes dynamiques en soi, en constante évolution, une réponse à un large éventail de facteurs. Ces ports ont donc été amenés à agir comme des centres d'innovation, des noyaux de systèmes complexes de développement déterminant la tendance et l'intensité des processus économiques des régions et des villes qu'ils soutiennent (Hoyle et Pinder, 1992). Noyau dur d'un secteur complexe et instable, le port se présente donc comme un agent de développement dont les effets multiplicateurs transforment l'espace d'incidence, à savoir non seulement leur territoire d'accueil, mais aussi les zones d'influence qu'il dessert et dont il bénéficie. Le point de départ consiste à considérer les infrastructures portuaires, plus concrètement les services fournis, comme des éléments essentiels du bien-être économique des sociétés modernes.

La littérature économique ne propose aucune définition généralement acceptée du concept « infrastructures ». Albert Hirschman, l'un des auteurs cités, limite leur portée aux réseaux de transport et de distribution de l'énergie. Pour d'autres, il s'agit d'un ensemble de structures et de services de soutien nécessaire au développement d'une zone déterminée. D'une manière générale, le concept « infrastructures » définit les biens du capital physique ancrés au sein d'un territoire donné et dont les services revêtent certaines caractéristiques de biens publics. L'intervention du secteur public en tant que régulateur ou investisseur direct est donc fréquente et ce, même s'il ne s'agit pas de biens publics proprement dits étant donné qu'ils affichent souvent un certain degré de rivalité et d'exclusion.

Les ports facilitent le commerce, intègrent des modes de transport et connectent les marchés de producteurs et de consommateurs. À la lumière de ces éléments, il semble évident que le développement d'infrastructures de transport (ports ou chemins de fer) au cours du dernier tiers du XIXᵉ siècle ait motivé la croissance soutenue du commerce extérieur. Il s'agit de l'une des principales infrastructures des pays côtiers. En effet, en tant que capital social fixe, elles constituent un facteur essentiel de l'économie et leur analyse permet de comprendre le développement d'un pays donné (Villaverde Castro et Coto Millán, 1995 : 11-12).

Les ports ne sont pas uniquement essentiels pour le fonctionnement de l'économie et le développement, ils représentent également une part importante du capital social d'un pays. Aussi, toute amélioration ou conservation des infrastructures portuaires implique d'importants investissements publics ou privés. Bien qu'ils puissent être un facteur de croissance (Kuznetz, 1966), il a été démontré que toute application de modèles prétendument universels ne tenant pas compte des caractéristiques socioculturelles est vouée à l'échec. Ce fut notamment le cas lorsqu'au moment de leur indépendance, de nombreux pays ont adopté, presque à l'unanimité, le modèle fondé sur des étapes, décrit par W.W. Rostow (1961).

Les membres du courant institutionnaliste ont par ailleurs théorisé sur le fait que les institutions inclusives facilitent le développement tandis que les extractives ont plus tendance à l'entraver (Acemoglu, Johnson et Robinson, 2001). À titre d'exemple, le sultan marocain prônait des politiques fiscales extractives, à savoir des politiques qui profitaient au pouvoir et à la minorité sociale du makhzen et qui, par conséquent, supposaient un frein au développement. Cette affirmation ne cherche nullement à justifier l'occupation du pays par les puissances européennes, tant s'en faut. Le résultat de l'héritage du régime colonial a également constitué un frein à long terme et ce, même s'il a stimulé la croissance pendant la courte période du protectorat. Il ne faut pas se limiter uniquement aux institutions formelles. En effet, les institutions informelles peuvent également jouer un rôle positif dans le cadre de la pratique économique des sociétés africaines (Ostrom, 1990 ; Hugon, 2013) ; aspect que ne contemplent pas toujours les modèles économiques de développement néolibéraux. Il convient par conséquent de tenir compte de la trajectoire (David, 1985) des formations sociales ainsi que des situations concrètes ou *embeddedness*, concept utilisé par la sociologie économique (Granovetter, 2005).

Au cours de la période coloniale, les faibles niveaux de développement économique régional, une demande intérieure limitée et la nature structurellement déséquilibrée du commerce extérieur régional ont constitué autant d'éléments permettant d'expliquer l'avancée timide des innovations techniques au niveau des infrastructures portuaires. L'histoire montre que les économies régionales coloniales se sont progressivement tournées vers les marchés internationaux de matières premières, modifiant pour ce faire les structures socioéconomique et institutionnelles en place. Il n'est donc pas étonnant que les ports africains (ou d'autres latitudes comme ceux d'Amérique latine ou d'Asie) aient opté pour se spécialiser dans le trafic des produits agricoles et des minerais en vrac, les ayant conduits à une situation de dépendance à long terme (Mohamed-Chérif et Ducruet, 2011). Le manque d'intérêt que les grandes chaînes logistiques liées au trafic des conteneurs ont accordé aux ports africains au cours de ces dernières décennies illustre parfaitement ces dires. Cet aspect s'avère particulièrement intéressant, *sensu contrario*, étant donné que les infrastructures portuaires peuvent générer de solides processus de *path-creation* dans les régions où ils se développent et provoquer un effet boule de neige sur l'ensemble de l'économie.

Ce processus coïncide avec l'introduction, au XIXe siècle, des bateaux à vapeur. En effet, leur généralisation progressive a entraîné des changements substantiels dans les ports, notamment en ce qui concerne la construction des quais, des bassins et des entrepôts, ainsi que la mécanisation des opérations de chargement. Les exigences de la navigation à vapeur et l'augmentation de la taille des navires ont motivé la mise en place de structures plus complexes. Mais les emplacements n'étaient pas toujours adaptés à leur construction, notamment sur les côtes du continent africain, avare en baies offrant des conditions idéales pour accueillir des ports et en fleuves permettant le transport fluvial.

Le sous-développement et les inégalités sont deux thèmes de réflexion critiques pour les sciences économiques et sociales. Ce domaine de réflexion peut s'avérer fécond et utile, en ce sens qu'il peut aider les pays se trouvant dans cette situation à mieux comprendre leurs problèmes et à adopter des solutions pour en sortir. Ce n'est pas un hasard si tous les pays regroupés sous cette définition ont été économiquement dépendants à un niveau ou un autre. Leurs économies ne se sont pas arrêtées au cours de la période de dépendance, tant s'en faut, mais, sous l'effet des forces et des mécanismes de domination politique, leur croissance s'est limitée aux quelques produits particulièrement intéressants pour les intérêts des puissances occupantes. D'un point de vue économique, on peut considérer qu'il s'agit d'un type spécifique de croissance historiquement parallèle à la croissance capitaliste des pays occidentaux.

Dans la lignée des buts poursuivis par cette publication, il convient de souligner la ferme volonté manifestée par le protectorat de doter le pays d'importants investissements (publics ou publics-privés) en infrastructures et de dynamiser la croissance. Les investissement publics ou publics-privés regroupent les apports de l'État, des municipalités et des entreprises du secteur parfois appelé « secteur semi-public ». Au cours de cette période, ce dernier allait de pair avec celui du secteur public. D'une part, parce qu'il s'agissait d'un aspect fondamental de la politique générale de l'État et, d'autre part, parce que la plupart des investissements bénéficiaient de la garantie, directe ou indirecte, des fonds publics (Belal, 1968 : 8). Au cours des quarante années du régime du protectorat, et des deux suivantes, le volume d'investissement en équipements se situait aux alentours de 840 milliards de francs.

La structure budgétaire montre que les recettes de l'État provenaient des impôts indirects (droits de douane et droits intérieurs d'accises). Leur proportion du total du budget est passée de 45 % en 1949 à 53 % en 1957 contre des impôts directs d'à peine 22 % et 27 % respectivement (Belal, 1968 : 17).

En conclusion, on peut dire que le poids d'une partie importante des coûts des infrastructures économiques et administratives créées par le protectorat a surtout été supporté par l'ensemble de la population et non par les entreprises dudit secteur moderne de l'économie qui étaient pourtant les bénéficiaires directes. C'est en tout cas la thèse notamment défendue par un grand nombre de chercheurs locaux (Ayache, 1956 ; Belal, 1968).

Volume et origine des investissements sous le protectorat

La pratique économique défendue par le protectorat était similaire à celle d'une économie mixte où l'intervention de l'État était capitale. Le budget général se divisait en deux catégories : le budget ordinaire, détaillant les coûts ordinaires de l'État et les sources requises pour les couvrir, et le budget extraordinaire, comprenant tous les montants nécessaires au financement des investissements publics. La première mesure des autorités occupantes a été d'assurer le nouveau régime de sources régulières de financement. C'est donc pourquoi, dès 1912, trois organismes financiers français ou internationaux ont commencé à opérer dans le pays : le contrôle de la dette des ports, le budget du Maroc oriental et de la région de la Chaouïa à partir de 1919 (Ayache, 1956 : 120-121).

Le financement de ces investissements pouvait être obtenu par des prêts bancaires ou des fonds de la Caisse spéciale des Travaux publics, née de l'acte des accords d'Algésiras (à laquelle étaient destinés 2,5 % des impôts sur les marchandises importées), ainsi que du Fonds de modernisation et d'équipement (FME). Ces deux organismes ont joué un rôle crucial dans l'amélioration des infrastructures de base. En 1938, l'endettement du Maroc était à ce point considérable que le service de la dette absorbait 30 % des sources de son budget, tandis que d'autres ressources étaient également obtenues des fonds de réserve, de la Caisse spéciale des Travaux publics ou de collectivités locales.

Par le biais de ces mécanismes, 32 % (193 milliards de francs) ont été avancés par les épargnants français, 74 % (44 milliards) par les épargnants locaux, 12 % (74 milliards) par le FME et 49 % (290 milliards) ont été obtenus de ressources fiscales chérifiennes sous la forme de contributions du budget ordinaire. Mais, à la fin du cycle, le Maroc était tenu de rembourser ces avances et les intérêts correspondants aux épargnants français, métropolitains ou résidents de la colonie (Ayache, 1956 : 131). De plus, il convient de préciser que nombre des investissements réalisés (chemins de fer, ports, routes, barrages) étaient destinés à servir les intérêts des colonisateurs.

Les prêts, pierre angulaire du financement, s'alimentaient d'injections de capitaux étrangers. Il n'est donc pas surprenant que ces afflux d'investissements publics et privés aient provoqué un essor de l'activité. Toute perte de vitesse était par ailleurs compensée par une hausse des impôts sur l'activité des Marocains, tels que le *tertib* (impôt foncier) ou les droits d'accises.

Les investissement publics ou semi-publics regroupaient les apports de l'État, des municipalités et des entreprises du secteur parfois appelé « secteur semi-public ». Au cours de cette période, ce dernier allait de pair avec le secteur public. D'une part, parce qu'il s'agissait d'un aspect fondamental de la politique générale de l'État et, d'autre part, car la plupart des investissements bénéficiaient de la garantie, directe ou indirecte, des fonds publics (Belal, 1968 : 8). Au cours des quarante années du régime du protectorat, et des deux suivantes, le volume d'investissement en équipements se situait aux alentours de 840 milliards de francs.

La périodisation suivante des investissements et des secteurs destinataires peut être établie. Entre 1914 et 1920, les dépenses de l'État pour les investissements étaient de quelque 73 milliards de francs (parité de 1959). Il s'agissait principalement de dépenses en matière d'équipement de communication, lesquelles occupaient le premier poste budgétaire, et la moitié du total des investissements de l'État étaient donc absorbée par les ports et les voies terrestres. L'équipement social (enseignement et santé publique) a pour sa part bénéficié de moins d'un dixième du total, ce qui le situe derrière le poste d'équipement administratif. Entre 1921 et 1928, le volume de dépenses de l'État a dû être réduit pour pouvoir faire face au paiement de la dette publique dont le poids se faisait de plus en plus sentir. En revanche, les coûts d'exploitation ont, quant à eux, augmenté pour se situer à hauteur des 110 milliards en 1959 et ce, même si les communications restaient en tête avec 38 % du total. L'évolution des investissements peut se résumer comme suit :

Tableau 3.1.
Investissements réalisés au Maroc sous le Protectorat
(en milliards de francs de 1959)[4]

Période	Investissements du secteur public	Investissements du secteur privé	Total
1914 -1938	246	40	286
1939 - 1944	18	9	27
1945 - 1948	63	16	79
1949 - 1957	286	164	450
Total général	613	229	842

Source : Pierre Brossolette (1950), *Les investissements de l'État au Maroc*, (Mémoire de Stage E.N.A) (cité par Belal, 1968 : 9).

4. Il s'agit de francs marocains. Jusqu'en 1959, la parité était de rigueur : un franc marocain équivalait à un ancien franc français.

La période suivante, de 1929 à 1938, a été marquée par la crise économique mondiale dont les effets se sont fortement fait sentir au Maroc, preuve irréfutable des relations étroites que son économie commençait à tisser avec les marchés internationaux. Les investissements publics ont rapidement progressé, notamment le réseau ferroviaire qui absorba plus de la moitié des dépenses. La structure de distribution s'est avérée similaire à celle des périodes antérieures. Peu d'attention était une nouvelle fois accordée aux équipements sociaux dont la dotation, nettement insuffisante, était de 6 % à peine. Les investissements publics ont représenté 111 milliards de francs, à savoir près du double des années précédentes, tandis que les coûts de fonctionnement de l'État ont pour leur part triplé pour se situer à hauteur de 354 milliards. Le volume annuel moyen est passé de 11,5 milliards entre 1914 et 1938 à 50 milliards. Une chute notable a toutefois été expérimentée pendant la guerre, années au cours desquelles la moyenne annuelle était de 5,5 milliards de francs et ce, même si la croissance annuelle atteignait les 20 milliards au cours de la période intermédiaire, à savoir entre 1945 et 1948 (tous les chiffres sont exprimés en francs de 1959). La mise en œuvre des plans quadriennaux sous le mandat d'Erik Labonne, résident général (1946 et 1947) a supposé un saut qualitatif important. Le premier a vu le jour en 1949. Selon ces plans, l'État était responsable de la promotion des infrastructures de base telles que le réseau de communication, les équipements électriques, les services urbains, les centres scolaires, etc. (Ayache, 1956 : 126-127).

En ce qui concerne les sources de financement extérieur, celles-ci ont fortement changé depuis la Deuxième Guerre mondiale. En effet, si avant la guerre trois quarts des sources d'équipement public provenaient de prêts à long terme émis sur le marché français et garantis par l'État, ceux-ci ont été remplacés par des prêts publics octroyés par la France via le FME et le FIDES (à hauteur de 47 % entre 1949 et 1957), lesquels représentaient un peu moins de la moitié des montants investis dans les équipements du secteur public. La majeure partie des dépenses en équipements (près de 75 %) étaient convertibles en prêts à long terme sur le marché français, tandis que le reste devait être assumé par le budget marocain financé à l'aide des fonds de réserve et de la Caisse spéciale des Travaux publics.

Tableau 3.2.
Provenance des investissements publics et semi-publics
(en milliards de francs français de 1959)

	1914-1938	1939-1953	1945-1953	TOTAL
Épargne française	193	19		212
Budget chérifien	67		204	271
Épargnants coloniaux locaux		5	39	44
Avance FME			74	74
	260	24	317	601

Source : Ayache (1956 : 129).

Mais, en réalité, les finances marocaines devaient assumer une bonne partie des coûts des équipements du secteur public. Même si la source de financement principale semblait être les contribuables français qui supportaient certes le déboursement initial, le Maroc était ensuite tenu de rembourser les prêts accordés. Pour comprendre ce paradoxe apparent, il convient de préciser que le « service de la dette » absorbait 30 % des sources du budget et que celles-ci devaient être remboursées à la France avec les intérêts correspondants. En d'autres termes, le Maroc devait assumer 43 % du total du financement. La structure budgétaire montre que les recettes de l'État provenaient principalement des impôts indirects (droits de douane et droits intérieurs d'accises). Leur proportion est passée de 45 % en 1949 à 53 % en 1957 contre des impôts directs d'à peine 22 % et 27 % respectivement (Belal, 1968 : 17).

Au terme du protectorat, le Maroc disposait toutefois de quelque 9 000 kilomètres de route en parfait état, d'un important réseau ferroviaire reliant les principaux ports et villes et d'un parc de matériel et de machines de pointe. Les routes terminaient notamment leur course au niveau de l'ensemble des ports construits.

Investissements dans les ports

Le protectorat développa un programme d'investissements dans les ports. En 1942, le Maroc a pris la forme d'un gigantesque entrepôt destiné à ravitailler les troupes alliées au cours des dernières années de la Seconde Guerre mondiale. De plus, la construction des voies ferrées a commencé dès 1920 et le programme de construction des barrages a été lancé un peu plus tard.

La fin du XIXe siècle marqua le début d'un profond changement dans le monde portuaire, défi que le port de Casablanca réussit à surmonter avec brio. Parmi les facteurs à l'origine de ces changements figurent notamment l'augmentation et le développement de la navigation à vapeur ou la croissance du trafic ferroviaire et des échanges commerciaux, ainsi que l'utilisation du mazout, qui finira par s'imposer dans le transport maritime et qui exigeait l'exécution de nouvelles infrastructures de stockage et de distribution spécifiques, contrairement aux installations charbonnières quant à elles sur le déclin.

Tout ceci a généré des effets de report positifs et, par conséquent, l'accroissement de la richesse et l'amélioration de la productivité régionale. Le défi financier et technique de ces réforme a été assumé principalement par le secteur public étant donné que ces activités impliquaient une longue période d'amortissement des investissements et de faibles taux de rentabilité à court terme. Mais pour les ports coloniaux, la nécessité impérieuse était plus d'encourager la « croissance économique » que le « développement économique » au niveau régional. Ce point s'avère particulièrement important pour l'étude du fonctionnement d'une économie de nature coloniale.

Pour évaluer l'effort d'investissement réalisé dans le secteur, il convient de remonter aux débuts de l'occupation. En effet, dès 1907, la grande inquiétude des autorités françaises était la construction de ports de protection pour les navires. Après la signature du traité de Fès (1912), l'équipement des ports est devenu une priorité pour les autorités françaises qui se sont centrées sur Casablanca qui, devenu alors le plus important port du royaume, ainsi que sur un ensemble de ports de petite et moyenne envergure. 90 % du commerce extérieur était dès lors réalisé par voie maritime, à savoir 8 468 000 tonnes d'un total de 9 249 000 en 1953 (Ayache, 1956 : 133), dont près des trois quarts passaient par le port de Casablanca, bien que cette proportion ait diminué à mesure que les autres ports commençaient à s'équiper.

D'autres ports ont en effet également bénéficié d'investissements publics, même si c'était dans une moindre mesure. Concrètement, les sociétés chargées de la construction des ports de Kénitra (Port-Lyautey) et de Rabat-Salé ont reçu les montants suivants : 24 millions de francs en 1919 ; 40 millions en 1920 ;110 millions en 1923 (Hoffherr, 1932 : 299). Dans l'ensemble, les prêts suivants ont été concédés aux ports au cours de la période précédant la Deuxième Guerre mondiale.

TABLEAU 3.3.
Investissements réalisés dans les ports marocains au cours de la première phase du protectorat (en milliers de francs)

	Période 1914-1927			1928-1936		
	Dépenses globales	Moyenne annuelle	% du total général	Dépenses globales	Moyenne annuelle	% du total général
Investissements dans les ports	596 485	42 606	31,85	725 058	80 582	18,65
Ventilation du total général	1 878 201	185 800	100	3 887 579	481 985	100

Source : BESM, n° 12, avril 1936, p. 91

L'évaluation du groupe social bénéficiaire de ces investissements exige toutefois la réponse à certaines questions telles que « Qui élaborait les programmes d'équipement ? », « Quels étaient les travaux exécutés ? », « Qui finançait ces travaux ? » ou « Qui en étaient les bénéficiaires ? ». Les réponses à ces interrogations peuvent clarifier la nature et l'objectif des investissements réalisés au cours du protectorat. Il importe de rappeler que les programmes d'équipement étaient élaborés par les services financiers et les bureaux des grandes entreprises à Rabat et à Paris, sans la participation des Marocains.

Les plus importantes infrastructures portuaires marocaines sont l'œuvre d'entreprises étrangères qui ont redistribué les bénéfices obtenus entre une minorité d'investisseurs ; ces mêmes investisseurs qui ont encouragé l'intervention française et qui ne résidaient même pas au Maroc. En dehors de celles-ci, seules quelques rares exceptions ont pu participer au processus, telle que l'entreprise néerlandaise *Zanen* qui a remporté l'adjudication de la construction du port d'Agadir. Aucune entreprise marocaine n'a remporté de marché, même de moindre importance.

Les investissements publics seront accaparés par les entreprises privées en échange de l'exécution des travaux et de la fourniture d'outils. Comme indiqué plus haut, la majeure partie de ces entreprises étaient d'origine étrangère : Schneider-Creuset a remporté le marché de la construction et de l'équipement des ports de Safi et de Casablanca ; le groupe Hersent, celui de Fédala ; la Banque de Paris et des Pays-Bas contrôlait pour sa part la *Société des Ports marocains* de Mehdia-Kénitra, de Rabat-Salé et du Port de Tanger. Le 1er mars 1916, les opérations d'embarquement et de débarquement du port de Casablanca furent confiées à la *Manutention Marocaine*, société française contrôlée par la SACA (Rothschild), la *Compagnie générale transatlantique* et le groupe Hersent.

Ces groupes financiers se sont constitués en consortium pour exécuter les chantiers du programme d'équipement (directement ou par le biais de leurs filiales ou de groupes connexes) et empocher les quelque 600 milliards qui ont été distribués entre 1914 et 1953. Les études définitives, la construction, l'exploitation des grands services publics, les chemins de fer, la production d'électricité, la distribution d'eau et d'électricité sont autant de services confiés aux sociétés concessionnaires. Les clauses exceptionnellement favorables des actes de concession ne laissaient aucune alternative à l'État ou aux collectivités locales (Ayache, 1956 : 142-143).

7. Rôle des ports dans l'économie duale

L'économie marocaine se caractérise notamment par sa dualité : face à un secteur exportateur et dynamique se dresse un autre, plus traditionnel, produisant à peine pour le marché. Un rapport des Nations unies précise notamment que

> « L'économie monétaire du Maroc, qui englobe l'économie moderne et une portion marginale et variable de l'activité de l'économie traditionnelle, est une économie ouverte, c'est-à-dire qu'elle reçoit sa principale impulsion de sources extérieures. Autrement dit, il y a une corrélation étroite entre les transactions extérieures, d'une part, et l'activité, le revenu et la dépense intérieurs, d'autre part. » (*Structure et développement de l'économie de quelques pays d'Afrique*, ONU, 1958, p. 121. Cité par Beaud, 1960 : 55).

Les caractéristiques des deux secteurs sont connues et généralisées dans les pays non développés. D'une part, une économie monétaire, capitalisée, fortement dépendante du commerce extérieur et, d'autre part, une économie utilisant à peine la monnaie et dont les agents ne sont ni entrepreneurs ni épargnants. Les caractéristiques et les relations entre les deux secteurs de l'économie peuvent être reconstruites de manière convaincante à partir des références de certaines publications de renommée[5]. À la fin du protectorat, les 29,2 % de la population active travaillant dans le secteur moderne de l'économie généraient 68 % du PIB, tandis que les 70,8 % du secteur traditionnel contribuaient à peine à hauteur de 32 % du PIB. Par ailleurs, la contribution au PIB par personne était de 400 000 francs dans le secteur moderne contre 75 000 dans le secteur traditionnel.

5. Par exemple, la publication de l'Organisation des Nations Unies de 1958 intitulée *Structure et développement de l'économie de quelques pays d'Afrique*, publiée par le Département des relations économiques et sociales des Nations unies ou les publications du Ministère de l'économie nationale du Maroc : *L'évolution économique du Maroc dans le cadre du deuxième plan quadriennal (1954-1957)* et *Comptes économiques du Maroc 1952-1954 et 1951-55* ou les *Tableaux économiques du Maroc* 1915-1959. Voir également Cirych, 1964 : 161-184.

À la lumière de ces éléments, il convient de déterminer si le Maroc offrait une quelconque valeur ajoutée dans le contexte général et quelle était la tendance affichée par son économie au cours de cette période. Il semblerait que le pourcentage de la population active travaillant dans le secteur primaire ait chuté de 86,2 % en 1926 à 70 % en 1952, celle du secteur secondaire soit passée de 3,3 % à 11,2 % et que celle du secteur tertiaire de 10,5 % à 18,8 % respectivement (Cirych, 1956 : 159). Une particularité du secteur moderne de l'économie est que, contrairement à d'autres pays du Moyen-Orient (pétrole) ou d'Afrique centrale (minerais), il ne se concentrait pas sur une seule activité mais touchait tous les secteurs de l'économie. De même, les infrastructures telles que les ports, les lignes de chemin de fer ou les voies de communication n'ont pas été conçues pour répondre uniquement aux besoins de certaines grandes industries. Le port de Casablanca peut toutefois faire ici entorse à la règle. Mais, de manière générale, on peut affirmer que l'économie du Maroc de la fin du protectorat avait adopté le comportement typique d'un pays sous-développé. Depuis le début de la période d'occupation, le marché extérieur marocain se caractérisait par les éléments suivants : une croissance soutenue des échanges liés à un important déficit, fondée essentiellement sur l'évolution rapide de l'économie caractéristique de tout secteur moderne ; la prépondérance de la France en tant que fournisseur et client, la situation politique étant ici un élément clé étant donné que cette partie du territoire marocain a été placée sous la domination française ; et, enfin, l'écart net entre les prix des tonnes exportées et importées que l'on peut attribuer au manque de développement de l'économie du pays.

La valeur des échanges extérieurs du Maroc (importations plus exportations) a affiché une évolution notable : leur multiplication par quatre entre 1912 et 1946 et entre 1946 et 1952 montrait une progression plus rapide que celle affichée par le commerce mondial en termes de pourcentage. Les importations ont également rapidement augmenté pour se situer à un million deux cent mille tonnes en 1931 et à deux millions cinq cent mille tonnes en 1952 (Beaud, 1960 : 55-56). Cette évolution était principalement due aux biens d'équipement, à l'énergie et aux matières premières ou produits semi-finis directement nécessaires à la production, auxquels venaient s'ajouter les biens de consommation et les denrées alimentaires destinés à la population non marocaine de plus en plus nombreuse. Le pays exigeait donc l'injection de nouveaux investissements publics (routes, ports, lignes de chemin de fer, établissements publics, bases militaires) ou privés (construction, création d'établissements industriels ou commerciaux). Leur exécution devait permettre la croissance des importations, directes et indirectes, lesquelles étaient liées aux produits demandés par l'industrie de la production et par la population, toutes deux en plein essor. À cela s'ajoutaient les nouveaux besoins correspondants à la partie de la population marocaine attirée par la vie moderne et à l'effet d'imitation.

L'évolution des exportations a connu une croissance moins rapide mais plus régulière : les timides deux millions trois cent mille tonnes de 1929, conséquence de la crise qui commença cette même année, ont dépassé le chiffre des trois millions de tonnes en 1939. Après la chute liée à la guerre, les exportations ont commencé à afficher une croissance régulière pour se situer aux alentours des neuf millions de tonnes en 1958 dans la zone méridionale du protectorat. Cette évolution est due à la reprise de l'agriculture moderne (céréales, produits de primeur, vin), à l'industrie et aux manufactures (conserves de poisson, engrais, matériaux de construction, etc.), ainsi qu'à l'exploitation des minerais de phosphate, sachant que tous ces facteurs ont participé à la diversification des exportations et à la réduction des importations.

GRAPHIQUE 3.1.
Structure de l'activité commerciale des ports marocains (1952)

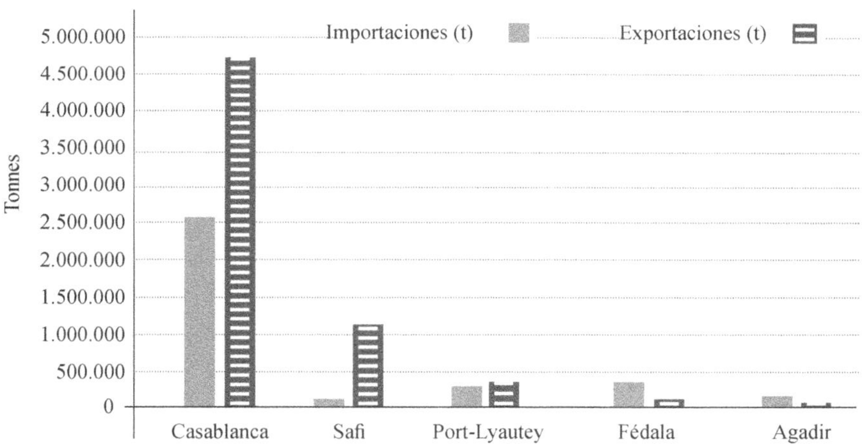

Source : *Notice sur le port de Casablanca* (1953 : 55).

À partir de 1913, la valeur des importations a pourtant toujours été supérieure à celle des exportations. Ce déficit commercial est généralement attribué au sous-développement de l'économie du Maroc. En effet, la croissance de la demande a été provoquée par l'effort d'équipement national, le développement de la production et l'augmentation des besoins d'une population en plein essor. Tout ceci étant antérieur et plus rapide que les possibilités de l'offre locale. Le déficit se fit particulièrement sentir au cours de la période d'équipement : les exportations représentaient à peine la moitié des importations entre 1926 et 1930 (48 %) et entre 1946 et 1950 (46 %), même si le volume correspondant était supérieur au moment de la grande crise, à savoir de 1931 à 1935 (58 %). Cette situation s'explique par le fait qu'aux difficultés rencontrées par le Maroc pour exporter venaient s'ajouter les effets pervers des coûteux traités internationaux. Il convient en effet de rappeler que les accords d'Algésiras imposaient une économie quasiment ouverte permettant uniquement l'imposition d'un tarif douanier de 10 % majoré d'une taxe de 2,5 % pour l'équipement public.

En définitive, le comportement du commerce extérieur du Maroc correspondait en tous points à celui d'un pays sous-développé : un commerce dualiste combinant les aspects d'une économie moderne à ceux d'une économie sous-développée. Contrairement aux économies traditionnelles pures, elle importait un volume considérable de marchandises et exportait une grande quantité de produits transformés et semifinis. Qui plus est, l'écart entre les prix des tonnes importées et exportées la différenciait des économies modernes au sens strict.

Cet échange revenait presqu'à quatre-vingt-dix pour cent au trafic portuaire. Le trafic portuaire peut être évalué sur la base de plusieurs indicateurs : les statistiques correspondant aux poids des marchandises, la valeur des marchandises et le tonnage des navires. Les premières sont les plus utilisées mais ne permettent pas d'obtenir une image précise de l'activité réalisée au sein des installations portuaires. Les statistiques correspondant au tonnage des navires peuvent compléter les deux autres indicateurs, mais restent une mesure partielle du tonnage total manipulé indiquant principalement la tendance des chargements en fonction du pavillon d'un navire. Les statistiques afférentes à la valeur du trafic indiquent le degré d'intensité des échanges commerciaux et permettent non seulement de souligner la fonction commerciale, mais aussi d'apprécier le trafic en fonction du poids à sa juste valeur. Les échanges extérieurs de la zone française du protectorat étaient réalisés principalement par voie maritime et seule une infime partie utilisait le chemin de fer pour transiter par Oujda. En 1931, le mouvement commercial des ports de l'ouest était de 2 613 000 tonnes, à savoir 95,5 % du total, pour une valeur de 2 548 000 francs représentant 89,84 % de la valeur totale (Eyquem, 1933).

Dès le début du XXᵉ siècle, le commerce extérieur s'est considérablement diversifié et comptait sur une importante participation anglaise et espagnole. En 1911, 29,28 % correspondait au pavillon français, 28,11 % à l'anglais, 22 % à l'espagnol, 5,14 % à l'allemand et 5,31 % aux autres. Les éléments importants à retenir ici sont le quasi-monopole français (53,92 %), le sérieux ralentissement de la participation britannique (11,73 %), la forte chute de l'Espagne (3,72 %), la hausse de l'Allemagne atteignant 8,46 % et la participation d'autres pays à hauteur de 22,11 %, dont la Belgique et les États-Unis (Eyquem, 1933 : 28-29).

Il apparaît donc que les ports occupaient une place centrale dans le cadre de l'équipement du pays. Afin de pouvoir surmonter les limites physiques de ces installations, à savoir le manque d'abris naturels et la présence de barrières sablonneuses, la Conférence d'Algésiras décida de majorer de 2,5 % les droits de douane afin de financer les infrastructures de base. Autrement dit, c'était en fin de compte les Marocains qui assumaient les dépenses d'équipement dont ils bénéficiaient beaucoup moins que la minorité européenne.

Il convient de rappeler qu'avant la mise en place du protectorat, le commerce extérieur ne disposait que de rares rades pouvant être considérées comme des ports et que les bateaux étaient contraints de jeter l'ancre à plusieurs milles nautiques de la côte. Les opérations de chargement et de déchargement requéraient l'utilisation de barges, dirigées par des rameurs, pour acheminer les marchandises jusqu'au quai. Les ports ouverts au trafic international étaient celui de Tétouan (côte méditerranéenne) et de Larache, tous deux situés dans la partie espagnole, ainsi que ceux de Tanger (déclaré zone internationale), de Rabat-Salé, de Casablanca, de Mazagan, de Safi et de Mogador. À ceux-ci sont venus s'ajouter ceux de la zone d'occupation française, à savoir Port-Lyautey, Fédala et Agadir.

8. La servitude du système douanier

La création des services douaniers marocains poursuivait un objectif purement fiscal et de recouvrement, mais il ne faut pas oublier que le régime douanier moderne trouve ses origines dans les traités signés avec les différentes puissances au cours du XIXe siècle : avec l'Angleterre et les Pays-Bas en 1856, l'Espagne en 1861, la Belgique en 1862, l'Allemagne en 1890 et la France en 1892 (Rourd de Card, 1914). Les décrets chérifiens de 1899, 1901 et 1902 sont venus compléter les dispositions des traités précités. Les puissances signataires de la Conférence de Madrid (13 juillet 1880), confirmée par l'acte des accords d'Algésiras (1906), jouissaient du statut de nation la plus favorisée et les principes d'égalité entre toutes les puissances et de liberté économique étaient donc de rigueur. Bien que certains avantages aient été concédés aux marchandises françaises, tous les produits importés des nations précitées bénéficiaient du principe de l'égalité de traitement.

Par ailleurs, le principe de la liberté commerciale mentionné pour la première fois dans le traité de 1856 interdisait toute restriction douanière spécifique à un produit au moment de son entrée au Maroc. Bien que divisé en trois zones distinctes (espagnole, internationale de Tanger et française), le pays tout entier appliquait le principe de l'unité douanière. Par conséquent, indépendamment de leur point d'entrée à la frontière de l'empire, les marchandises importées ayant payé leurs droits de douane étaient considérées comme des produits nationalisés et pouvaient passer librement d'une zone d'influence à une autre déjà citée.

En application des conventions franco-espagnoles (24 novembre 1912 et 14 juillet 1931) et des accords passés entre les deux zones, les recettes douanières, la taxe spéciale et les taxes intérieures de consommation applicables aux marchandises destinées à la zone française entrant via la zone espagnole devaient être cédées au protectorat français. En contrepartie, les marchandises destinées à la zone espagnole entrant via la zone française étaient sujettes au même régime. Deux bureaux de statistiques douanières ont donc été créés : l'un sur la route reliant Melilla et Berkane-Oujda et l'autre sur celle unissant Tanger et Port-Lyautey (Kénitra). Cette initiative provoqua la colère des commerçants, notamment de la Chambre de commerce et d'industrie de Casablanca, qui souffraient de la hausse des prix de leurs marchandises.

Les droits d'importation appliqués dans les ports étaient de 12,5 % *ad valorem*. Ceux-ci comprenaient les 2,5 % exigés par la Conférence d'Algésiras dont un tiers était destiné à garantir le maintien des voies de communications, poste important du budget national.

Certains produits tels que la soie, le vin et les liquides distillés bénéficiaient d'un régime exceptionnel et ne payaient que 7,50 % de droits ; d'autres, comme les équipements agricoles, les semences, les bateaux de pêche, etc., étaient exempts du supplément de 2,5 %, tandis que les minerais destinés à l'exportation étaient grevés d'un droit de 5 % (Hatton, 2009 : 146). Le seul avantage pour la France était que cet accord ne s'appliquait pas aux articles d'origine algérienne. Les marchandises marocaines importées par la France étaient, quant à elles, sujettes au principe du tarif minimum et, ultérieurement, aux droits spécifiques *ad valorem*. En effet, ces deux lois du 14 novembre 1921 et du 18 mars 1923 respectivement, prévoyaient le libre accès, sur la base d'un contingent annuel, d'un grand nombre de produits permettant, de ce fait, de revaloriser la production marocaine admissible en franchise telle que celle du blé.

Certains régimes spéciaux ont, par ailleurs, été instaurés. Le régime d'admission temporaire avait pour but d'encourager les exportation de produits marocains, ainsi que l'activité industrielle afférente, notamment, aux céréales destinées à la production de farine, aux huiles pour la fabrication de conserves de poisson et au sucre. Pour sa part, le régime d'entrepôt a été mis en place à Oujda ainsi que dans les ports de la zone française ouverts au commerce. Dans ce cas particulier, les produits destinés à la consommation sortant de l'entrepôt n'étaient pas sujets à l'application des droits et des taxes d'importation. Cet entreposage pouvait être réel, spécial ou fictif [sic] (Eyquem, 1933 : 25). Le premier type d'entreposage était concédé par le Grand Vizir afin de répondre aux besoins généraux. Tous les droits étaient supportés par le concessionnaire. Les marchandises entreposées pouvaient être manipulées et mélangées avec des produits étrangers ou des marchandises locales et nationalisées. La durée de leur séjour dans l'entrepôt était fixée à trois ans et pouvait être renouvelée dans certaines conditions.

L'entreposage « réel-spécial » était destiné aux marchandises dont la présence dans l'entrepôt physique pouvait représenter un danger et qui exigeaient des installations spéciales pour leur conservation. Il s'agissait principalement des produits pétroliers, des essences ou des huiles spéciales.

Les marchandises soumises à « l'entrepôt fictif » pouvaient séjourner dans les entrepôts commerciaux pour autant qu'elles soient réexportées ou que les droits de sortie pour la consommation soient acquittés. Leur durée de séjour était d'un an. Il s'agissait des huiles, des peintures et des vernis destinés au carénage des bateaux. En réalité, le régime d'entrepôt visait à pallier l'absence d'une zone franche dans les ports de la zone française du protectorat. L'exportation de marchandises n'était, quant à elle, sujette qu'à un droit de statistique à hauteur de 0,50 % *ad valorem*. Ce régime s'appliquait également aux marchandises qui entraient via la frontière entre l'Algérie et le Maroc ou par les ports de l'ouest.

En règle générale, les importations étaient sujettes à un droit *ad valorem* de 12,5 %. Ce pourcentage était cependant réduit à 5 % à la frontière franco-marocaine pour tous les produits importés de la zone sous la domination espagnole. L'application de cette dernière taxe a déclenché un vif débat sur la question douanière. Elle a en effet été vivement critiquée par les chambres de commerce des localités occidentales qui rappelaient que les importations des ports occidentaux de l'Atlantique étaient pour leur part sujettes à un droit de 12,5 % et qu'une telle mesure portait atteinte à leurs intérêts légitimes. Plus concrètement, elles considéraient que les importations de l'est du pays étaient nuisibles.

Le paiement du service de la dette était réalisé à l'aide des recettes perçues des services douaniers des ports qui stipulaient clairement que celles-ci étaient destinées au remboursement des prêts régulièrement souscrits par le sultan et le gouvernement marocain. Le contrôle de la dette a été mis en place pour garantir la gestion des actifs assignés aux prêts. Cet aspect affectant l'économie marocaine en général et l'administration portuaire en particulier a pris une certaine importance en ce sens qu'il conditionnait, directement et indirectement, l'activité de plusieurs ports (Celérier, 1934 : 168). En effet, avec la signature des accords d'Algésiras, le contrôle des tarifs douaniers dans les ports marocains est passé sous le contrôle de la *Dette* : nom donné au consortium formé pour recouvrer la dette générée par le prêt, d'un montant de 62,5 millions de francs majoré des intérêts de 5 %, souscrit par le sultan Moulay Adb al Aziz en 1905 et qui s'élevait à 90 millions de francs en 1910. La dette comme les prêts étaient garantis par les produits de la douane, les recettes des *mustafâdât* et les bénéfices générés par les biens étatiques ou municipaux, tels que les *habous*. Répondant au nom d'*Emprunt marocain*, le centre financier a été installé à Tanger. Dans le cadre de l'exécution de ce nouveau contrat, une administration unique est créée sous le nom de *Service du contrôle de la Dette*, plus connue sous le nom de la *Dette*. Elle a toutefois progressivement abandonné ses fonctions initiales et perdu une série d'autres droits (le droit de portes et de marchés en 1916 et d'immeubles domaniaux en 1917) avant de disparaître en 1918, après le changement de l'administration des douanes.

Les indicateurs du illustrent parfaitement les différentes étapes de l'évolution économique du Maroc depuis la fin de la Première Guerre mondiale (Hatton, 2009 : 146). On constate une croissance des recettes fiscales jusqu'en 1929, suivie d'une chute liée à la crise des années trente dont la récupération n'arrivera qu'après la Seconde Guerre mondiale avec un nouveau mouvement ascendant, dès 1946, qui se maintiendra jusqu'à la décennie suivante pour stagner jusqu'à la fin du protectorat.

Il est à noter que les droits de douane étaient appliqués sur les produits essentiellement destinés à la consommation d'origine marocaine, tels que le sucre, le thé, les tissus, les céréales ou d'autres denrées alimentaires importées pour pallier l'insuffisance locale (céréales et autres produits de substance), et que les biens de consommation durable (véhicules automobiles, par exemple) ou les équipements industriels, destinés aux colons européens, étaient, quant à eux, moins taxés.

9. Résultats du processus : une croissance à faible développement

Après cette analyse des caractéristiques générales de la formation sociale marocaine et de l'activité portuaire, l'heure est venue de s'interroger sur la relation entre le port et le développement ou, par exemple, si les ports coloniaux ont généré des processus de croissance économique et de développement. Les difficultés d'assigner des chiffres précis ou des indicateurs expliquant l'influence exercée par l'activité maritime sur les économies locales sont bien connues et cette tâche se complique davantage dans le cadre d'approches historiques à long terme. Certaines grandeurs peuvent toutefois offrir des réponses approximatives, si minimes soient-elles. La question de savoir si l'action du protectorat a permis d'améliorer les conditions de vie de la population en général et des classes populaires en particulier a suscité un débat intéressant qui a eu une certaine résonance dans plusieurs publications. Même si les enquêtes menées à Casablanca nous donnent un aperçu de l'évolution des conditions de vie de la population, notamment des classes populaires, le résultat du processus ne fait pas l'unanimité.

Les auteurs liés à la présence française tendent à émettre un avis favorable, tandis que les défenseurs de l'indépendance s'avèrent beaucoup plus critiques.

Cette polémique peut s'appliquer aux résultats de la croissance et du développement économique. En règle générale, les données fournies par les entités officielles péchaient par optimisme, tout comme celles de l'étude menée par René Hoffherr (directeur des centres juridiques à l'Institut des hautes études marocaines) en collaboration avec les autorités françaises.

Les données des enquêtes menées par les chercheurs Mathieu et Manneville (1950) et Milleron (1952) semblent plus fiables. L'enquête de Mathieu et Manneville a été menée auprès de 73 familles ayant un emploi stable dans le secteur des services sanitaires. Selon les auteurs, une amélioration progressive du niveau de vie était à signaler étant donné que la ration énergétique est passée de 2 261 calories en 1937 à 2 561 calories en 1949. La distribution des dépenses familiales affichait la même tendance : le pourcentage destiné à l'alimentation est passé de 73 % en 1937 à 58,4 % en 1949, tandis que celui afférent à l'habillement est passé de 7 % à 17,1 %.

TABLEAU 3.4.
Revenus annuels moyens pour différentes catégories, 1934 et 1952
(francs de 1952)

	1934	1935	1952	1952, en % par rapport à 1934
Petits propriétaires agricoles	106 000	2 250	300 000	283
Ouvriers agricoles	71 000	1 500	80 000	113
Ouvriers urbains (Casablanca)	71 000	1 500	105 000	148
Artisans		7 000	200 000	
Commerçants		10 000	500 000	

Source : Cerych (1964 : 143) et Cambau (1954 : 92).

À partir de l'analyse de 180 fiches détaillant la population de petits bourgs et villages, l'enquête menée par M. J. Milleron montre toutefois des résultats plus négatifs. Les résultats les plus fiables affirment qu'entre 1934 et 1952, les salaires agricoles s'enlisaient tandis que les salaires urbains augmentaient. Les *Tableaux économiques du Maroc, 1915-1959*, proposent un indice obtenu à Casablanca pour l'ensemble des catégories d'ouvriers. Selon ceuxci, les salaires sont passés d'un indice de 100 en 1948 à 202 en 1955, tandis que le coût de la vie est passé de 100 à 176, ce qui signifie que les salaires réels sont passés de 100 à 150, à savoir qu'ils ont expérimenté une hausse de 2 % selon les analyses de L. Cerych (Cerych, 1964 : 146).

En ce qui concerne l'indice des prix, diverses estimations ont également été produites. Les auteurs eux-mêmes s'accordent toutefois à dire que les prix disponibles pour Casablanca doivent être considérés comme approximatifs étant donné que la méthode de calcul a varié au cours de l'étude : l'étude se basait sur le prix de 13 articles uniquement jusqu'en 1948, date à laquelle elle a été étendue à 40 articles. Il convient de tenir compte de ces limites lors de la lecture du tableau 3.5 résumant l'évolution détaillée de l'indice des prix par catégorie.

Enfin, certaines macro-valeurs permettent d'établir une comparaison avec d'autres économies significatives du continent africain. Les valeurs correspondant à l'Afrique du Nord énoncées ci-dessous sont tirées des estimations de A. Maddison et complétées par quelques interpolations de L. Prados de la Escosura. Cette analyse relativement favorable de l'économie marocaine par rapport à d'autres pays sous-développés a été confirmée par le rapport des Nations unies situant le Maroc devant d'autres pays du Tiers monde : en 1953, son PNB par habitant était de 180 dollars contre 130 en Tunisie, 128 au Ghana, 58 en Inde[6].

Tableau 3.5.
PIB par habitant d'une sélection de pays africains, 1870-1950
(Dollars USA de 1990).

	1890	1900	1913	1925	1929	1933	1938	1950
Afrique du Nord	845	876	1021	1048	1101	1077	1117	1133
Algérie	957	1013	1163	1313	1377	1377	1357	1365
Égypte	830	841	1041	1005	1007	1025	1052	1050
Libye	639	648	802	774	776	747	849	857
Maroc	809	842	883	924	1079	978	1080	1455
Tunisie	757	814	883	997	1080	965	1044	1115

Source : Prados de la Escosura (2012). Maddison (2006).

6. Sources : *L'évolution économique du Maroc dans le cadre du deuxième plan quadriennal (1954-1957), p.227 et Annuaire statistique des Nations Unies, 1958*, pp. 429-439. (Cité par Cerych, 1964 : 122)

Mais les statistiques ne suffisent pas et d'autres considérations doivent être prises en compte. Plusieurs études se sont penchées sur la relation entre l'islam et le développement. Nombre d'auteurs se demandent si la mentalité islamique constituait (et constitue encore) un obstacle majeur pour le progrès et n'a pas été motif de heurts entre les sociétés marocaine et européenne dans la course à la domination économique. Sur ce point, deux autres facteurs doivent être pris en considération : la relation entre l'islam et le développement économique en général et le rôle joué par la religion dans les changements économiques sous le protectorat.

Ces aspects s'avèrent particulièrement compliqués et complexes. Il a été dit que les croyances de l'islam seraient incompatibles avec la croissance économique, notamment le fatalisme et l'absence de l'esprit d'entreprise, conséquence du concept de soumission. Il est de plus avancé que les fondements doctrinaux de l'islam, d'une part, n'encouragent pas l'individualisme et, par conséquent, la dynamisation de l'esprit d'entreprise pourtant essentiel à l'évolution du capitalisme occidental (selon Schumpeter) et, d'autre part, interdisent le jeu, les prêts à intérêt et la consommation de certaines denrées alimentaires telles que la viande de porc (Lourido Díaz, 992)[7].

Il semblerait que ces contraintes aient eu des conséquences sur l'évolution de l'économie sous le protectorat. Il convient en effet de rappeler le très faible pourcentage (environ 5 %) du capital des sociétés industrielles détenu par des Marocains, le manque de synergies entre le « secteur moderne » et le « secteur traditionnel » et la faible capacité de ce dernier à encourager la croissance économique. Il est toutefois à noter que ces caractéristiques ne sont pas l'apanage de l'islam et que ce courant de pensée (ou religieux) possède des qualités pouvant favoriser certains aspects de l'économie : son caractère communautaire peut en effet favoriser la formation de coopératives. Les obstacles seraient plutôt dus au caractère fondamentalement rural de la société et au taux élevé d'analphabétisme, véritable ennemi du progrès (Cerych, 1964 : 253-255).

7. Voir également le 160, V. 1 des *Cahiers de l'ISEA*, intitulé « L'Islam, l'économie et la technique », publié en 1960 à Paris.

CHAPITRE IV

CASABLANCA ET LE SYSTÈME PORTUAIRE DU MAROC

1. Casablanca dans le réseau portuaire marocain

Le port de Casablanca est devenu l'une des pièces maîtresses du projet du protectorat (1912-1956) et, par conséquent, un élément essentiel de l'histoire du Maroc. Dans la lignée de l'héritage des théoriciens du colonialisme du XIXe siècle, les autorités françaises décidèrent de se lancer dans la construction d'un réseau d'infrastructures de base (ports, routes et voies ferroviaires) afin de faciliter le développement économique de cette colonie. Ces réseaux devaient s'entrecroiser et rapprocher les différentes régions du territoire national marocain. Pierre angulaire de la connexion avec l'extérieur, l'ensemble des ports devait également faciliter l'exportation des matières premières réclamées par la puissance coloniale. Configuré pour servir les intérêts métropolitains et ceux des élites locales, le cadre institutionnel marocain instauré à l'époque du protectorat limitait les capacités de développement du pays et se débattait entre deux administrations qui se recoupaient. De surcroît, les contraintes géographiques ne facilitaient guère les choses car, comme la côte atlantique marocaine n'abritait que peu de refuges naturels, les navires ne pouvaient pas s'approcher des côtes et devaient réaliser leurs opérations au large avec le surcoût que cela impliquait. En 1911, quelque 1 547 navires représentant une capacité totale de 1 195 000 tonnes transitaient par la zone française et, parallèlement à la tendance commerciale, ces volumes ont continué à évoluer au cours des décennies suivantes. Le trafic maritime a connu une hausse considérable à partir de 1919, année au cours de laquelle 1 967 navires et 1 327 500 tonnes de marchandises sont passés par les ports marocains. En 1925, ces chiffres se situaient à 3 029 et 2 721 500 respectivement, avant d'atteindre les 3 675 navires et 4 762 tonnes en 1931. Au fil des ans, le tonnage moyen des navires est passé de 820 tonnes en 1915 à 1 273 en 1931, ce qui témoigne de l'amélioration et de l'augmentation de la surface des ports.

Le pavillon français occupait la plus haute marche du podium en termes de croissance, passant de 350 000 tonnes en 1911 à 1 566 000 en 1925 (57,65 %) pour se situer à 2 567 000 (54 %) en 1931. À l'inverse, le pavillon anglais est tombé à 215 000 tonnes en 1925 (9,30 %) avant de remonter un peu la pente en 1925 pour atteindre les 558 000 tonnes en 1931 (11,73 %). Les Espagnols sont passés, quant à eux, de 26 400 tonnes en 1911 à 19 500 en 1918 avant de se situer à 17 700 tonnes en 1931. La pavillon allemand occupait la quatrième place du classement avec ses 181 000 tonnes en 1911. Exclu après la guerre, il n'est réapparu qu'en 1924 lorsque quatre compagnies maritimes ont déplacé quelque 3 550 tonnes. Ce volume s'est toutefois considérablement accru pour se situer à 283 000 tonnes l'année suivante, à 355 000 tonnes en 1930 et à 402 000 tonnes en 1931, à savoir 8,46 % du mouvement de la navigation des ports marocains du protectorat. Parmi les autres pavillons, l'Italie et les États-Unis ont commencé à gagner du terrain dès 1911 (Eyquem, 1933).

Les principaux pays importateurs étaient la France et l'*Union française* (65,6 % en termes de valeur), les États-Unis d'Amérique (10,3 %), l'Angleterre et ses possessions (4,3 %), les Pays-Bas (2,3 %) et la Belgique (3 %). En ce qui concerne les produits importés, les combustibles liquides occupaient la première place (28,7 %) suivis des matériaux de construction (le bois, le fer et le ciment, 26,5 %), le charbon minéral (3,6 %) et le sucre non raffiné (8,9 %). En ce qui concerne les exportations, l'existence d'un important gisement à Khouribga, ville située à quelque 150 kilomètres de la côte, constituait un atout et une force pour le port. Les phosphates supposaient en effet respectivement 62,5 % et 59,9 % en termes de poids et de valeur des 4 714 000 tonnes du trafic total d'exportation. Ceux-ci étaient suivis par les minerais de fer et de manganèse (18,6 %), les céréales et d'autres grains, les agrumes et les produits agricoles de primeur, le crin végétal et le sucre raffiné. La France et ses possessions, constituaient le premier client et représentaient 58,2 % de la valeur des exportations, contre 11,7 % pour l'Angleterre et ses possessions, 4,7 % pour les États-Unis, 2,1 % pour la Belgique et 3,6 % pour les Pays-Bas.

Le port développait également des activités de port touristique, disposait d'ateliers de réparation navale et conservait une partie destinée à la pêche (*Notice sur le Port de Casablanca*, 1953 : 1-20).

Le tableau suivant illustre la contribution individuelle des ports marocains en termes de *throughput* (importation + exportation). Bien que les données ne soient pas complètes jusqu'à la période finale, elles permettent de confirmer que le processus de concentration en faveur de Casablanca s'est poursuivi.

TABLEAU 4.1.
Throughput de certains ports du sud du Maroc (en tonnes) et contribution individuelle au total (en %), 1912-1955

	Casablanca	Kénitra	Agadir	Tanger	Fédala	Mazagan	Safi	Rabat
1912	57.69							
1913	47.14	1.03		19.38		14.07	22.93	5.31
1914	61.80	6.00				10.69	9.98	11.78
1915	57.04	6.49			0.56	9.00	7.98	14.67
1916	54.14	4.54			1.95	9.69	14.69	10.14
1917	50.71	6.69			0.59	17.24	15.75	7.74
1918	55.62	12.13			1.44	13.38	19.54	8.24
1919	52.33	11.24		8.03	4.16	10.11	10.78	7.20
1920	50.68	10.86		7.34	1.89	9.41	12.03	5.07
1921	48.83	16.95			6.50	8.95	9.96	5.70
1922	59.41	14.93			3.37	10.61	15.30	4.93
1923	68.94	12.50			1.81	8.55	9.40	5.90
1924	72.11	10.99			2.73	6.35	5.36	4.12
1925	77.21	10.98	0.14		1.11	5.86	6.34	3.59
1926	82.49	9.67	0.12		2.12	3.25	3.93	2.38
1927	85.08	7.32	0.46		1.56	2.20	1.95	2.02
1928	81.51	6.79	0.56		1.24	1.85	1.86	2.19
1929	82.41	7.48	1.04		1.48	2.85	4.36	2.44
1930	85.36	7.60	0.94		1.35	2.32	2.82	2.57
1931	75.57	13.22	0.94		1.66	1.19	0.79	2.47
1955	76.94	6.00	1.37	1.83	2.19	2.11	2.72	3.26

Source : Élaboration personnelle à partir des données de l'Annexe 3 et d'autres consultées.
Note : Le charbon et le mazout n'ont pas été pris en considération.

La primauté portuaire est passée de Mogador à Tanger au cours des années 1880 avant d'être ravie par le port de Casablanca au début du XXe siècle. Ce dernier a alors connu une croissance imparable, qui lui permit de conserver son statut de port hégémonique au terme de l'occupation française. En 1956, il représentait en effet 72,9 % du volume et 77,1 % de la valeur du trafic d'importation de la zone française du protectorat marocain. Il était donc loin devant son concurrent direct, le port de Fédala, et ses 7,6 % et 2,7 % en termes de volume et de trafic.

2. La configuration du système portuaire du Maroc atlantique

La prédominance de Casablanca

Afin de résoudre l'absence de baies de qualité, les autorités du protectorat ont conçu un système portuaire basé sur un port principal, Casablanca (Graphique 4.2), qui devint rapidement l'un des principaux ports du système colonial français, après celui d'Alger, d'Oran et de Dakar. Pour le connecter au reste du pays, un important réseau routier de plus de 5 200 km a dû être créé là où seules quelques petites routes existaient, ainsi que des voies ferroviaires, électrifiées par la suite, qui sont venues remplacer l'ancienne voie impériale qui unissait Marrakech à Tunis. Comme l'avait prévu le premier Résident Général, le maréchal H. Lyautey, la façade maritime marocaine était donc finalement unie au reste des régions intérieures (Hoffherr, 1932 : 65).

Les grandes avancées et la modernisation du système portuaire marocain pourraient être associées à l'établissement du protectorat français en 1912. Les investissements considérables que l'administration française a réalisés dans les infrastructures de transport ont permis d'encourager le commerce extérieur marocain. Comme dans bien d'autres colonies, les Français ont opté pour un modèle centralisé basé sur un port principal capable de concentrer l'ensemble du commerce maritime et de satisfaire les besoins des grandes unités navales qui ont vu le jour à la suite du développement de la nouvelle technologie ayant marqué le début de l'ère des grands navires à vapeur.

Graphique 4.1.
Évolution du tonnage brut enregistré du port de Casablanca.

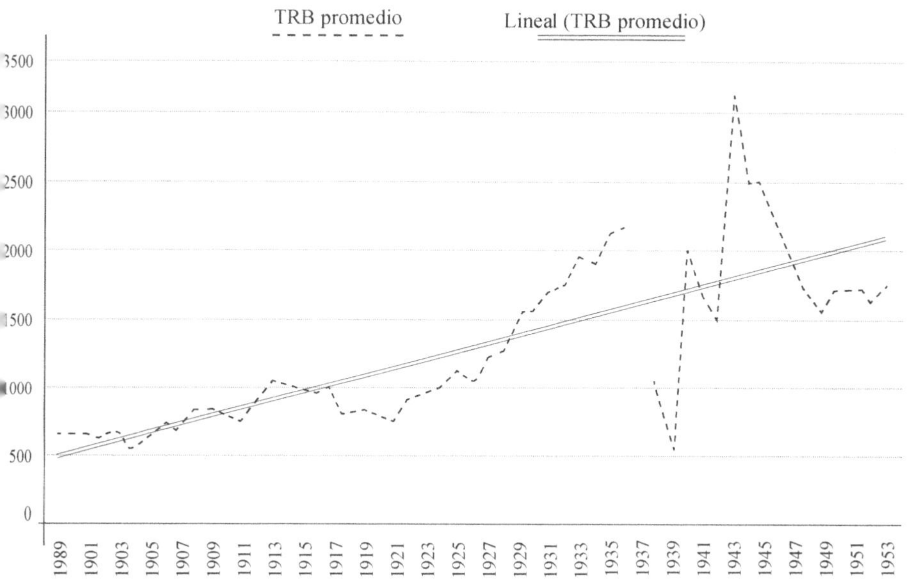

Source : BESM Vol. X, N° 46 (1949) ; Vol. XV, N° 53, 54, 55 et 56 ; (1953) Vol. XVII, N° 60 (1953).

Le réseau configuré sous le protectorat et piloté par Casablanca se composait d'une série de ports aux caractéristiques diverses. Deux ports régionaux ont été érigés au nord du pays : Kénitra (Port-Lyautey), à l'embouchure de Oued Sebou, et Rabat, à l'embouchure du Bouregreg (Graphique 4). Ceux-ci ont été complétés par le port auxiliaire de Fédala qui vint se greffer à près de trente kilomètres à peine de Casablanca. Ces ports répondaient plus à des exigences politiques qu'économiques étant donné que leurs conditions naturelles exigeaient un dragage constant du lit des fleuves. La construction du port de Kénitra visait à encourager l'activité commerciale du nord du Maroc atlantique et à tenter de concurrencer le port international de Tanger et le port espagnol de Larache.

Plus concrètement, l'objectif était de créer une porte de sortie pour les produits des régions de Meknès et de Fès. Passant d'un volume de 6 000 tonnes en 1913 à 290 000 tonnes en 1930, ce port à croissance soutenue finira par occuper la seconde place parmi les ports du protectorat avec ses 583 094 tonnes manipulées en 1956. Moins régulier, le port de Rabat présentait une courbe de croissance beaucoup moins positive. Ses quelque 67 000 tonnes en 1913 ont chuté à 40 000 tonnes au cours de la décennie suivante pour remonter jusqu'à 92 000 tonnes en 1930.

Le maréchal Lyautey décida de doter la partie septentrionale du pays d'une sortie maritime. Convaincu de l'existence d'une série d'éléments favorables au développement d'une activité commerciale, et en dépit de l'avis défavorable de son bureau technique, il lança en 1914 le projet visant à doter la ville d'un port. Selon les fonctionnaires français, Kénitra (nom de la localité) et son port extérieur de Mehdia offraient un accès direct au nord du Maroc, à savoir à Meknès et à Fès, et, par conséquent à la route vers l'Algérie. Mais les problèmes des accès maritimes étaient loin d'être résolus (Eyquem, 1933 : 485).

À quelque 25 kilomètres à peine se trouve également le port de Fédala, construit sur des terrains de la Compagnie Hersent. Ce port auxiliaire s'est spécialisé dans le trafic des hydrocarbures afin d'éloigner cette activité de la ville de Casablanca pour des raisons de sécurité. C'est là que se sont installées les principales compagnies pétrolières, à commencer par *Vacuum Oil Co*. Le mouvement de marchandises se situait à 440 454 tonnes en 1923 et une importante activité de pêche a également vu le jour dès 1945 (Surleau, 1957).

Les ports du sud

Fort différents de ceux du nord, les ports du sud forment un sous-réseau régional d'échanges de marchandises connecté à Casablanca. Ces différences s'apprécient notamment au niveau du régime administratif. En effet, si la gestion des ports du nord se fondait sur le principe de concessions, Mazagan (El Jadida), Mogador (Essaouira) et Agadir étaient, quant à eux, administrés directement par le protectorat. Il est intéressant de noter qu'à Safi, le débarquement était opéré comme à Casablanca, à savoir à l'aide de barges d'une capacité d'entre 10 et 30 tonnes. Mais la caractéristique fondamentale de ces ports reste la lenteur, voire, parfois, la paralysie de l'évolution de leur trafic, ainsi que le grand déséquilibre qu'ils affichaient entre les exportations et les importations, ces dernières étant nettement supérieures.

En 1956, le flux de marchandises du port de Mazagan atteignait les 80 261 tonnes. En tant que principal port de la côte atlantique (Jmahri, 2008), il lutta en vain contre le port de Casablanca pour devenir le premier port national. Cette défaite provoqua dès lors l'enlisement de son activité qui ne représenta bientôt plus que 4,6 % du total national.

Le trafic à Safi (Graphique 4.5) commença timidement au cours de la première période avant de se situer à 13 000 tonnes en 1911, à 148 000 tonnes en 1928 et de retomber à 52 000 tonnes en 1930 pour remonter ensuite jusqu'à 1 533 620 tonnes en 1956. À cette même date, Mogador et Agadir affichaient respectivement un total de 111 435 et de 191 336 tonnes. En termes de valeurs des marchandises, Mogador est passé de 126 millions de francs en 1928 à 50 milliards en 1930, à savoir à peine 1,95 % du trafic marocain et 1 % du tonnage. Ces chiffres viennent confirmer la décadence séculaire de ce port autrefois porte de sortie du commerce transsaharien qui représentait 60 % du commerce extérieur marocain (Hoffherr, 1932 : 75 ; Miège, 1961).

Le cas du port de Safi est particulièrement intéressant. Porte de sortie naturelle de l'hinterland de la région de Marrakech et des phosphates des mines de Louis Gentil (aujourd'hui Youssoufia), parmi d'autres minerais, il est devenu, dès la deuxième moitié des années trente, le grand port minier du sud du Maroc. La découverte des mines de phosphates a transformé le port et ses infrastructures qui ont été complétées par le terminal voué à l'exportation de ces minerais en 1937. Au cours de cette décennie, ce port a exporté un quart de la production marocaine (Cherfaoui et Doghmi, 2005 : 171-193). Tout comme à Agadir, l'industrie de la transformation du poisson a elle aussi connu une évolution telle que ces deux ports ont finalement décidé de se spécialiser dans cette activité. Seule différence, Agadir prenait également en charge les produits de la région du Souss et ce, même si l'activité commerciale restait anecdotique.

3. Le débat sur la planification portuaire : centralisation ou décentralisation

Avant l'occupation coloniale (plutôt au XIXe siècle, car à l'époque moderne les deux ports de Tétouan et Salé se distinguaient du lot) (Maziane, 2010), le Maroc ne disposait que d'un réseau de petits ports de cabotage à forte connectivité locale sans qu'aucun de ses composants n'exerce une prééminence absolue sur les autres. Cette situation a changé au cours du dernier tiers du XIXe siècle, lorsque la France a modifié sa politique d'intervention en Afrique en réponse à la pression exercée par le Royaume-Uni et à la concurrence croissante de l'Allemagne. Elle a en effet concentré l'activité économique de ses colonies et protectorats dans certains pôles spécifiques. Au début du XXe siècle, le pays maghrébin disposait d'une structure de réseaux de communications terrestres linéaires parallèles à la côte présentant peu de ramifications régionales entre les centres de production de l'intérieur et l'axe d'évacuation maritime. Une telle configuration confirmait clairement la stratégie extrovertie de l'appareil économique colonial. En ce qui concerne les ports, la centralité du port de Casablanca pour l'économie du Maroc était un fait indiscutable au cours de la période du protectorat étant donné qu'en 1930, il assumait deux tiers du trafic maritime et réunissait par conséquent tous les avantages de la concentration maritime.

Ce pari de concentrer les efforts constitue un acte délibéré des autorités françaises qui cherchaient à éviter la dispersion des investissements et le triste résultat du développement des grands ports de la métropole (Huard, 1911 ; Celce, 1952 : 41).

Le débat sur la question de savoir s'il était préférable d'encourager la décentralisation entre plusieurs ports régionaux ou la concentration en un port principal divisa administrateurs, scientifiques, dirigeants et intellectuels locaux. Le choix de Casablanca provoqua une véritable scission. Les représentants de l'administration française ont souligné l'importance du renforcement des économies d'échelle en un seul port capable de concentrer la majeure partie du commerce, ainsi que les nombreux avantages de cette stratégie, telle que la capacité de réponse aux exigences de l'économie moderne, qui allait permettre d'offrir les meilleurs équipements aux meilleurs prix pour faciliter l'envoi et l'exportation des produits. a été la modernisation du Maroc qui exigeait la mise en place préalable d'un réseau de communications efficace, dont des ports. Le fait est qu'à partir de 1912, le port de Casablanca a commencé à jouir de toutes les faveurs de l'administration et que son développement s'est par conséquent avéré nettement supérieur à celui des autres centres côtiers qui ne bénéficiaient pas des mêmes subventions. La construction de ce port a supposé un énorme sacrifice financier et a englouti plus de 80 % du budget destiné à la construction de l'ensemble des ports.

Cette prouesse technique a requis de grands investissements financiers, ainsi que la majeure partie des investissements destinés aux équipements de ce secteur. Entre 1904 et 1932, les montants engagés sont passés de deux millions et demi de francs à plus de trois milliards et demi de francs de 1949.

À ceux-ci viennent s'ajouter les fonds destinés aux infrastructures portuaires (construction de silos, aménagement du quai destiné aux phosphates, installation du port de pêche). Bien que cet investissement de grande envergure ait été durement critiqué par les partisans de la décentralisation portuaire, il est à noter qu'au cours des années précédant la Deuxième Guerre mondiale, la construction du port de Casablanca avait déjà supposé une grande croissance de l'économie marocaine. Le prêt de 1949 prévoyait des dépenses annuelles de l'ordre de 1,4 milliards en 1950 et 1951, de 500 millions pour les trois annuités successives et de 100 millions en 1955. L'objectif était d'améliorer les installations en construisant un avant-port et des quais.

TABLEAU 4.2.
Investissements publics dans les ports du Maroc (1904-1949)

Année	Francs courants
1904	2 500 000
1914	50 000 000
1920	220 000 000
1928	148 000 000
1932	195 000 000
1949	3 490 000 000

Source : Eyquem (1933 : 57) ; et *Budgets annuels de l'Empire Chérifien 1950*, Rabat.

Si le choix de Casablanca s'est avéré décisif, le débat sur l'emplacement de ce port constitue également un magnifique et brillant exercice pratique de la théorie de la localisation portuaire. Selon les experts en la matière, tout bon port se doit de réunir un certain nombre de conditions techniques. Un port ne disposant pas d'une protection naturelle doit présenter les caractéristiques suivantes[8] : une profondeur d'une quinzaine de mètres, un niveau d'eau quasiment constant, des quais suffisamment dimensionnés pour accueillir des navires de grandes tailles transportant des charges considérables, une vaste baie leur offrant un espace suffisant pour manœuvrer, se déplacer et accoster sans gêner les autres, des équipements de chargement et de déchargement suffisants et adaptés pour faciliter les opérations, une main-d'oeuvre suffisante en quantité et en qualité, etc. Étant donné que les infrastructures portuaires artificielles impliquent de lourds investissements, il convient de les limiter à un petit nombre d'unités pour chaque pays donné. L'opinion qui prévalait était que la force d'attraction d'un grand port sur les marchandises de la région avoisinante était suffisante pour déterminer l'accumulation de grandes cargaisons en un même point. Ces arguments tendent à justifier la décision d'un pays donné de concentrer tous ses efforts d'amélioration technique sur un ou deux grands ports, dûment sélectionnés, et d'abandonner tous les autres aux aléas de leur évolution naturelle.

L'un des participants au débat, J. Eyquem, s'est tourné tant sur le passé que sur l'avenir pour fonder ses critiques et se demander si le port de Casablanca était réellement la meilleure solution au problème. Il n'était en effet pas certain que cette concentration « serve véritablement les intérêts du pays » (Maroc)

8. Il s'agit de l'opinion du professeur d'économie politique Maurice Gafiot publiée dans l'introduction du livre de J. Eyquem (1933, III).

étant donné que la politique en vigueur dans ce domaine s'était caractérisée par une concentration excessive et nuisible pour les ports rivaux, mais non moins nécessaires. Selon lui, même si Casablanca pouvait conserver un rang prééminent dans l'activité commerciale, il aurait toutefois pu s'avérer judicieux d'investir dans d'autres ports, proportionnellement aux conditions économiques de chacune des régions correspondantes, afin de configurer un réseau de ports secondaires. De même, il s'interrogeait sur la légitimité de destiner la majeure partie des fonds du budget destiné aux infrastructures portuaires au port de Casablanca. Bien qu'il comprenne les raisons ayant poussé le gouvernement à concentrer ses efforts sur le « port national » du Maroc, il ne trouve aucune justification à une construction de telles dimensions.

D'autres, tels que J. Celérier, estiment qu'il s'agit d'une vieille polémique n'ayant aucun sens étant donné que le port de Casablanca « [...] il tient, il est sûr, il est magnifique ». Pour lui, ce que J. Eyquem remettait en fin de compte en question c'était le concept même d'un « port national ». Celérier affirmait quant à lui ne pas comprendre l'exécution de travaux au Port-Lyautey puisque, à l'instar de Rabat, il était considéré comme un port fluvial et donc impropre au type de navigation requis. En effet, le Bouregreg et le Sebou présentaient tous deux une série d'inconvénients, tels que l'existence de la barre (crête de sable submergée) ou le colmatage du lit, sans solution à l'époque, impliquant que la sécurité du refuge était conditionnée par son manque d'accessibilité. Qui plus est, même si la notion de port fluvial peut laisser penser à la possibilité d'accéder à l'*hinterland* et à une navigation plus économique et moins coûteuse par rapport au transport terrestre, le port de Rabat ne possédait pas cet atout. Port-Lyautey étant, quant à lui, ancré dans un environnement adverse. Situé à sept kilomètres de la côte, son quai de 774 mètres pouvant accueillir des navires d'un tirant d'eau de jusqu'à six mètres impliquait une navigation délicate le long d'un canal de 17 kilomètres.

Il a toutefois été souligné qu'il convenait de se doter de ports spécialisés, tel que le port de Fédala, situé à 25 kilomètres au nord de Casablanca et choisi en 1924 comme le port destiné à la réception des combustibles. Il s'avérait également important de pouvoir acheminer les produits agricoles et miniers des régions éloignées de Casablanca le plus rapidement possible jusqu'à la mer. Pour ces produits de faible valeur mais au volume et au poids considérables, les coûts de transport étaient particulièrement élevés et il convenait donc de réduire au maximum leur déplacement par voie terrestre. Étant donné que ces produits constituaient la pierre angulaire du commerce marocain d'exportation, il importait de multiplier les points d'embarquement dans les différents ports situés le long du littoral atlantique marocain.

Toujours utiles, il semblait peu prudent de les abandonner au profit de leur puissant rival. Comme partout ailleurs en Afrique du Nord, il était préférable d'installer des ports à proximité des centres de production étant donné que le transport terrestre était beaucoup plus cher que le maritime, surtout lorsqu'il s'agissait de marchandises d'une valeur relativement faible. Les importations se trouvaient dans la même situation puisque les marchandises de grande valeur ne représentaient qu'une petite partie du tonnage général. À la lumière de ces éléments, il estimait que chaque point devait être doté d'un port moderne, ajusté aux possibilités économiques de la région, et que l'idée d'un port unique constituait une solution des moins rentables. Il convient d'ajouter que le manque de ports adaptés et de voies ferroviaires pourraient expliquer, dans une certaine mesure, pourquoi le coût de la vie au Maroc était entre 15 et 20 % supérieur à celui du reste de l'Afrique du Nord (Eyquem, 1933 : 482).

TABLEAU 4.3

Système portuaire marocain: centralisation ou décentralisation

	En faveur de la concentration portuaire	En faveur de la décentralisation
Administration	Construction d'un port national, économies d'échelle	Offrir un débouché à la production locale - Réduction
Celérier	Construction d'un port national	Offrir un débouché à la production locale
Ports choisis	Casablanca	Kénitra, Rabat, Mazagan, Mogador, Safi, Agadir

Source : Élaboration personnelle à partir du travail d'Eyquem (1933) et de Celérier (1934).

Face à l'avantage manifeste de se doter d'au moins un grand port moderne, la théorie de la décentralisation insistait sur une série de graves inconvénients tels que l'augmentation, drastique et injustifiée, des coûts de transport des produits échangés avec les régions méridionales et septentrionales.

En résumé, l'intervention du protectorat français a fortement influencé la planification et l'exécution d'un important réseau portuaire, ainsi que la construction des ports sur la façade atlantique. Cette approche est due au fait que la structure politique, sociale et économique recherchée exigeait la création d'infrastructures capables d'organiser les communications et l'économie. Les ports ont joué un rôle prépondérant dans cette stratégie, notamment celui de Casablanca, étant donné qu'ils constituaient la pièce maîtresse de cette politique.

Ce réseau a été conçu sur la base d'une économie coloniale, particulièrement axée sur l'exportation de matières premières et l'importation de marchandises. En termes de région portuaire dans son sens géographique, il s'agissait de garantir la couverture et la facilitation des communications maritimes et du commerce. Il est néanmoins vrai que les ports, notamment ceux de plus grande taille tels que Casablanca, étaient au service de groupes économiques multinationaux. Le capital international a donc profité de la construction de ces infrastructures à un point tel que la majeure partie d'entre elles a été exécutée par des groupes industriels de la métropole.

Enfin, il convient de préciser que les ports du protectorat se sont dotés d'une administration moderne, similaire à celle de la métropole, mais tenant compte des traditions locales, notamment en ce qui concerne la gestion de la main-d'œuvre généralement basée sur l'esprit communautaire local. En définitive, il s'agissait d'atteindre la plus grande efficacité possible.

TABLEAU 4.4.
Infrastructures des ports du sud du Maroc exécutées sous le Protectorat

	"Postes" pour navires maritimes (commerce)	Longueur des quais	N° de grues	Plan d'eau protégé (en ha)	Môles et terrepleins (en 1.000 km^2)	Hangar s et entrep ôts (en 1.000 m^2)	Dock- silos de céréales (en 1.000 q)	Entrepôts frigorifiques (en m^2)
Kénitra	10	774	16	225	85	16	120	800
Rabat	4	300	2	4	44	8	-	-
Mohamme dia	3	150	4	24	77	3,22	-	-
Casablanca	34	4.874	93	122	550	113	300 +1.000 (peche)	2.200 + 1.000 (peche)
El Jadida	1	72	6	7	25	5,5	-	-
Safi	8	980	17	25	140	9,4	48.000	180
Essaoouira	-	-	3	2,5	15	1,77	-	-
Agadir	9	1.30	10	35	300	6,8	-	2.000

Source : Service central des statistiques, *Tableaux économiques du Maroc (1951-1959)*, Rabat, Inframar (s.d.), 1960 ; *Notice sur le Port d'Agadir, op. cit* ; *Notice sur le Port de Safi, op. cit.*

CHAPITRE V

CONCEPTION ET ÉVOLUTION DU PORT DE CASABLANCA

1. Un port pour le protectorat

Les raisons ayant poussé les autorités du protectorat à choisir l'emplacement de Casablanca pour y construire le port le plus important du Maroc se fondent principalement sur des aspects de nature économique et ce, même s'il convient également de prendre en considération la volonté de ces autorités d'éviter de raviver la dispute entre les deux capitales historiques : Fès et Marrakech. Le fait est que le port de Casablanca est devenu une infrastructure clé du protectorat. Fruit de la volonté politique de servir les intérêts économiques de ce pays alors à peine ouvert à l'économie occidentale, il constitue un modèle de port moderne adapté à la nouvelle tendance de l'organisation portuaire. Les caractéristiques économiques de la région, les exigences diplomatiques et les besoins militaires étaient les trois lignes de développement de Casablanca, auxquelles s'ajoutaient certes quelques autres de moindre importance. Dès le début du protectorat (1912), la conception du grand port national était la question qui occupait l'esprit de la majeure partie des spécialistes en la matière, ainsi que du résident général, le maréchal H. Lyautey. Comme nous l'avons vu plus haut, le débat entre la dispersion et la centralisation portuaire s'est soldé sur l'avènement de la conception centralisatrice face à l'option de la dispersion entre plusieurs nœuds d'importance secondaire. Les experts de l'époque pensaient ainsi pouvoir coordonner plus facilement les différents moyens de transport (maritimes, ferroviaires et routiers).

D'un point de vue technique, ce port dont la construction a commencé peu avant la Première Guerre mondiale constitue un modèle de port modulaire, à savoir une infrastructure capable de s'adapter à tout type de développement, aux augmentations du trafic ou aux innovations technologiques. Convaincus que le commerce allait s'intensifier à l'avenir, ses concepteurs ont bien abordé le problème en prévoyant que les avancées technologiques allaient conduire au gigantisme des unités navales qui allaient exiger de grandes infrastructures. Cette construction peut être considérée comme un laboratoire et une étude de modèles à échelle résumant plus de cinquante années d'expérience mais dépourvue de toute étude théorique préalable. L'expérimentation empirique et le contact avec la réalité ont toutefois permis d'atteindre un haut niveau de maîtrise du comportement des matériaux. Bien que cette construction de type empirique ait été réalisée sans aucune étude technique préalable, elle s'ajuste pourtant à la célèbre « formule de Hudson » découverte quarante ans plus tard, à savoir dans les années soixante. Les concepteurs avaient en effet déjà compris que la densité était la clé du problème et que l'action des vagues sur un bloc isolé est proportionnelle au carré de sa taille moyenne, tandis que la stabilité du bloc est, quant à elle, proportionnelle au cube de cette mesure. Ces considérations correspondent donc à celle que Hudson a développée beaucoup plus tard, dans les années soixante, dans sa théorisation. Fort de cette vision d'avenir des plus réalistes, le port de Casablanca a affiché un développement continu grâce à son modèle de conception lui permettant de s'adapter avec une extrême facilité aux grandes transformations qui ont marqué le monde du transport maritime (Laroche, 1927).

Mais la splendeur du port (et de la ville) sont dues à la volonté politique du protectorat mise en place dès le moment où les accords d'Algésiras ont placé la façade atlantique marocaine sous l'autorité française, à savoir la région connue sous le nom de « Maroc utile ». C'est là que se sont développées les ouvertures portuaires basées à Casablanca et qui ont permis l'instauration des échanges commerciaux ainsi que l'exportation de matières premières telles que les phosphates et les produits agricoles. Lieu d'origine de l'action militaire de 1907 qui marqua le début de la conquête française et qui prit rapidement une tournure d'ordre économique, la position géostratégique de Casablanca entre les zones du nord, du centre et du sud a également permis le développement d'un vaste réseau de communications intérieures.

La côte atlantique marocaine était redoutée par les marins et il était souvent impossible d'arriver au port de Casablanca pendant la saison des pluies, lorsque les conditions météorologiques n'étaient pas au rendez-vous ou à marée haute. Seules les barges parvenaient à s'y réfugier, non sans risque. Les navires, y compris de petite taille, étaient fréquemment contraints de mouiller dans la rade et de braver les vents et marées menaçant de les projeter sur les rochers et de détruire leurs cargaisons. De prime abord, le lieu choisi par les autorités du protectorat pour y ériger un port d'importance ne semblait pas être le plus indiqué. Qui plus est, aux difficultés de construire un port sur la côte atlantique venaient s'ajouter l'hostilité et la réticence des tribus locales à tisser des relations avec le monde extérieur. Et pourtant, à partir du milieu du XIXe siècle, suffisamment d'ingrédients ont été réunis pour permettre l'ouverture et la promotion du commerce avec l'Europe, tels que, par exemple, l'apparition de souverains et connus pour leur position d'ouverture comme Moulay Abd al Aziz ou la puissance économique de la région de la Chaouïa à l'origine du développement de l'ancien port étant donné que le commerce des céréales y a toujours été des plus abondants. La combinaison de tous ces éléments à la présence militaire française a permis à cette petite ville de devenir un centre industriel et d'affaires dynamique en quelques décennies à peine.

Son histoire est connue. Fondée par les Romains, la ville d'Anfa est devenue « Dar el Beida » (ou la maison blanche en arabe, Casablanca) sous le règne de Sidi Mohammed Ben Abdellah. À la fin du XVIIIe siècle, le monopole concédé à la compagnie « Los Cinco Gremios Mayores » (groupement de grandes corporations commerciales de Madrid) dissuadait toute compagnie maritime tierce de tenter un quelconque développement de son activité. Après l'annulation des privilèges de l'exclusivité du monopole au début du XIXe siècle, les accords commerciaux signés avec les puissances européennes ont commencé à marquer le rythme du développement du port. Signé par John Drummond Hay et le sultan en personne, le traité anglo-marocain de 1856 a été le premier à entrer en vigueur. Le trafic portuaire de Casablanca s'est alors vu renforcé par la visite récurrente de plusieurs compagnies maritimes. Il faudra toutefois attendre l'arrivée de la navigation à vapeur pour que sa véritable modernisation puisse voir le jour. L'accroissement des échanges a en effet poussé les compagnies de navigation à chercher à s'installer dans le port et Paquet, compagnie de navigation reliant différents ports européens et, notamment, français, a été la première à confirmer cette tendance.

Avec le temps, le port de Casablanca est devenu le plus sûr de la côte occidentale marocaine. Les nouvelles techniques de construction ont permis au port de Casablanca de surmonter les mauvais présages présentés dans un article publié dans la *Revue générale des Sciences* (1912) par le directeur du Service hydrographique de la Marine dans lequel il affirmait qu'il était « impossible de créer un port accessible aux navires sous tous les climats sur la côte occidentale du Maroc ». Certaines conditions géographiques étaient certes favorables, telles que la digue naturelle formée par les récifs de Dar el Beida qui protégeaient le port des marées ou la profondeur d'environ six mètres à moins d'une demi mille de la côte. La construction du port de Casablanca n'en reste pas moins une prouesse technique et le symbole du triomphe de la volonté humaine qui a su répondre aux exigences du développement économique et au besoin de disposer d'un espace à l'abri de la violence des vagues au sein d'un environnement maritime particulièrement hostile.

2. Évolution de l'infrastructure portuaire

Construction d'un grand port national (1904-1920)

Situé dans la région centrale du Maroc atlantique, le port de Casablanca rejoignait un réseau, ferroviaire et routier, permettant de relier tous les points névralgiques de l'arrière-pays (*hinterland*) qui absorbait alors 70 % de ses marchandises et 77 % de la valeur du trafic d'importation de la zone française du protectorat (Notice sur le port de Casablanca, 1953 : 19). Ce réseau devint alors un prolongement de l'avant-pays (*foreland*) s'intégrant à son tour dans un réseau de ports tels que celui, tout proche, de Fédala-Mohammédia ou, plus au sud, ceux d'El Jadida, Safi, Essaouri (Mogador) et Agadir ou encore, au nord, ceux de Rabat- Salé, Kénitra, Larache et Tanger. Il convient également de citer les connexions avec les ports plus éloignés tels que ceux de Bordeaux, Marseille ou Las Palmas, ce dernier étant situé aux îles Canaries.

Considéré comme un véritable « chef d'œuvre », la jetée Delure (aujourd'hui Moulay Youssef) constitue la pièce maîtresse du port et restera dans les annales de l'ingénierie maritime. Bien qu'une forte tempête ait balayé la première phase de la construction du quai en 1904, l'activité s'est poursuivie avec la deuxième phase qui s'est prolongée de 1914 à 1919. Cependant, après avoir constaté que les fondations avaient une nouvelle fois été endommagées par une forte marée, il a été convenu de revenir à la phase de conception, d'élargir la capacité du bassin portuaire et, surtout, d'augmenter la densité des blocs de construction à submerger (Suárez Bosa et Maziane, 2014a : 47-66 ; Suárez Bosa et Maziane 2014b : 147-148). L'infrastructure du port de Casablanca n'a toutefois pas échappé aux conséquences de son environnement hostile. En 1920, une violente tempête a en effet déplacé d'une douzaine de mètres les blocs de 260 tonnes qui formaient sa base. Pour des raisons d'accessibilité, le port est resté fermé pendant près de sept mois. Suite à ces événements, les autorités ont lancé, dès 1923, un service de prévisions de l'état de la mer et de l'avancée des vagues, pouvant être d'une grande violence. Les résultats de cette initiative ont été publiés dans des médias internationaux qui ont vanté les louanges de cette expérience pionnière dans le domaine de l'océanographie météorologique.

Dans un premier temps, les marchandises étaient acheminées du navire à la côte par des barcasses de fortune et débarquées à la main. La précarité des infrastructures portuaires a cependant été à maintes reprises dénoncée par les commerçants et l'administration marocaine n'était guère plus satisfaite du rendement du service des douanes et ce, dès l'époque du sultan Moulay Hassan (1873-1894). Ce dernier avait en effet ordonné la construction d'un petit quai en maçonnerie selon le modèle classique pour le type d'embarcations de l'époque. Mais ayant été exécuté sans étude préalable, il tomba rapidement en désuétude. En dépit de toutes ces insuffisances, les échanges augmentaient chaque année et une importante collaboration s'instaura entre les commerçants musulmans, juifs et européens.

Toujours en quête d'innovation, le sultan Moulay Abd al-Aziz a signé un accord de principe pour la construction d'un nouveau port à Casablanca en 1902. À l'annonce de cette nouvelle, le groupe français Schneider & Cie a demandé à l´un de ses hommes de confiance, Gaston de Cacqueray, de recueillir toutes les informations maritimes disponibles (De Caqueray, 1952). Parallèlement, ce même groupe a fondé la Société des Établissements Gautsch qui deviendra la puissante Compagnie marocaine au capital de 1,5 millions de francs qui sera doublé quatre ans plus tard. Cette sorte de compagnie charter va prendre le contrôle de l'ensemble de l'économie marocaine (Guillen, 1965 ; D'Angio, 1995 : 132).

Ingénieur hydrographique et chef de la Marine, J. Renaud (1904) a assumé la direction de ce modeste projet. La proposition initiale consistait en deux quais convergents couvrant une superficie de dix hectares et incluant le cours d'eau ainsi que la petite digue construite par les Portugais en 1850. Il était également prévu d'édifier un mur de soutènement à l'est de la petite ville. Les navires de charge devaient jeter l'ancre à mille ou mille deux cents mètres de la côte. Deux petites jetées protégeaient le bassin des grandes vagues et permettaient aux barcasses de manœuvrer dans des eaux tranquilles et de rejoindre facilement le quai.

Ce n'est pourtant qu'en 1906 que les premières pierres sont posées sans grande conviction. Mais lorsque les accords d'Algésiras ont défini et garanti les relations avec les principaux États européens, l'empire chérifien s'empressa de demander plusieurs prêts afin d'améliorer les installations portuaires. Une nouveau projet a alors commencé cette même année avant d'être modifié en 1907. Le changement principal visait à doubler la superficie initiale du bassin qui était de dix hectares dans le projet initial. L'attribution de ce marché a provoqué une compétition acharnée entre les différents groupes financiers. En effet, le représentant du sultan signa à Tanger un contrat avec la Compagnie marocaine, responsable de l'exécution des Magasins de la Douane de Tanger, pour la construction d'un port à barcasses en dix- huit mois. Celle-ci s'est alors associée avec les entreprises J. Schneider et Cie et J. Vignes, qui ont sous-traité à leur tour la MM, et Donadix et Gindro, de Marseille (Chrefaoui et Dochmi, 2005 : 528). Les travaux ont toutefois été interrompus à plusieurs reprises par l'insurrection de la Chaouïa, point de départ de l'intervention française cette même année.

Le rythme marqué à la reprise du chantier n'était guère plus stable ou soutenu. Aux difficultés techniques venaient s'ajouter les problèmes financiers et administratifs. Qui plus est, les autorités indigènes s'opposaient à l'embauche d'étrangers, notamment de la main-d'œuvre espagnole, et ont demandé la rupture des accords entre les entrepreneurs et les sous-traitants.

Le retard accusé, combiné à la lenteur de l'exécution, a provoqué la colère des commerçants qui voyaient que le trafic augmentait mais que les accidents tels que les collisions entre navires, les ruptures des chaînes des ancres, etc. étaient de plus en plus fréquents. Au cours de l'hiver de 1909, la tempête qui a détruit une partie du quai existant et provoqué la mort de huit personnes a ravivé la colère des entrepreneurs (Vidalenc, 1928 : 45).

Après cette série de revers, Casablanca a néanmoins pu profiter de certains éléments favorables : l'essor et la prépondérance de l'économie entamée au cours des décennies précédentes, sa désignation en tant que premier port pour le débarquement des troupes de l'occupation française, etc. Le port de Casablanca était dès lors considéré comme la porte commerciale d'un *hinterland* de grande richesse couvrant les provinces de Tadla et de Chaouïa. Parallèlement, une minorité dynamique de commerçants installée dans la ville commença à exercer une incontestable influence politique et économique. Principalement française, la présence étrangère comptait également des Espagnols et des Italiens.

En un peu plus de vingt ans, 2 450 mètres du quai principal, le quai transversal et le port commerciale ont été construits. Le coût de ce chantier affiche un montant astronomique. (Vidalenc, 1928 : 72 ; Eyquem, 1933 : 57-59).

Un grand port pour l'exportation de phosphates (jusqu'en 1932)

Une fois de plus, le projet initial a été jugé insuffisant et remplacé par un autre. Pour le Résident Général nommé en 1912, le maréchal L. H. Lyautey, la construction d'un grand port s'avérait d'une importance capitale. Afin de choisir un emplacement approprié, il mit en place une commission d'experts présidée par l'ingénieur en chef et directeur des travaux publics du M. Gaston Maroc, M. Delure. Saisie pour résoudre les doutes pesant sur le choix du meilleur emplacement pour l'installation du port, la commission des adjudications prévue par les accords d'Algésiras pencha en faveur de Casablanca. Les travaux consistaient en la construction d'un grand port de 140 hectares, ainsi qu'en la finalisation de l'ancien port de 10 hectares. L'exécution des ouvrages a été attribuée le 25 mars 1913 à un consortium français se composant de la Compagnie marocaine, de Cie Hersent Frères et de la Compagnie Schneider et Cie, qui avait déjà dirigé la réalitation de l'Arsenal de Dakar. La constitution de la Compagnie marocaine a exigé l'engagement du gouvernement français alors contraint d'intervenir pour mettre fin aux rivalités entre les groupes Schneider et Paribas.

Le choix s'est porté sur la ville de Casablanca qui semblait répondre aux deux grands objectifs des administrateurs français : se doter d'un grand port capable de dynamiser l'économie et choisir un emplacement à équidistance des deux principales villes de l'intérieur, Fès, au nord, et Marrakech, au sud, afin de calmer les rivalités, de limiter l'influence des intérêts locaux séculaires et de proposer une alternative stratégique à Gibraltar. Plusieurs études ont par ailleurs confirmé que l'instauration du protectorat français en 1912 a permis aux groupes économiques de l'Hexagone d'opérer librement et en quasi totale impunité jusqu'à la déclaration d'indépendance.

La structure définitive, 2 450 mètres de quai (principal, transversal et le port de commerce) a été exécutée entre 1913 et 1934 selon les plans de 1918 de M. Delure (Vidalenc, 1928 : 56 ; Eyquem, 1933). La découverte en 1921 de gisements de phosphates à Khourigba a permis au port d'enregistrer une croissance rapide et proportionnelle à la production de ce minerai. Les travaux de construction d'une section de la jetée dite « des phosphates » entamés cette même année ont permis au quai d'afficher une longueur totale de 2 185 mètres en 1928.

FIGURE 5.1.
Configuration du port de Casablanca au terme de ses plus importants travaux.

Source : Élaboration personnelle inspirée du *Notice sur le port de Casablanca*, 1953.

Consolidation définitive du port (1932-1945)

Bien que les principaux travaux et ouvrages de grande envergure aient été terminés dès 1933, une série d'interventions complémentaires ont été exécutées jusqu'à la Deuxième Guerre mondiale : les docks destinés à accueillir les silos, le port de pêche et l'amélioration de la jetée des phosphates. La mise en activité du quai commercial inauguré en 1932 a, quant à elle, entraîné la disparition de l'utilisation des barcasses. Étant donné que les navires pouvaient désormais décharger leurs marchandises à même le quai, ces intermédiaires n'avaient en effet plus aucune raison d'être.

TABLEAU 5.1.
Infrastructures du port de Casablanca (1953)

	Nom	Longueur en m.
	Grande Jetée	2 600
	Jetée transversale	1 545
Embarcadères	Jetée Delure	800
	Quai Delande	570
Quais	Quai Delpit	820
	Quai Tableau du Môle	230
	Jetée des phosphates	350
	Quai du charbon et des minerais	540
	Quai de Rive Delpit-Est	200
	Quai de rive Delpit-Ouest (Les Enfants)	200
	Quai Chaix-Est	164
	Quai Est du môle intermédiaire	550
	Quai Ouest du môle intermédiaire	450
Entrepôts	Entrepôts (33) ; Marine nationale (quelque 8 000 m^2) ; Stations maritimes et services à disposition de MM	90 000
	Réservoirs d'huile/goudron	1 800
	Approvisionnement en gazole	
Matériel flottant	quai flottant (5 000 tm) ; 1 ponton (150 tm) ; grues flottantes (15 tm) ; 3 pilonneuses ; 5 barges ; 4 remorqueurs	
Matériel divers	45 grues	

Source : *Notice sur le port de Casablanca* (1953 : 12) ; Croce (1949).

Connu sous le nom de *Jetée Delure* en mémoire de son concepteur, le quai principal a été inauguré le 25 juillet 1933. En 1935, le quai du charbon est déplacé dans la partie inférieure du port, tout comme l'embarcadère et les grandes superstructures destinées à accueillir le sous-marin PM 2600 et l'unité MP 2510. Dès ce moment, et notamment depuis la Deuxième Guerre mondiale, le port de Casablanca affichera une croissance soutenue ininterrompue.

3. Investissements et budget annexe du port de Casablanca

Véritable prouesse technique, la construction du port de Casablanca a toutefois requis des investissements conséquents. Tous les moyens ont été mis en œuvre : plus de 80 % des crédits destinés aux équipements portuaires assignés aux prêts du budget chérifien de 1920, 1928 et 1932 ont été destinés au port de Casablanca. Les montants détaillés dans le Tableau 5.2 doivent être majorés de ceux destinés à la construction des silos, de la jetée des phosphates et des installations du port de pêche qui ne figuraient pas au rang des crédits liés aux infrastructures portuaires, ainsi que d'une série d'autres montants consignés dans le Budget général du protectorat. Le total serait par conséquent plus proche des 700 millions de francs Poincaré. Sachant que la valeur du franc germinal est multipliée par cinq lorsqu´elle est convertie en francs Poincaré, et selon les valeurs déflatées de 1928, le montant des investissement s'élève à 563 500 000 francs (Celce, 1952 : 41). Crédits sur prêts pour chaque année (en millions de francs germinaux) :

Année	Million de Francs
1904	2,5.
1914	50
1920	75
1928	56
1932	170
Total	535,4 millions de francs Germinaux

Note : Un franc germinal équivaut à cinq francs Poincaré. Source : Celce, 1952 : 41.

À partir de 1930, la gestion comptable du port de Casablanca figure dans le détail du budget annuel du protectorat (Hoffherr, 1932 : 270). L'adoption d'un budget annexe pour une grande baie marocaine constitue une reconnaissance officielle de son importance administrative et financière pour la vie économique du pays. La pratique du budget annexe est une tradition financière française. Il s'agit d'une dérogation au principe traditionnel d'unité budgétaire se justifiant par l'importance et la nature des services concernés. Dans le cas qui nous occupe, il s'agit, d'une part, d'un organisme dont l'activité affecte l'ensemble du pays mais suffisamment individualisé pour se gérer seul et, d'autre part, de services impliquant une gestion plus ou moins adaptée au commerce et dont les charges et les profits sont susceptibles de se compenser.

Le budget annexe (BA) figurait au rang du document budgétaire annuel du protectorat et était par conséquent élaboré par la Direction générale des finances du gouvernement sous la supervision de l'Administration des travaux publics en tant que responsable de l'administration du port. Proposé par le résident, le budget annexe était soumis à l'approbation de Sa Majesté le sultan du Maroc au même moment que le budget général. Fruit des comptes du budget ordinaire, il était ensuite inclus dans le document officiel aux côtés des deux autres budgets extraordinaires : l'imprimerie officielle et les ports du sud.

S'articulant sur deux règles de base, la pratique du BA constitue une dérogation au principe du budget unique qui se justifie ici par l'importance du service concerné. D'une part, il s'intégrait dans le budget du protectorat et était élaboré par la Direction générale des finances du gouvernement sous la supervision de l'Administration des travaux publics en tant que responsable de l'exploitation du port et, d'autre part, cette proposition du résident était ensuite soumise à l'approbation du sultan du Maroc. Le budget annexe détaille les recettes et les dépenses (Celce, 1952 : 89).

Selon la pratique française, l'infraction du principe d'unité budgétaire est tolérée sur la base de deux normes essentielles. La première était que les budgets annexes devaient être examinés et approuvés par l'autorité compétente en matière financière au même moment que le budget général. Cette autorité était par conséquent en mesure de rendre compte de l'ensemble des charges. La seconde exigeait l'existence d'une relation entre les budgets annexes et le budget général. En d'autres termes, les surplus des premiers devaient être reversés aux seconds qui devaient dès lors assumer les découverts des comptes annexes lorsque les dépenses s'avéraient supérieures aux recettes.

Tableau 5.2.
Évolution du Budget Annexe du port de Casablanca
(en milliards de francs français)

	Recettes	Dépenses	Surplus
1939	14 100	14 067	33
1940	14 700	14 593	107
1941	15 200	15 161	39
1942	16 900	16 869	31
1943	18 512	18 498	14
1944	30 700	30 684	16
1945	31 525	31 521	4
1946	38 000	37 943	57
1947	52 540	52 539	1
1948	110 100	110 078	22
1949	179 700	176 603	3 097
1950	272 000	271 898	102

Source : *Budgets annuels de l'empire Chérifien*, Rabat, Imprimerie officielle (cité par Celce, 1952 : 81).

Telle qu'elle était présentée dans un document officiel, la valeur explicative du budget annexe proprement dite a été limitée aux services portuaires de comptabilité à partir de 1929. Une évaluation plus précise des finances du port exige la prise en considération des dépenses des premières années qui ne figurent pas dans un budget annexe mais dans les budgets de l'État, plus concrètement dans les lots 2 et 3 intitulés « Dépenses et Recettes » et, notamment, « Dépenses sur fonds d'emprunts ». Le budget annexe devait toujours être équilibré étant donné qu'il était attendu que les recettes normales soient suffisantes pour couvrir à tout moment les frais d'exploitation et d'entretien.

Le tableau permet de confirmer que le volume total du budget n'a cessé de coître grâce à la combinaison de trois facteurs clés : la croissance du trafic, la hausse des salaires et l'exécution tardive des réparations au cours des dernières années (voir Tableau 5.3).

La majeure partie des revenus était obtenue des taxes portuaires représentant près de 55 %, et notamment des redevances de la *Manutention Marocaine*, même si celles-ci ont quelque peu évoluées au fil du temps. Les droits d'embarquement et de débarquement de combustibles liquides ont également peu à peu pris de l'importance étant donné que Casablanca est progressivement devenu un fournisseur de carburants.

En ce qui concerne les dépenses, il s'agit principalement de paiements liés à la conservation des infrastructures de travail (maintenance des outils, maintenance des quais, opérations de dragage, etc.) représentant entre 70 % et 80 % du total mais qui s'avèrent indispensables pour la continuité des opérations portuaires de tous types.

À certains niveaux, la gestion du port de Casablanca est similaire à celle des ports français. L'infrastructure et la superstructure ont été intégrées dans les recettes de l'État qui a confié leur gestion à des tiers (tout comme à Marseille). À titre d'exemple, la gestion de l'outillage a été confiée à la Chambre de commerce et d'industrie.

TABLEAU 5. 3.
Structure budgétaire du port de Casablanca

Recettes	Dépenses
Taxes portuaires	Matériel de travail
Participation de l'État aux recettes de la M. M.	Personnel
Droits d'embarquement et de débarquement de combustibles liquides	Prime de gestion de la M. M.
Fonctionnement de l'outillage	Biens mobiliers et immobiliers
Divers	Divers

Source : Celce (1952 : 82).

4. GESTION DU PORT DE CASABLANCA

Réforme portuaire et gestion

En règle générale, la gestion des ports marocains a été marquée par le mariage des intérêts publics et privés, à savoir par la mise en place d'un modèle d'administration mixte ou *landlord* (Musso, Parola y Ferrari, 2012 : 116-127). En vertu de ce modèle, l'Administration (nationale ou coloniale) ayant déclaré le domaine maritimo-terrestre comme étant de propriété nationale et d'usage public devait assumer les fonctions suivantes : a) fournir et gérer les infrastructures de base (jetées, quais, opérations de dragage et accès terrestres) ; b) approuver les projets et les plans économiques publics et privés touchant le domaine maritime-terrestre ; c) réglementer la gestion administrative et sanitaire des navires et des marchandises se trouvant au sein du port. Pour leur part, les entreprises privées ou d'économie mixte opérant sur la base d'une concession administrative se devaient de doter la zone portuaire, les quais et les embarcadères des équipements et des installations nécessaires à la prestation de leurs services aux clients du port, à savoir aux navires, aux passagers et aux marchandises.

Dans sa volonté d'atteindre l'autosuffisance économique des ports, l'Administration a encouragé la diminution de leur dépendance financière. Elle veillait de plus à améliorer la qualité du service en appliquant des critères de rationalité et de flexibilité à l'exploitation et en entamant des procédures de décentralisation via le transfert de compétences en matière de gestion portuaire à des entreprises publiques ou privées. Le résultat a été la mise en place d'une organisation administrative regroupant l'Administration centrale, les corporations coloniales ou locales, le secteur entrepreneurial et, dans une moindre mesure, les travailleurs portuaires.

Jusqu'à la fin du XIXe siècle, la gestion des ports marocains était assumée par le capitaine du port (*Raïs el Marsa*), la responsabilité du budget revenait à un secrétaire (*Fquih*) et le recouvrement des droits de douane était attribué à un commissaire aux finances (*Amîn Al-Umana*). Cette organisation a été partiellement modifiée en 1904 suite à l'introduction de la cession des recettes douanières à un consortium bancaire connu sous le nom de Service du contrôle de la dette (les caractéristiques de cette figure sont détaillées ci-après) comme compensation du prêt concédé à l'empire chérifien. En 1908, le sultan Moulay Adb al Aziz a créé la Direction des ports du Maroc à Tanger qu'il plaça sous la direction de l'ingénieur Georges Porché Barnés. La gestion de la dette a dès lors pris une certaine importance pour l'économie marocaine et a conditionné, directement et indirectement, l'activité des plusieurs ports. En effet, la signature des accords d'Algésiras a permis à la *Dette* d'assumer le plein contrôle des tarifs douaniers au sein des ports marocains. Usant de ses pouvoirs et de ses attributions, la *Dette* a donc organisé les douanes, ainsi que les opérations d'embarquement et de débarquement au sein des ports et a créé un service de surveillance maritime réalisé par des gardes-côtes (Cherfaoui et Doghmi, 2005 : 4) [9].

À la suite de la signature des accords d'Algésiras mais aussi, et surtout, à l'établissement du protectorat en mars 1912, la transition vers le modèle d'administration métropolitain a été opérée. Ce modèle, sous réserve de quelques particularités en matière de gestion, s'est définitivement imposé à la fin de la Première Guerre mondiale, lorsque tous les ports ont été placés sous l'administration de la Direction générale des travaux publics (DGTP) par un dahir du 24 juillet 1920. Quatre circonscriptions portuaires ont dès lors été instaurées : nord (Rabat, Salé, Mehdia, Kénitra), sud (Mohammédia, Casablanca, Mazagan, Safi, Mogador, Agadir), Est (Saidïa) et la zone placée sous l'influence espagnole (Larache, Assilah, Martil, Villa San Jurjo (Al Hoceïma), Lagune de Nador). L'ingénieur de chaque circonscription faisait office d'autorité portuaire. Avec la création du Ministère des Travaux publics

9. Pour en savoir plus sur la « Dette », consulter le dossier « Dette marocaine. Dossier Général. Janvier 1917- Mars 1923 », Ministère des Affaires étrangères, Archives diplomatiques, Maroc 1917-1940. La Courneuve, Paris.

en 1957, ces circonscriptions ont été réduites de moitié : la circonscription sud (El Jadida, Safi, Essaouira, Agadir, Sidi Ifni) et la circonscription nord (Rabat, Kénitra, Larache, Tanger, M'diq, Jebha, Al Hoceïma, Lagune de Nador) (Cherfaoui et Doghmi, 2005 : 421-422 et 593).

La réforme institutionnelle introduite par la loi de 1920 a abouti à la création de plusieurs départements chargés de l'administration publique du port. En sa qualité de directeur du port, l'ingénieur en chef des ponts et chaussées était responsable de son administration et infrastructure, tandis que le contrôle des navires et des marchandises du port était assumé par des représentants de la marine marchande regroupés sous deux organismes : le Service central et la Division du commerce (douanes, commerce, santé nationale ou défense nationale).

Les formes juridiques et administratives appliquées aux grands ports sont des plus variées et les classements peuvent paraître arbitraires. Les solutions adoptées pour Casablanca combinent différentes procédures. À l'instar du modèle de la métropole, le port était une propriété directe de l'État qui se chargeait de la dotation des plateformes, des installations, des hangars et des grues. Il convient de rappeler que le Maroc s'est trouvé sous l'emprise d'un protectorat franco-espagnol dès 1912 et que sa situation politique et administrative était donc quelque peu particulière.

La France comme l'Espagne ont délégué la gestion des ports à des organismes autonomes ou à des entités de droit public telles que les Chambres de commerce ou les Associations d'entreprises agissant comme des *lobbies*. Comme dans d'autres cas (Strasbourg, Le Havre ou Bordeaux), l'Administration publique accordait des concessions à des entreprises privées sous quelques conditions. Par exemple, les *Juntas de Obras del Puerto* (JOP) espagnoles ont bénéficié d'une large autonomie de gestion de chacun de leurs ports (à l'exception de quelques cas sans importance), tandis que les Chambres de commerce étaient présentes aussi bien au niveau des ports espagnols que français. Pour leur part, les ports coloniaux de l'administration française se caractérisaient par une forte dépendance administrative vis-à vis de la métropole et des institutions métropolitaines.

Dans le cas du Maroc, il appartenait également à l'État de construire les infrastructures, de veiller à les doter des équipements nécessaires (quais, hangars, grues) et de garantir leur bon fonctionnement. Cette responsabilité était déléguée à l'Administration des travaux publics. L'administration du port était entre les mains de l'ingénieur en chef des ponts et chaussées qui assumait la responsabilité du maintien des installations portuaires en collaboration avec une équipe de techniciens. D'autres organismes étaient également compétents : la marine marchande, représentée par deux organismes, le Service central et la Division du commerce, dont les cadres étaient des fonctionnaires civils, des inspecteurs et des contrôleurs. Il convient également de citer les lamaneurs du port, regroupés sous une association autonome, les travailleurs des remorqueurs et des services de la santé et de la sécurité publique, ainsi que les responsables de l'administration des douanes.

La singulière gestion du port de Casablanca

Le port de Casablanca constitue un cas particulier. Il disposait en effet d'un budget[10] propre qui était soumis à l'approbation du sultan du Maroc par le Résident Général. Le poste principal revenait à la redevance versée à la *Manutention Marocaine* (55 % des revenus) et aux droits d'embarquement et de débarquement. Pour ce qui était des dépenses, le poste principal revenait aux paiements liés à la conservation des infrastructures de travail (maintenance des outils, maintenance des quais, opérations de dragage, etc.) représentant entre 70 % et 80 % des dépenses courantes, suivis des rémunérations du personnel, de la prime pour la gestion réalisée par l'entreprise précitée, des biens mobiliers et immobiliers et d'autres frais mineurs. La gestion du port de Casablanca reposait sur un modèle moderne adapté aux exigences des activités qui y étaient menées. Encouragées par le protectorat, ces activités affichaient déjà une certaine modernité se heurtant au reste du pays fortement ancré dans le passé. À l'inverse des métropolitains, sa condition de tout nouveau port permettait à son administration d'échapper aux contraintes traditionnelles et aux coutumes et ce, même si certaines règles locales étaient observées, notamment au niveau de la gestion de la main-d'œuvre.

À l'instar de ses homologues regroupés sous l'*Union française* (à partir de 1946), l'administration du port rassemblait les services publics et les organismes privés.

L'Administration des travaux publics était responsable de l'exploitation portuaire et de ses agents ou, également, des nombreux membres du personnel du port. La marine marchande, les douanes, le commerce, la défense nationale, la sécurité intérieure, la santé publique et les organismes concessionnaires étaient activement engagés dans le fonctionnement du port. Pour compléter le tout, il convient de mentionner les « courtiers maritimes », les transitaires et les consignataires. Au quotidien, l'Administration se limitait toutefois à réglementer les opérations réalisées dans la baie, les manœuvres d'amarrage, les zones de stockage sur les quais publics et la tarification.

10. Pourtant contraire à la norme du budget unique, la gestion comptable reposait sur le principe d'un budget annexe qui se justifiait ici par l'importance du service concerné.

Conformément aux principes de tout système hybride, l'État déléguait certaines activités aux initiatives privées. Les demandes de concessions étaient introduites par des groupes d'intérêt déterminés. Ainsi, l'État se libérait de la responsabilité d'affronter les coûts inhérents aux équipements de base et le capital privé devait assumer les risques liés aux investissements s'il souhaitait obtenir des bénéfices.

La marine marchande était également responsable des services de police de la navigation et de la pêche. Le personnel de ces services comprenait aussi bien des ressortissants français que marocains. Pour sa part, la Direction de l'intérieur était représentée au port de Casablanca par les services de la santé et de la sécurité publique responsables des contrôles sanitaires et épidémiologiques et de l'ordre public et du contrôle de l'immigration respectivement. Ce dernier point s'avérait particulièrement important pour le marché du travail. En effet, un dahir du 15 novembre 1930 permettant de refuser l'entrée à des ressortissants étrangers était appliqué au pied de la lettre au cours de ces années de crise.

Il convient également d'ajouter les services de l'administration des douanes du port de Casablanca qui avait adopté une configuration quelque peu singulière. En effet, à l'action des trente représentants officiels des douanes venaient s'ajouter les opérations de contrôle des marchandises exportées placées sous la responsabilité de l'Office chérifien d'exportation.

5. Administration et coordination des activités Taxes et tarifs

Un « Comité de coordination » a été spécifiquement créé pour coordonner l'activité portuaire. Celui-ci était présidé, en sa qualité de directeur du port, par l'inspecteur général des ponts et chaussées avec le concours des représentants du Ministère des Travaux publics, de la Chambre de commerce, de l'administration des douanes, de la police, de la compagnie *Manutention Marocaine*, de la compagnie des chemins de fer, des agents maritimes, des transitaires et du Bureau central des transports. Son rôle s'avérait crucial étant donné qu'il devait veiller à ce que les agents du service public et les concessionnaires s'accordent sur les modalités de travail. Aux réunions hebdomadaires réunissant tous ses membres, s'ajoutaient les réunions quotidiennes, dans l'après-midi, afin d'examiner l'ensemble des opérations en cours, de fixer l'heure de départ des navires, de configurer les équipes de travail, etc. (Celce, 1952 : 95).

FIGURE 5.2.
Structure du modèle de gestion du port de Casablanca.

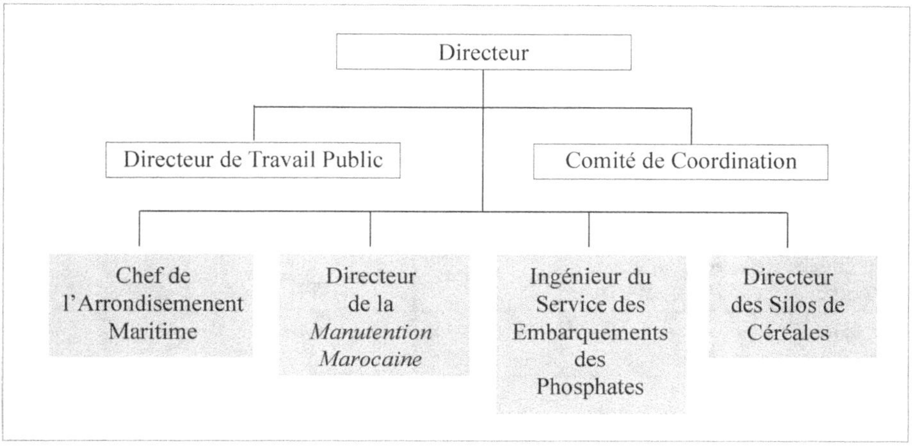

Source : Élaboration personnelle.

Il incombait à l'État de définir un système de taxes imposées soit sur le navire, soit sur les marchandises et dont la majeure partie était destinée au budget annexe. Bien que la grande variété des taxes appliquées et leur transformation au fil du temps exigent des informations plus détaillées, nous nous limiterons à un exposé sommaire des différents types appliqués à l'époque. Il s'agissait principalement de deux types de taxes : a) les taxes sur les navires (manœuvres d'accostage, de lamanage et de remorquage, services sanitaires). Ces taxes étaient directement destinées au budget annexe. Les taxes relatives à l'approvisionnement en eau, aux services d'amarrage, aux grues ou au ravitaillement en combustible étaient, quant à elles, perçues par la *Manutention Marocaine*. b) Les taxes sur les marchandises. Il s'agissait principalement des droits de douane ou des taxes versées aux entités concessionnaires (MM, OCP ou CCIC). En ce qui concerne les charges fiscales définies dans les accords d'Algésiras : 1) les importations étaient sujettes à une taxe *ad valorem* de 12,5 %, 10 % étant destinés à l'administration des douanes et 2,5 % à la Caisse spéciale des travaux publics ; 2) les taxes liées à l'exportation ont toutes été supprimées à l'exception des 5 % applicables aux minerais nationaux. Pour ce qui est des taxes perçues par la MM au titre de manutention des produits, celles-ci étaient plus nombreuses. À toutes les taxes précitées s'ajoutaient celles perçues par la CCIC pour l'utilisation des silos, à savoir les droits applicables au stockage de céréales et de marchandises et, enfin, la taxe spéciale versée à l'administration des travaux publics pour la manutention de produits liquides et de marchandises déplacées sur la voie ferrée du port.

TABLEAU 5.4.
Organismes intervenant dans l'administration du port de Casablanca

Organisme		Personnel
ADMINISTRATION PORTUAIRE		
Directeur du port (inspecteur général des ponts et chaussées)	Organisation et administration du port	1
		1
Exploitation	Chef d'exploitation du port	6
Capitainerie du port : 1 capitaine du port et 7 chefs de sections	Supervision de la navigation	18
Lamanage : amaneur en chef et 5 chefs de sections	Responsables de la direction des manœuvres portuaires	93
Contrôle	Responsable des relations entre les différents services administratifs du port	-
Police	Sécurité portuaire	-
Services sanitaires		
EXPLOITATION DU PORT		
Manutention marocaine	chargement, déchargement, manutention, stockage	1. 360
Chambre de commerce	Exploitation des silos céréaliers	-
Office chérifien des phosphates	Activités liées à l'exportation de phosphates	-
Société chérifienne de remorquage et d'assistance (SCRA)	Assistance et remorquage de navires	-

Source : Élaboration personnelle.

CHAPITRE VI

FONCTIONS DU PORT DE CASABLANCA

1. Fonctions portuaires de Casablanca

Sorte de baromètre de l'économie nationale, le port de Casablanca rend compte à lui seul de la situation économique du Maroc. Dans une certaine mesure, le port était à l'image d'une partie du Maroc de l'époque. Couvrant 75 % du commerce maritime marocain, le port de Casablanca remplissait les fonctions de tout autre grand port maritime du monde en garantissant les opérations de transit, commerciales et industrielles affichant des intensités variables. En effet, ce port constituait la porte de sortie non seulement des produits agricoles obtenus de la culture ancestrale des céréales (orge, blé, maïs), des produits de l'élevage, ainsi que des olives, du bois, des grains, etc., mais aussi des marchandises ouvrées ou mi-ouvrées telles que les tissus, le thé ou le sucre. Si au début du XXe siècle son activité était principalement axée sur une économie agricole et d'élevage quelque peu archaïque, elle a rapidement évolué vers le secteur tertiaire. Mais cette base plus traditionnelle constituait également le pilier de l'économie moderne, laquelle était encouragée par une minorité européenne qui se lança dans la construction d'usines modernes et d'industries de biens d'équipement, ainsi que de villas d'avant-garde desservies par des moyens de transport adéquats.

Nombre de marchandises transitant par Casablanca étaient centralisées et renvoyées vers l'*hinterland*. À l'inverse, ce port permettait également l'exportation outremer des produits de son arrière-pays. Mais le port de Casablanca jouait également un rôle au niveau national. Il constituait en effet un espace de rencontre pour les territoires limitrophes et son influence s'étendait jusqu'au Rif et au Moyen Atlas. Il s'agissait d'une plate-forme de connexion entre les moyens de transport maritimes et terrestres.

Dès sa création, le port de Casablanca a monopolisé l'activité industrielle du Maroc. Les principales industries du pays s'y sont en effet installées, tant à l'intérieur de l'enceinte portuaire proprement dite qu'aux alentours. Espace propice à l'activité industrielle, il permettait de simplifier le problème du transport et de réduire les coûts.

Le port de Casablanca exerçait de plus une fonction commerciale et d'entrepôt. De nombreuses marchandises y étaient stockées avant d'être acheminées vers leurs destinations finales. Cette activité a par ailleurs été encouragée par l'instauration d'un important système de communication.

Mais cette vision traditionnelle, basée sur la trilogie fonctionnelle, s'avère insuffisante et excessivement schématique. Un port ne peut se résumer à un ensemble de quais ou de jetées, de grues et de hangars. Il s'agit bien souvent d'une énorme entreprise vivante, indépendante, aux problèmes spécifiques et au sein de laquelle doivent pouvoir cohabiter l'administration, les entreprises concessionnaires, les services financiers et les ressources humaines ou, en d'autres termes, la communauté portuaire.

Dans les pays récemment constitués, ces infrastructures n'ont pas eu à s'adapter aux conditions ou aux servitudes caractéristiques des pays plus anciens. La construction d'un nouveau port ne dépendait en effet pas de l'existence ou non d'édifications antérieures. Pour ce genre de pays, un port constitue une réponse aux besoins des économies en développement, ainsi qu'aux possibilités d'exploitation des richesses découvertes ou latentes. La conception d'un port se veut dynamique et tournée vers l'avenir. L'étude des ports dans les pays récemment constitués permet d'analyser le facteur de développement général qu'ils représentent.

Comme il a été expliqué plus haut, Casablanca s'intègre dans un réseau de ports englobant l'Atlantique moyen nord-occidental et reliant également d'autres ports de la Méditerranée (Marseille ou Oran) via diverses routes maritimes et lignes de navigation. Considéré comme le premier port du Maroc, il avait de toute évidence remporté la bataille que s'étaient livrés les ports régionaux. À la question de savoir pourquoi il existe des ports « gagnants » et des ports « perdants », on peut répondre à partir de l'approche *régulationniste* évoquée notamment par G. Benko et A. Lipietz (1994). Les contributions de la théorie *circulationniste* d'E. Wallerstein (2006) et de F. Braudel (1994) s'avèrent également pertinentes pour expliquer la situation des pays périphériques ou semi-périphériques.

2. Importance de Casablanca dans l'économie marocaine

Fonction commerciale

La fonction commerciale est à tel point généralisée dans l'histoire des ports que la Convention de Genève du 9 décembre 1923 l'a considérée comme étant la plus fréquente. L'intégration des ports de commerce dans les échanges maritimes internationaux est considérée comme le critère clé à prendre en considération pour évaluer leur succès et leur dynamisme. Dans l'antiquité, l'absence de communications terrestres permettait aux villes maritimes d'entretenir les meilleures relations avec leurs voisins et, par conséquent, d'être prospères et convoitées. La situation géographique jouait un rôle crucial, voire unique, pour le développement d'un port.

La compétitivité d'un port dépendait de trois éléments essentiels : sa disponibilité, à savoir sa capacité de chargement et de déchargement, ainsi que la qualité de ses services d'amarrage, la quantité d'espace disponible, la qualité de ses outils et de la connexion ; sa capacité de captation de biens et de passagers, au niveau international ou de son *hinterland ;* son attractivité, à savoir la diversité des services proposés, la qualité et le faible coût du stockage et des transports nationaux (Marnot, 2011 : 103).

Parmi les marchandises chargées ou déchargées de tout grand port, certaines sont destinées à être renvoyées vers leur destination finale. Ces marchandises en transit sont dès lors stockées temporairement dans un hangar ou à même le quai. Lorsque celles-ci sont déposées dans un entrepôt et ne sont soumises à aucune manipulation mécanique, elles sont uniquement considérées d'un point de vue commercial. Elles peuvent toutefois faire l'objet de transactions aux montants considérables, directement ou à l'avenir. Dans ce cas, le port agit comme une importante place commerciale pouvant se spécialiser dans un nombre limité de produits. L'importance des biens entreposés dans un port dépend souvent de la richesse qu'ils sont à même de générer pour le pays et de leur disponibilité. À ceux-ci doivent s'ajouter les produits destinés à la consommation ou au ravitaillement des navires de passage dans le port.

La transformation des moyens de transport, le développement des voies terrestres et, surtout, l'arrivée de la vapeur qui permit la naissance des navires de grand tonnage ont progressivement poussé à la construction de grandes infrastructures portuaires. Les navires supposent un investissement de capital de plus en plus conséquent devant pouvoir circuler pour être rentable. À la lumière de ces transformations technologiques, un port d'escale devrait être doté d'une baie en eau profonde, d'un nombre suffisant de quais et d'équipements de pointe permettant la réalisation des opérations d'embarquement et de débarquement le plus rapidement possible. De plus, les armateurs doivent s'assurer de disposer à tout moment de marchandises internationales et suffisamment variées pour équilibrer leurs chargements. Un port ne peut donc pas être isolé du reste du pays. Il doit au contraire constituer un point de connexion avec son *hinterland* et offrir aux compagnies maritimes la possibilité de se ravitailler en charbon ou en pétrole, en eau et en nourriture.

Échanges commerciaux

Casablanca se présente comme un atout tant pour la pénétration vers le plateau de l'Atlas que pour l'exportation de la production minière. Et pour cause, les marchandises venant de l'extérieur ou de l'intérieur disposaient à présent d'un point de convergence accessible leur permettant d'être redistribuées dans toutes les directions et de servir les intérêts de l'ensemble de l'économie marocaine. Le port de Casablanca constitue certes une pièce maîtresse, mais il convient de ne pas négliger le reste des ports régionaux pour autant.

La fonction commerciale du port constitue une sorte de baromètre de l'activité. Étant donné que les échanges extérieurs de la zone française du Maroc passaient principalement par la voie maritime, l'étude du trafic portuaire permet d'analyser les caractéristiques et la nature de l'économie de l'*hinterland*, voire les grandes tendances de la structure économique du pays puisqu'il représente 75 % du commerce et que l'océan constitue la porte de sortie principale de la production nationale. Au cours de l'étape précédant l'intervention française, les transactions s'alimentaient de l'économie traditionnelle. Les peaux, la laine brute, les fruits secs, les fèves et les œufs figuraient parmi les principaux produits exportés, tandis que le sucre, le thé, le coton, les semoules et les farines constituaient le gros des importations. Les produits manufacturés d'importation étaient rares et se limitaient quasi exclusivement aux armes à feu. Il s'agissait dès lors d'une économie archaïque dépourvue de toute intention d'industrialisation.

Dès 1911 (voir annexes), le port de Casablanca apparaît comme le premier port du Maroc. Avec ses 670 navires et ses 502 562 tonnes de jauge déplacées, il représentait déjà 42 % du mouvement général de la navigation des ports de la zone française. En 1930, 2 234 navires sont passés par le port pour un total de 3 506 000 tonnes de marchandises, à savoir l'équivalent de 73 % de l'activité générale. À partir de ce moment, le port de Casablanca connaît un développement rapide uniquement marqué par quelques crises telles que celle de la Première Guerre mondiale. Il parvient cependant à redresser la barre à la fin de la période des conflits pour se situer à 2 596 156 tonnes en 1928, concentrant ainsi 70 % de l'activité générale des ports de la zone française et, par conséquent, une bonne partie du mouvement commercial.

En 1931, le mouvement commercial des ports du Maroc occidental s'élevait à 2 613 mille tonnes (92,5 % du trafic), tandis que le transport terrestre passant par Oujda, dans le nord, accusait une certaine perte de vitesse. Les ports, et en particulier celui de Casablanca, constituaient la plateforme principale de l'économie nationale. La signature des accords d'Algésiras instaurant l'ouverture douanière leur permettait de plus de s'ouvrir au trafic international et ce, même si les marchandises étaient frappées, outre des 10 % *ad valorem* de rigueur, d'une taxe supplémentaire de 2,5 % destinée aux investissements dans les infrastructures dont les ports faisaient partie (Eyquem, 1933 : 30 et 73-74).

La comparaison du tonnage d'entrée et de sortie indique une faible tendance à l'exportation au début du XXe siècle mais qui prend de l'importance à partir de 1919 pour se situer au- dessus du niveau des importations dès 1923. Cette évolution est due aux 191 000 tonnes de phosphates qui sortaient de ce port et qui constituaient la principale matière première de la grande croissance future. Les importations suivront, quant à elles, une évolution lente mais soutenue jusqu'en 1928, année où elles atteindront un record historique de 635 595 tonnes, avant de diminuer progressivement au cours des années suivantes suite aux crises économiques, mais aussi à la décentralisation progressive du trafic maritime en faveur des ports du nord. En 1930, le port de Casablanca détenait 58,90 % des marchandises, pourcentage légèrement inférieur un an plus tard (56,9 %).

La crise des années trente du XXe siècle a notamment touché les principaux exportateurs de produits embarqués au port de Casablanca, phosphates et produits agricoles telles que les céréales, et les barrières douanières imposées par les pays importateurs ont également pesé sur les marchandises générales qui affichaient leur niveau le plus bas. Mais le trafic a rapidement repris le dessus à partir de 1935 grâce non seulement à la demande de phosphates de la métropole, mais aussi à l'amélioration de la gestion due à la création de l'Office de contrôle des exportations en 1932 (Celce, 1952 : 118). Les phosphates ont atteint le record historique de 1 154 000 tonnes en 1937, tandis que le reste des marchandises affichait également une tendance à la hausse.

Il était évident que la Deuxième Guerre mondiale allait supposer une diminution notable de l'activité. La rupture des échanges avec les pays récepteurs s'est en effet soldée par une diminution des importations et des exportations de 37 % et de 26 % respectivement. La récupération se produira à la fin de la guerre grâce à la hausse de la demande des pays anglo-saxons qui marquera une longue période d'évolution positive présentant quelques petites fluctuations à la baisse. Il convient de rappeler que Casablanca et Port-Lyautey a été le point de départ de l'opération Torch menée en Afrique du Nord à partir de novembre 1942. Il est devenu le port d'arrivée des marchandises et du matériel de guerre américain de la région destinés à soutenir l'avancée des troupes alliées vers l'Algérie et la Tunisie (1943) et ayant permis le débarquement au sud de l'Italie.

Le port de Casablanca recevait principalement des matières premières et mi-ouvrées, ainsi que des produits de consommation non périssables destinés à l'alimentation humaine. Il reflétait donc la structure économique du pays, basée sur l'agriculture et faiblement industrialisée. La suprématie présumée des produits du sous-sol reste toutefois une donnée purement statistique. À titre d'exemple, leur valeur en 1959 était de 6 136 millions de francs contre 10 175 millions de francs pour les produits agricoles (céréales, légumineuses, primeurs, etc.). Bien que la tendance générale fût à la baisse, ces derniers produits restaient majoritaires pour ce pays essentiellement agricole.

Si nous prenons comme référence l'année 1929, les importations venaient principalement de la France et de ses territoires en Algérie (50 %) et, en moindre mesure, de l'Angleterre (9,70 %), des États-Unis (8,14 %) et de l'Italie (5,40 %), ainsi que de divers pays tels que l'Allemagne, l'Espagne (1,33 %), etc. Casablanca constituait également un port de redistribution ou de cabotage, principalement pour les ports méridionaux de Mogador et d'Agadir, réexpédiant annuellement près de 4 à 5 mille tonnes.

Bien que les arrivées affichent la même tendance, la valeur des rubriques semble plus équilibrée au niveau du poids des produits. Les matières énergétiques représentaient une moyenne de 38 % du tonnage global des arrivées, à savoir 599 500 tonnes des 1 594 000 tonnes totales des entrées pour l'année 1949. Avec un volume total de 438 500 tonnes (27 %) en 1949, les matières premières et mi-ouvrées sont également dignes de mention. Le ciment (163 200 tonnes), les produits ferreux et similaires (123 100 tonnes) et le bois (109 100 tonnes) sont certes particulièrement importants, mais il convient de ne pas oublier les matières premières destinées à la production alimentaire (20 %), notamment le sucre (137 200 tonnes), ingrédient de base pour les grandes raffineries de Casablanca dont les produits figurent au rang des sorties du port.

Paradoxalement, l'importation du blé reste à tel point importante que le Maroc devient un pays importateur de blé (114 500 tonnes en 1949) alors qu'il avait toujours figuré parmi les exportateurs. Ceci est dû à la croissance rapide de sa population et à l'amélioration de son niveau de vie. Les oléagineux et le thé « boisson préférée des indigène » doivent également être pris en considération.

De toute évidence, les chiffres affichés par le port constituent une image fidèle du commerce extérieur dans son ensemble. Plus concrètement, le port reflète la double tendance de la structure économique du Maroc. D'une part, une masse de près de huit millions de Marocains, fermement attachés à leurs traditions ancestrales, développant une activité orientée exclusivement vers la satisfaction de leurs besoins fondamentaux, à savoir la culture céréalière (orge, maïs, blé), l'élevage ou la cueillette d'olives dont les produits sont vendus dans le *souk* et utilisés comme monnaie d'échange pour l'achat de certains produits d'importation tels que des vêtements, des tissus, du thé et du sucre. D'autre part, l'économie européanisée occupant près de 350 000 personnes, principalement des ressortissants étrangers pour la plupart d'origine française, qui appliquent les méthodes de travail et de gestion des pays occidentaux.

Connexion internationale : routes et compagnies

Les connexions du port de Casablanca se centraient essentiellement sur l'Europe. Les liens avec le port de Marseille étaient dûs à des relations multiséculaires datant du Moyen Âge. Cette ligne directe présentait certains avantages incontestables. En effet, la région du Bas-Rhône était une grande consommatrice des produits marocains, notamment des primeurs. Mais le port de Marseille était également un centre de distribution tous azimuts, tant en France qu'en Europe, et un accord entre la CCIC et son homonyme français envisageait même la possibilité de négocier un tarif préférentiel avec la Société nationale des chemins de fer français (SNCF) afin d'étendre la connexion par voie ferroviaire jusqu'à Strasbourg. De plus, Marseille était le point de départ des marchandises envoyées à Casablanca. Les premières entreprises françaises installées au Maroc étaient soit marseillaises, soit lyonnaises et c'est toujours du port de Marseille que partaient les aliments destinés au Maroc et, plus tard, le pétrole et les hydrocarbures.

La *Compagnie générale transatlantique* et la *Compagnie de navigation des Chargeurs Réunis* possédaient des lignes de navigation reliant quelques ports français tels que Rouen, Bordeaux ou Marseille à Casablanca. Dunkerque se présentait pour sa part comme le point de contact de la région du nord de l'Europe et son *hinterland* pour l'exportation de fruits, de produits agricoles frais et de minerais, ainsi que pour l'importation de tissus, de fer, d'acier et de machines. La connexion avec les ports de l'Union africaine était également particulièrement importante, tout comme celle avec les ports européens tels que Londres ou Southampton, Anvers ou Hambourg.

CARTE 6.1.
Connectivité du port de Casablanca

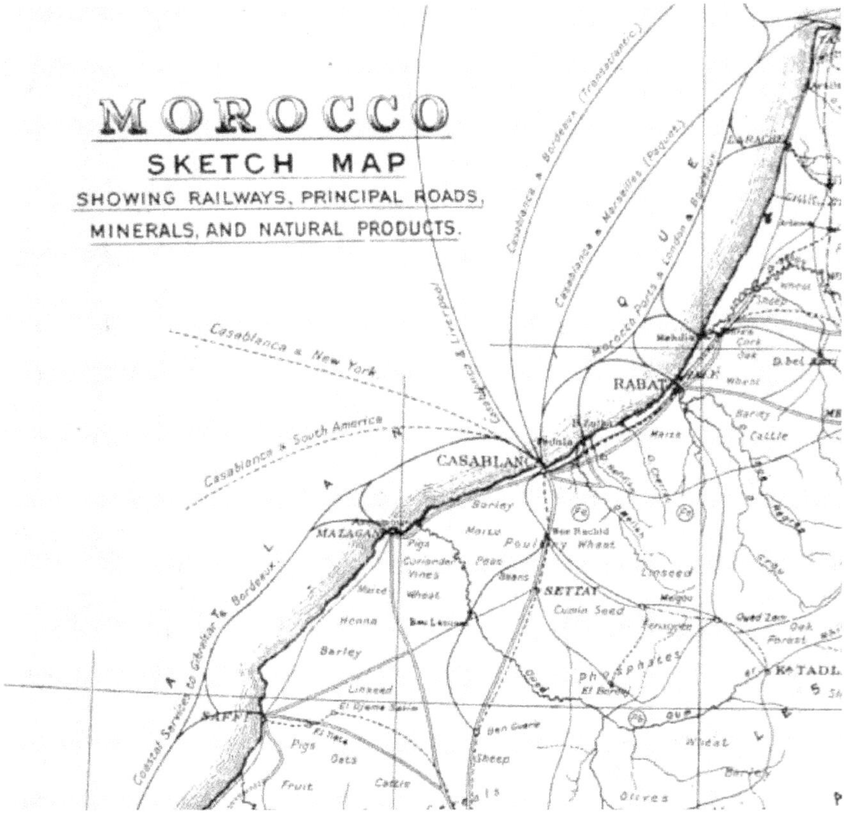

Source : “Report of the Trade, Industry and Finance of Morocco”, *House of Commons Parliamentary Papers Online* (2006).

Pour ce qui est du continent africain, les relations les plus importantes ont été établies avec les territoires de l’*Union française*. Dakar est naturellement apparu comme un port d’escale étant donné qu’il constituait déjà un port de départ pour les colonies françaises subsahariennes. Ce port importait des cacahuètes, envoyait des produits de la pêche et exportait des fruits, des conserves et des tissus. C’était également un port d’escale des lignes de navigation coloniales le reliant aux principaux ports français de la métropole (Marseille, Bordeaux, etc.), à d’autres ports européens tels que Londres et Southampton, Anvers et Hambourg, ainsi qu’à ceux des îles atlantiques tels que Las Palmas, Madère ou Mindelo (Cap-Vert).

La situation de Casablanca en tant que port d'escale n'est certes pas mauvaise, mais elle reste toutefois loin d'être favorable. Son port présente néanmoins un certain avantage pour les navires couvrant les routes proches des côtes africaines et notamment du Maroc. Un port commercialement bien développé doit une bonne partie de son trafic à la qualité de ses services en tant que port d'escale et de ravitaillement. La navigation d'escale est une activité lucrative pour un port, en particulier pour un port charbonnier. Mais le secteur de l'approvisionnement en combustible était en proie à une concurrence acharnée avec d'autres ports tels que celui de Las Palmas. Enfin, pour que la fonction commerciale soit rentable et profite d'un développement optimal, tout port doit être sujet à un système douanier favorable permettant d'éviter un alourdissement des formalités.

Dès le début du XXe siècle, Casablanca constituait le port d'escale d'importantes compagnies maritimes. Les compagnies françaises régulières étaient au nombre de six, tout comme les irrégulières. Parmi les compagnies étrangères du premier groupe, trois étaient anglaises, tandis que l'Espagne, l'Italie et l'Allemagne disposaient chacun d'une seule compagnie. En ce qui concerne le second groupe, deux étaient américaines, deux étaient italiennes, une était yougoslave et une était suédoise. Les compagnies telles que la Compagnie maritime belge du Congo (CMB), la *Compagnie Paquet* pour la ligne Marseille-Dakar, la compagnie espagnole Trasmediterránea pour la ligne Barcelone-Casablanca-Canaries ou la compagnie italienne General ont progressivement hissé Casablanca au rang de port d'escale pour les navires couvrant les routes entre l'Europe, l'Afrique et l'Amérique du Sud. Les différentes compagnies qui fréquentaient ce port intégraient un réseau reliant plusieurs ports de cette région de l'Atlantique (Eyquem, 1933 : 68-71).

TABLEAU 6.1.
Compagnies maritimes françaises et marocaines proposant une escale au port de Casablanca

Nationalité	Compagnie	Activité	Route
Compagnies chérifiennes	Union d'entreprises marocaines	Cabotage	Algérienne/française
	Cie Orano-Marocaine	Cabotage	Algérienne/française
	Cie Franco-chérifienne d'armement	Cabotage	Algérienne/française
	Cie Franco-chérifienne de navigation	Longs cours	
	Les Cargos fruitiers chérifiens	Primeurs	Algérie et France
	Cie Marocaine des Transports Maritimes	Carburants	Côte marocaine
	Société d'Armement Nord-Marocaine	Cabotage	
	Société Posmar	Cabotage	Algérie et France
Française	Cie Générale Transatlantique	Passagers et commerce	Casablanca-Bordeaux
	Cie de Navigation Paquet	Passagers et commerce	Casablanca-Marseille
	Société anonyme de gérance et d'armement		
	Cie de Navigation Fraissinet et Cyprien Fabre		Française
	Chargeurs Réunis		Française

Source : Élaboration personnelle inspirée de la *Notice sur le port de Casablanca* (1953).

Le port et son hinterland - Fonction régionale

L'arrière-pays du port de Casablanca renferme une grande variété de produits miniers de grande valeur, tandis que la province de la Chaouïa, son *hinterland* naturel, constitue une riche région agricole, souvent considérée comme le grenier du pays. Ces deux aspects économiques ont été déterminants dans la croissance rapide du trafic de ce port.

À partir de la première moitié du XXe siècle, la raison d'être des ports a été de tisser des liens avec leur zone d'influence ou leur *hinterland*. Dans le cadre d'une analyse régionale, l'approche structurelle systémique nous poussant à étudier les espaces de flux développés par les ports (*hinterland* et *foreland*) semble particulièrement intéressante compte tenu, notamment, des réseaux économiques, financiers et de chargement qui vont et viennent dans le port pour assurer le transport de marchandises (Castell, 1996). Cette conceptualisation du territoire se superpose aux espaces territoires-zones ou régions continues conventionnelles (Martner Peyrelongue, 1999). Il importe, de plus, de considérer les ports non seulement comme une unité « microéconomique » ou un centre d'affaires, mais aussi comme un élément inhérent à une région donnée et présentant des potentiels, des ressources, des entreprises et des agents économiques et sociaux en quête des excédents. Les conditions locales ou géographiques sont la base du port de Casablanca. La richesse de son *hinterland*, les réserves agricoles et les troupeaux d'élevage de la province de la Chaouïa sont autant de facteurs ayant permis au port de développer progressivement son volume d'activité. L'apparition des premières entreprises commerciales et l'ouverture des premières lignes maritimes régulières reliant Casablanca ont coïncidé avec le début des tentatives de mise en valeur des terres avoisinantes. La première fonction du port à partir de la deuxième moitié du XIXe siècle était donc d'ordre régional.

Le Maroc étant un pays peu peuplé, les distances à parcourir sont longues. Comme nous l'avons déjà indiqué plus haut, la mise en place d'un bon réseau de communications est cruciale pour le développement économique. Le coût du transport représente une partie importante du prix final des produits, notamment lorsqu'il s'agit de marchandises lourdes et de faible valeur économique telles que les phosphates et les céréales. Pour les marchandises volumineuses, l'entrée et la sortie d'un port impliquent un coût de transport croissant en fonction de la distance que les marchandises de faible valeur ne peuvent supporter que pour de très courtes distances (De Rousiers, 1909 : 29). L'*hinterland* naturel de Casablanca s'étend de la riche région de la Chaouïa (d'une superficie de 12 240 km^2), en passant par le Oued Zem et la plaine intérieure de Tadla, jusqu'à la partie du Moyen Atlas comprise entre Aït Ishaq et l'embouchure côtière de l'Oued El Abid. Les 110 ou 120 km de son front de mer incluent logiquement le port de Fédala, satellite du précédent et spécialisé dans l'approvisionnement en carburants liquides et dans l'industrie de la pêche. Mais cet *hinterland* n'est pas seulement un grand producteur de céréales et de produits de l'élevage, puisqu'il héberge également les immenses richesses des mines de phosphate de Khourigba qui sont exploitées et gérées par l'OCP. Cette entreprise, dont la production constitue un élément essentiel des produits d'exportation, disposait d'un quai d'embarquement spécifique au sein du port de Casablanca dont elle était adjudicataire par concession.

La stratégie d'équipement de l'occupation était axée sur le port de Casablanca qui devint dès lors le moteur économique du pays, ainsi que le point de convergence du transport ralliant les principales régions agricoles, les centres miniers et les autres villes. Alors que le Maroc ne disposait de quasiment aucune ligne de communication avant le protectorat, quelque 9 000 kilomètres de routes goudronnées ou pavées et bien signalisées avaient été construites à la fin de cette période (1956). On peut dès lors affirmer que le Maroc traditionnel ne s'était pas vraiment inquiété du développement de ses communications, même s'il convient toutefois de considérer avec une certaine prudence les évaluations de l'historiographie française ayant tendance à magnifier l'œuvre de la métropole. Cependant, que ce soit pour des raisons d'ordre social ou religieux, la vérité est qu'avant l'époque coloniale il n'existait quasiment aucune voie de communication digne de ce nom. L'essor des ports a donc contribué également à la construction des routes et des chemins de fer en parallèle.

Casablanca, ne jouissant pas des privilèges d'un port fluvial pour relier son *hinterland* et l'établissement d'un réseau routier couvrant la Chouïa, son arrière-pays, a donc été encouragé dès l'instauration du protectorat afin de permettre la sortie des produits qui s'accumulaient sur les quais du port. La construction du port a transformé cette enclave en un immense réseau dont les ramifications s'étendaient jusqu'à la frontière algérienne et le Haut Atlas. La conception d'un grand port national impliquait la convergence des principales voies routières et ferroviaires.

Parallèlement aux anciennes routes empruntées autrefois par les lentes caravanes, de nouvelles chaussées ont été construites par les militaires afin de permettre la circulation du dense trafic routier. Cinq voies s'élançaient de Casablanca, dont deux particulièrement essentielles : 1) La route Casablanca-Rabat-Meknès, la mieux préparée, construite à partir du port pour faciliter la pénétration vers l'intérieur ; 2) La route reliant Casablanca et Marrakech, également construite à partir du port afin, cette fois, d'encourager la communication vers le sud. Les autres routes sont celles reliant Mazagan, avant de poursuivre jusqu'à Agadir ; la localité de Béni Mellal, vers le Moyen Atlas ; et le Camp-Boulhaut (aujourd'hui Benslimane) ralliant ensuite Meknès.

Le premier service automobile entre Casablanca et Rabat a été réalisé en 1912, suivi de celui entre Casablanca et Marrakech, un an plus tard. La densité du réseau routier du Maroc a été considérée comme l'une des caractéristiques permettant au Maroc de se démarquer du reste des nouveaux pays (Eyquem, 1933 : 83). Les différentes régions du pays étaient dès lors bien interconnectées et permettaient de garantir le déplacement rapide et continu des personnes, des biens et des marchandises. La grande voie routière reliant Oujda, au nord du protectorat, et Agadir en passant par Casablanca se ramifiait en une multitude de routes permettant de connecter les villes des montagnes de l'Atlas et les plateaux intérieurs aux localités côtières. De grand intérêt commercial et stratégique, ce réseau était complété par quelque 4 250 kilomètres de voies tertiaires unissant les fermes et les villages de l'intérieur.

La construction du réseau ferroviaire a commencé plus tard au Maroc, au cours des années vingt plus exactement. Quelques petites portions avaient toutefois été posées pour des raisons militaires à partir de 1910, notamment au sein de la Chaouïa, afin de connecter Casablanca à Rabat et Settat dès 1913. Toutes les voies de chemin de fer se trouvaient ou bifurquaient à Casablanca puisque, conformément aux instructions des autorités coloniales, l'objectif était d'asseoir encore plus son rôle de port national. Le renforcement de la politique de concentration s'est avéré crucial pour le développement du trafic de ce port qui attirait les marchandises produites dans son arrière-pays ainsi que celles des ports voisins qui pouvaient également être les destinataires. Mais le prix des marchandises pouvait s'en ressentir, le transport routier étant plus cher que l'alternative maritime. La ligne de chemin de fer principale, électrifiée, reliait Marrakech et Fès avant de se connecter à la ligne algérienne à Oujda. D'autres lignes classiques ont été posées jusqu'aux régions minières. Parmi celles-ci figurent la ligne reliant Casablanca aux mines de phosphates de Khourigba, ainsi que celle entre Safi et les mines de Louis Gentil (aujourd'hui Youssoufia).

Toutes les voies ferrées et routières menaient aux ports. À titre d'exemple, la station maritime de Roches-Noires qui est venue se greffer au port de Casablanca était en réalité une plateforme de distribution et de connexion avec le port permettant la manutention de 80 % du tonnage entrant ou sortant du port, ainsi que la gestion des voyageurs. Faute de coordination, une telle juxtaposition des moyens de transport aurait pu entraîner certains dysfonctionnements et il a donc été décidé de créer un organisme étatique, le Bureau central des transports, afin de fixer les règles de la distribution des marchandises entre les différents moyens de transport existants (Celce, 1952 : 67).

Dirigée par la Compagnie générale du Maroc (CGM), holding de la Banque de Paris et des Pays-Bas (Paribas) et de la Compagnie générale espagnole d'Afrique, la première ligne ferroviaire commerciale du Maroc reliait Tanger et Fès. La Compagnie des chemins de fer du Maroc (CFM) a été fondée en 1922 par la Compagnie générale, chef de file de Paribas, et avec la participation de la Compagnie marocaine, du groupe Schneider et des deux puissantes compagnies ferroviaires françaises, la Compagnie des Chemins de fer de Paris à Lyon et à la Méditerranée et la Compagnie de Paris-Orléans. Ces deux dernières devaient se charger des études techniques et faciliter l'acquisition du matériel nécessaire à la CFM. La présidence du conseil d'administration de cette compagnie revenait à la présidence de la CGM.

Afin de servir les intérêts de la région minière des phosphates, la voie normale Casablanca-Khourigba, longue de 140 kms, a été ouverte en 1923 et électifiée en 1926. Entamés en octobre de cette même année, les travaux de construction de la ligne reliant Rabat et Fès via Kénitra, Sidi Kacem et Meknès ont été conclus en 1925. La part des transports de phosphates a toujours été importante : 77 % en 1930, 67 % en 1935, 15 % 1942, 46 % en 1950 et 51 % en 1956. (Voir la thèse d'Ismaïl Es-saberou (2013), *Développement du réseau ferroviaire marocain et aménagement du territoire à l'époque coloniale 1912-1956. Ceux du doctorat soutenu à Caen* en 2013).

Fonction industrielle du port de Casablanca

Question prioritaire des études économiques et géographiques, la localisation des zones industrielles portuaires exige l'application des théories générales de la localisation. Les ports sont souvent accompagnés d'un tissu industriel. Bien que la conception classique les considère toujours comme des centres atypiques, ils remplissent toutefois les conditions nécessaires à toute installation. Parmi les facteurs de localisation dans des environnements portuaires figurent notamment : 1) la disponibilité de la main-d'œuvre et du capital se trouvant généralement dans la ville portuaire ; 2) l'accès aux matières premières et aux combustibles exigeant l'internationalisation des échanges commerciaux par voie maritime avec de grandes régions productrices ; 3) les avantages des procédures d'échange, lesquelles sont facilitées par la coût réduit du transport maritime par rapport aux autres.

Les marchandises arrivant au port peuvent être transformées dans les usines situées à proximité pour autant que certaines conditions soient remplies. Cette caractéristique permet au port de devenir le lieu idéal pour la transformation de matières premières lourdes et volumineuses ou dont la manutention et l'acheminement impliquent un danger quelconque empêchant leur envoi, à l'état brut, vers l'intérieur du pays. Dans les pays manquant de moyens, les compagnies maritimes les transportaient et les stockaient directement dans les ports de destination ou aux alentours. À titre d'exemple, les phosphates marocains étaient embarqués à Casablanca ou à Safi pour être acheminés vers différents ports européens dotés d'industries dûment adaptées pour leur transformation et inexistantes au Maroc. Autres cas similaires, les cacahuètes de l'Afrique de l'Ouest alimentaient les industries de l'huile et du savon de Marseille ou de Nantes. Certains ports possédaient toutefois des industries capables de réaliser une première transformation des produits envoyés de l'arrière-pays et destinés à l'exportation, voire de produire des produits finis avant leur envoi vers leur destination finale.

L'implantation des industries de transformation n'est pas une décision facile, tant s'en faut. Les coûts du transport des matières premières jusqu'à l'industrie de transformation et des produits résultants jusqu'au consommateur final doivent être le plus bas possible. À première vue, d'aucuns pourraient croire que le lieu de production de la matière première est le lieu idéal pour sa transformation étant donné l'énorme différence de valeur entre la matière première à l'état brut et les produits manufacturés en résultant. Ce n'est toutefois généralement pas le cas pour la fabrication d'un produit. En effet, plusieurs matières premières ainsi que du combustible sont souvent nécessaires à toute transformation. Or, ces éléments sont difficilement réunis à proximité d'un même centre de production. À titre d'exemple, la fabrication de phosphates exige le minerai des phosphates, des pyrites de fer et des matières grasses. Étant donné qu'il est souvent nécessaire d'acheminer certaines matières premières jusqu'aux usines de transformation, celles-ci préfèrent s'installer le long de voies de communication. Le port réunissant ces conditions prendra dès lors le dessus et le choix d'un quelconque autre port répondra plutôt aux avantages que peut offrir le front maritime pour le traitement de matières premières volumineuses, telle que la houille, et leur transport dans des conditions plus favorables.

La fonction industrielle d'un port exige la présence d'un réseau de transport maritime et terrestre dûment développé afin de garantir la réception des matières premières nécessaires et la réexpédition des objets transformés vers les centres de consommation. Les activités industrielles seront dès lors supérieures à la capacité d'absorption de l'arrière-pays. La régularité des services maritimes et terrestres est absolument indispensable à la bonne marche des usines installées dans le port ou aux alentours qui doivent en effet recevoir leurs approvisionnements à des dates arrêtées. La vitesse du transport est donc moins importante que sa régularité. Un certain équilibre des chargements doit également être observé étant donné que les industries sont difficilement en mesure de produire des articles en quantité suffisante pour utiliser au maximum la capacité de charge d'un navire. Même si l'équilibre des fonctions commerciales et régionales est garanti, c'est loin d'être le cas pour le secteur industriel dépendant, en outre, des deux autres.

La franchise d'un port peut constituer une condition indispensable à sa prospérité étant donné que les coûts élevés de douane peuvent supposer un frein au développement des industries portuaires. Mais tout développement exige également la disponibilité d'un grand capital et la garantie, pour les investisseurs, d'un retour positif sur l'investissement. L'avenir de tout port industriel est intimement lié à l'esprit d'entreprise de ses habitants. Barcelone et Nantes en sont l'exemple, et cet aspect est peut-être même plus important que la présence de matières premières en abondance dans la région de l'arrière-pays.

La fonction industrielle étant très importante pour le port de Casablanca, celle-ci a connu une croissance rapide. Ce développement industriel s'explique par une énorme disponibilité de capitaux qui trouvaient à Casablanca une solution idéale au poids excessif de la fiscalité de la métropole. Destinés principalement à la construction, ils ont parfois encouragé une spéculation aux conséquences indésirables. D'un autre côté, l'arrivée massive de migrants de l'intérieur offrait une main-d'œuvre bon marché.

TABLEAU 6.2.
Entreprises coloniales et locales implantées à Casablanca (1951)

Secteur	Casablanca	Paris
Agriculture	64	
Céréales, grains, alimentation animale, moulins	40	
Commerce	216	38
Conserves alimentaires, poissons et dérivés	71	
Corps gras (industriel)	34	
Cuirs et peaux	33	
Électricité, réfrigération	58	
Finances, investissements, gestion	127	
Huiles minérales	17	
Bois, caisses, emballages	41	
Mines	86	
Alimentation, fruits et primeurs (commerce et industrie)	58	
Produits chimiques	48	
Métallurgie, matériel mécanique, métaux,	142	
Sociétés immobilières	46	4
Textiles, vêtements et confection	103	
Transport, transit	106	
Travaux publics	232	
Divers	16	58

Source : *Annuaire des Entreprises Coloniales*, 1951. Maroc.

Basé sur l'application de droits fixes *ad valorem*, le système douanier marocain visait à encourager l'industrie locale. Sachant que les marchandises importées payaient aussi bien la valeur de la matière première que le coût de la transformation, les entreprises estimaient qu'il était plus rentable d'importer la matière première et de les transformer intégralement au sein du territoire national. Mais cette concentration industrielle excessive pouvait finir par miner l'économie du pays étant donné que le transport vers d'autres localités impliquait un surcoût qui pouvait être évité si une certaine décentralisation était appliquée à d'autres localités portuaires. De nombreuses entreprises avaient établi leur siège à Casablanca qui exerçait dès lors la fonction de centre économique national et ce, même si la source consultée ne précise pas si leurs activités se développaient dans la ville.

CHAPITRE VII

EXPLOITATION DU PORT - COMMUNAUTÉ PORTUAIRE

1. Structure de la communauté portuaire du port de Casablanca

À l'instar de nombreux autres ports du monde, la communauté portuaire se composait de l'administration portuaire, des entreprises et des travailleurs[11]. Parmi ses membres figuraient l'Administration des travaux publics (ATP), ainsi que plusieurs administrations chargées du contrôle des marchandises et du passage, à savoir agents des douanes, services sanitaires et services de sécurité et d'immigration. Les responsables des services publics étaient des fonctionnaires et, à l'exception des employés et des responsables, les cadres étaient sujets à un statut particulier. Il est à noter que le personnel administratif comptait très peu d'autochtones dans ses rangs.

Étant donné qu'à l'époque du protectorat, l'activité portuaire au Maroc se développait sous la houlette de l'État, on peut parler d'un « marché politisé » exerçant une action régulatrice prenant de plus en plus d'importance dans l'activité économique et générant des opportunités de bénéfices. L'administration du protectorat tenta de définir un cadre juridique et administratif moderne, conforme à celui en vigueur au sein de la métropole, sans pour autant se soucier des libertés qui étaient fortement réprimées, notamment au cours de la première étape de l'occupation. En théorie, un cadre institutionnel garantissant des droits de propriété bien définis est propice au développement économique, tandis que l'absence ou le manque de définition de ces droits implique des conséquences dévastatrices sur l'activité économique.

Les ports du protectorat étaient soumis à une réglementation stricte quant aux conditions de base régissant la manière dont les agents économiques devaient prêter leurs services au sein de la zone portuaire. Bien que l'infrastructure portuaire (quais, postes d'amarrage, etc.) appartînt à l'État, elle était souvent combinée à la propriété privée de la superstructure (bureaux, entrepôts, grues, etc.). L'exploitation du port de Casablanca incombait à l'ATP qui devait garantir son fonctionnement. Bénéficiant d'une autonomie budgétaire et de

11. Cette partie a été rédigée à partir de la documentation de l'ACCIC, notamment du document intitulé « *Manutention Marocaine*, Observations de la *manutention marocaine* sur l'analyse de M. CHÊNE sur l'organisation et le fonctionnement des Services du Port (Document confidentiel) », édité par le Gouvernement Chérifien. Protectorat de la République française au Maroc.

gestion, cet organisme était également chargé de définir la politique tarifaire et des ressources humaines. Il supervisait de plus l'ensemble des activités exploitées directement ou dans le cadre d'une concession et louait, à sa meilleur convenance, certaines installations se trouvant en dehors du périmètre de la MM. L'originalité du système adopté par Casablanca réside dans le fait que les concessions concédées à chaque institution portaient sur des activités spécifiques. L' Office chérifien des phosphates détenait le monopole des installations d'embarquement des phosphates situées sur la Jetée transversale dont il était propriétaire. Les silos destinés à l'embarquement des céréales furent attribués à la CCIC, tandis que la MM était responsable de la manutention des marchandises. Dans ce dernier cas, il s'agissait non seulement des marchandises générales (le « commerce »), mais aussi du parc du charbon minéral et des autres minerais, des services du port de pêche et de l'entrepôt de poissons. Enfin, le service de remorquage facultatif était assuré par une société privée unique : la *Société chérifienne de remorquage et d'assistance* (SCRA).

2. Entreprise portuaire. Concessions et monopoles

Caractéristiques de l'entreprise portuaire

Définir les caractéristiques de l'entreprise portuaire n'est pas chose aisée. L'élément le plus distinctif est peut-être la dépendance du trafic maritime, très irrégulier, qui supposait un manque d'informations ayant marqué le secteur jusqu'au récent perfectionnement de la technologie des communications. En règle générale, elle tend toutefois à se comporter comme toute autre entreprise commerciale. Son objectif étant de maximiser les profits, elle peut adopter des stratégies de recherche de rentes en gagnant des privilèges spéciaux issus de monopoles, d'accords collusoires, etc.

Le capital privé s'est avéré déterminant dans le développement portuaire. En ce qui concerne la gestion d'entreprise de l'époque, plusieurs questions doivent être mises en lumière, notamment la concentration des principaux services d'agence et d'approvisionnement dans un cercle restreint d'entreprises. Les principales caractéristiques de la gestion avaient trait à ces procédures, ainsi qu'aux marges commerciales réduites, au risque que supposaient les fluctuations du transport maritime ou aux différences détectées dans la gestion privée de certains services. De manière schématique, les entreprises portuaires peuvent être groupées dans les catégories suivantes : a) les entreprises réalisant des activités liées au service du navire en tant que tel ; et b) les entreprises portuaires au service des marchandises. On peut dès lors inclure dans ces catégories les entreprises assurant des services portuaires liés au transport, à la navigation, à la manutention de marchandises, etc. Il s'agit en résumé des consignataires, des 299 transitaires accrédités en 1950, ainsi que des agents de compagnies d'assurances (regroupés sous une association à partir de 1941), des courtiers maritimes responsables du courtage des assurances maritimes (Croze, 1945) [12].

En ce qui concerne la localisation, une dichotomie a été établie pour l'ensemble des entreprises portuaires (Seassaro, 1992) : d'une part, les entreprises réalisant des activités *hard*, à savoir directement liées au navire (arrimage, par exemple), généralement exécutées à même le quai et formant le front maritime et, d'autre part, les activités *soft*, afférentes au secteur portuaire tertiaire, intégrées dans le tissu urbain, plus concrètement dans le district financier, voire dans le district industriel. Ceci étant dit, il convient de ne pas commettre l'erreur de délimiter les zones et les fonctions économique de façon rigoureuse. Il est en effet courant que différents types d'entreprises partagent un même espace, notamment au cours des étapes plus récentes, étant donné que les systèmes de communication modernes ont relégué la localisation a un second plan.

FIGURE 7.1.
Secteur des entreprises et activité portuaire

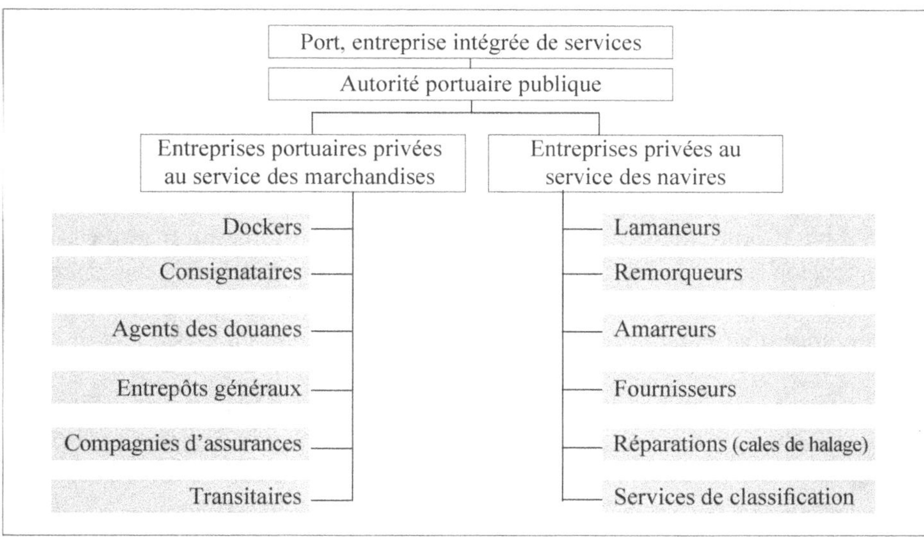

Source : Élaboration personnelle inspirée du travail de De Rus, Roman et Trujillo (1994).

Les points qui suivent analysent un ensemble d'entreprises directement liées à l'activité portuaire et que nous avons dénommées « entreprises hard ».

12. Selon H. Groze dans son ouvrage « Causerie sur le Port de Casablanca », *Bulletin de la Chambre de Commerce et d'Industrie de Casablanca*, Janvier-Février 1949, n° 280.

L'Office chérifien des phosphates (OCP)

La région de la haute Chaouïa constituait la partie traditionnellement pauvre de l'*hinterland* du port de Casablanca. Mais le vent a tourné lorsqu'en 1912, le journaliste Busset et son adjoint, Combelas, y ont découvert un immense gisement de phosphates s'étendant sur près de 3 000 km² et considéré comme l'un des plus riches du monde (Chapus, 1928 : 63). Le principal centre de production de cette matière s'est installé auprès des mines de Khourigba, premier gisement découvert, avant d'être rejoint par celui de Louis Gentil, plus au sud. Ce dernier a également exporté via Casablanca jusqu'en 1936, date à laquelle un terminal spécifique a été mis en service dans le port de Safi qui était plus proche.

Le Maroc est alors devenu l'un des premiers producteurs de phosphates du monde, matière première qu'il exportait. À titre informatif, l'Afrique du Nord détenait 28 % de la production de phosphates en 1928 et 31 % en 1938, tandis que le Maroc produisait 65 % du matériel obtenu au sein de la région et se présentait comme le deuxième producteur du monde de phosphates, juste derrière les États-Unis[13]. Étant donné l'importance de cette ressource pour l'économie nationale, elle a été nationalisée par un dahir du 27 janvier 1920. Son exploitation et exportation ont été concédées à l'OCP, entreprise publique. Il s'agit en effet d'un organisme publique dont la création avait pour but de préserver les bénéfices d'une matière première essentielle, les phosphates, afin d'éviter qu'elle ne tombe dans des mains étrangères. Afin de gérer au mieux ces ressources, cette entreprise a obtenu la concession des installations destinées à la manutention des phosphates de Casablanca en 1928 mais devait, en échange, contribuer à la construction et à l'entretien du quai. Dès ce moment, les installations spécialisées de la jetée transversale ont été mises en service.

En termes économiques, il s'agit d'une entreprise intégrée verticalement. Outre l'embarquement de cette matière première, elle était également responsable de l'exploitation des mines, de la gestion du chemin de fer reliant ces dernières au quai d'embarquement et de l'aménagement du lotissement construit pour loger les travailleurs. L'OCP comptait plus de 8 153 travailleurs en 1945, 11 071 en 1956, dont une bonne partie était formée par des autochtones ayant émigré de l'Atlas. Les conditions salariales étaient extraordinairement favorables aux travailleurs européens. Et pour cause, alors que leur salaire moyen s'échelonnait entre 40 000 et 50 000 francs, celui de la main-d'œuvre locale était d'à peine 8 330 francs (Ayache, 1956 : 167). L'entreprise fournissait tou-

13. Deux articles publiés dans le BESM permettent de se faire une idée plus ou moins précise de la question : « Les phosphates marocains. Étude technique, commerciale et sociale », Vol. VII, n° 27 (oct. 1945), pp. 108-123, ainsi que sa suite publiée dans le n° 49, Vol. IV (avril 950), pp. 403-411 ; et l'article de Jules Lepidi « Les phosphates dans le monde. Étude technique, commerciale et sociale », Vol. XIV, n° 49 (1951), pp. 260-263.

tefois à ses employés un logement dans des maisons au loyer préférentiel, des services sanitaires, une éducation, des aliments subventionnés, ainsi qu'une série d'avantages complémentaires.

TABLEAU 7.1.
Nombre d'employés de l'OCP (1945)

Administration et centres de production	Européens	Indigènes	Total
Khouribga	498	5 296	5 796
Louis Gentil	180	1 672	1 852
Casablanca	63	165	228
Safi	23	55	78
Services divers	166	35	201
TOTAL	930	7 223	8 153

Rabat, Paris, Ifrane, Mazagan, bureau de transit de Casablanca.
Source : BESM, n° 27, p.123.

Même si jusqu'en 1923 le minerai était porté à dos d'homme jusqu'aux navires, l'entreprise s'est rapidement dotée de moyens techniques plus modernes et a commandité une voie ferrée exclusive à la compagnie des chemins de fer afin de relier les mines de Khourigba au port. La distance de 139 kilomètres séparant ces deux points était alors parcourue en cinq heures trente minutes. La marchandise était déposée dans les installations de l'entreprise situées sur le quai spécifiquement prévu à cet effet, la Jetée des Phosphates, qui était également dotée d'une esplanade. Le port disposait de moyens automatiques de pointe qui lui ont permis, par exemple, d'embarquer 379 286 tonnes au cours du mois de juin 1951 (voir annexes).

Élément clé de l'activité portuaire, l'exportation de phosphates a connu une croissance exponentielle, passant de 79 189 tonnes embarquées en 1921 à 3 877 880 tonnes en 1951. Les phosphates ont dès lors constitué le produit d'exportation par excellence du port de Casablanca. Grâce à cette matière première, la fréquentation des ports marocains est passée de 42 % à 82 %. Selon l'évaluation suivante, l'exportation de phosphates représentait la majeure partie du trafic du port de Casablanca. Participation des phospahates par rapport au volume total des exportations realisées par le port de Casablanca :

Année	
1922	49 %
1925	70 %
1930	91 %
1940	40 %
1945	86 %
1947	70 %
1948	68 %
1949	67 %
1950	70 %

Source : *Notre Maroc. Revue bimestrielle illustrée*, juin 1952, pp. 41-43.

La prédominance absolue de cette industrie renforçait la position exportatrice de l'économie du Maroc. Et pour cause, ce pays qui était (et qui est toujours) l'un des principaux producteurs mondiaux de cette matière première, les phosphates naturels, ne possédait aucune usine de transformation de cette ressource. L'exportation de matières premières est souvent considérée comme une caractéristique des pays peu développés ne disposant pas de la technologie nécessaire pour leur transformation et générant par conséquent une valeur ajoutée limitée.

La Chambre de commerce et d'industrie et la gestion des silos du port

À l'instar du modèle des ports de Marseille et de Bordeaux, la Chambre de commerce et d'industrie de Casablanca (CCIC) était la concessionnaire du silo des *docks*. Comme dans le cas précédent, elle devait toutefois reverser une partie des bénéfices obtenus pour assurer l'entretien de l'infrastructure portuaire. Pour ce faire, elle a été autorisée en 1929 à émettre un prêt dont les annualités étaient garanties par l'État[14]. Adepte des pratiques collusoires, cette institution se lançait fréquemment dans des démarches auprès de l'administration pour obtenir des avantages pour ses associés, ainsi que pour rechercher des rentes (*rent seeking*) en tentant de réduire les droits de douane applicables à ses entreprises. La CCIC a été liée au port depuis sa création et, pour reprendre les mots de son président :

> « Dès sa création, la C.C.I., s'est penchée attentivement sur les problèmes du port. Quelques dates et quelques faits ici sont nécessaires (...).

14. Voir l'article « Les phosphates marocains. Étude technique, commerciale et sociale », BESM Vol XIV, nº 50 (1951), pp. 403-413.

La naissance de la Chambre de Commerce et d'Industrie de Casablanca coïncide, à quelques mois près, avec l'adjudication des travaux du port. C'est, en effet, le 23 juin *1913 que parut l'arrêté résidentiel portant constitution des Chambres françaises de Commerce, d'Industrie et d'Agriculture à Casablanca et à Rabat.*

La C.C.I. de Casablanca fut inaugurée solennellement le 27 septembre de la même année par M. de Saint-Aulaire, Délégué à la Résidence Générale. Dans sa première séance, le nouvel organisme manifeste immédiatement l'intérêt qu'il attachait au port (...).[15]»

Elle a immédiatement formulé une série de propositions pour l'amélioration des installations portuaires, notamment dans le domaine de la protection des marchandises, de leur manutention, des embarcadères, etc. Elle a également rejoint le conseil de direction du port et l'organisme de coordination de l'activité portuaire :

« À partir de cette époque, on trouve, dans le procès-verbal de chaque séance, le reflet des préoccupations de la C.C.I. à l'égard du port. On peut dire que rien désormais ne se décide et que rien ne se fait dans ce havre dont dépend la vie du Maroc sans que la Chambre soit consultée. Soucieuse de ses responsabilités, la *C.C.I. suit, pierre à pierre, le développement du port.*[16]»

À l'instar de ses homologue de la métropole, la Chambre avait un caractère consultatif et administratif. À tous effets de cette première fonction, elle transmettait au gouvernement les questions qui lui étaient posées sur des aspects économiques ainsi que ses points de vue sur les méthodes à mettre en œuvre pour accroître la prospérité du commerce et de l'industrie. En ce qui concerne la mission administrative, il lui incombait de créer et de gérer les *docks-silos*, ainsi que de participer aux conférences et aux débats portant sur les problèmes du port. Leur fusion s'avérait essentielle pour le stockage des produits d'exportation. La *Société chérifienne de remorquage et d'assistance* (SCRA) jouissait, quant à elle, de l'exclusivité des opérations d'assistance aux compagnies maritimes : remorquage et accostage des navires. Le contrat de concession lui permettait de fixer les tarifs en concertation avec le directeur du port.

---

15. « Le grand port sur lequel veille la Chambre de commerce et d'industrie », publié par le président de la CCIC, Honoré Marill, dans *Notre Maroc, Revue Bimestrielle Illustrée*, « Le Port de Casablanca et la naissance d'une grande ville » Numéro spécial de juin 1952 consacré au port de Casablanca), pp. 19-22.

16. *Ibidem.*

Manutention Marocaine (MM)

Pièce maîtresse de l'organisation du port de Casablanca, la MM était l'entreprise la plus importante et l'adjudicataire de la concession de la manutention des marchandises. Horizontalement intégrée, elle se chargeait non seulement des opérations liées directement aux navires, mais également de l'acheminement des marchandises, une fois débarquées jusqu'aux hangars, de l'entretien des chambres frigorifiques pour le poisson, ainsi que de la gestion des ateliers mécaniques des chariots élévateurs et des tracteurs, etc. Les activités de la halle aux poissons et du parc à charbon et à minerais sont des services à part, mais cédés sous les mêmes conditions que les autres.

L'administration a confié à cette société anonyme la gestion des services d'amarrage, de manutention et de stockage des marchandises au sein du périmètre défini dans la concession. Elle devait toutefois apporter le capital nécessaire à l'exploitation : salaires, dépenses courantes, achat de consommables et d'équipements. En cas de déficit au cours d'un exercice donné, elle pouvait demander un prêt (avec l'autorisation préalable de l'ATP) dont les intérêts seraient portés au compte d'exploitation. L'État marocain couvrait les frais des immobilisations ainsi qu'une grande partie de l'entretien[17]. Avant l'instauration du protectorat, ces activités étaient du ressort du gouvernement marocain, propriétaire des barcasses chargées de l'acheminement des marchandises du navire à l'ancien quai.

Après l'instauration du protectorat, l'administratation coloniale les a cédées en pouvoir à l'administration coloniale, cette dernière les a cédées en 1915 à la Société d'entreprise maritime et commerciale spécialisée dans les opérations de chargement et de déchargement, sous la contrainte de constituer une société anonyme qui, quelques mois plus tard, a adopté la raison sociale « *Manutention Marocaine* ». La société a ensuite renforcé sa position avec la participation de nouveaux partenaires : les principales entreprises françaises de manutention de marchandises, la *Compagnie Paquet*, la *Compagnie générale transatlantique* et la société anonyme de gérance et d'armement (SAGA) ont rejoint le partenariat, tout comme deux entreprises concessionnaires ayant des intérêts dans le port, à savoir la Groupe Schneider et la Compagnie Hersent, ainsi que d'autres groupes du grand capital local et international tels que la Compagnie marocaine et la Banque commerciale du Maroc.

17. L'avenant n° 13 énonçait que le compte des résultats devait être présenté le 31 décembre de chaque année. Si la différence entre les recettes (R) et les dépenses (D) était positive, la MM percevait une prime de gestion égale à 0,11 (KR-D), sachant que « K » constitue un coefficient d'adaptation à un instant donné. En cas de déficit, celui-ci était couvert par l'État marocain. Source : documentation conservée dans les archives de la CCIC. Parmi les documents consultés, il convient de mentionner la « Convention entre le Gouvernement Chérifien et la société *Manutention Marocaine* relative au chargement et au déchargement des navires, au transport et au magasinage des marchandises dans le port de Casablanca » (1934), (7 pages) ; 2) les « contrats » ou « avenants » successifs de 1934 au numéro 12 de l'année 1946.

Elle bénéficiait donc de la concession du monopole de ces activités, reconduite en 1922 et transformée en un contrat de gestion (1934) portant sur la manutention des marchandises et d'autres activités[18].

Bien que signés par les autorités chérifiennes, ces accords devaient être approuvés par l'administration du protectorat, à savoir par la directeur général des travaux, l'administrateur délégué et le directeur général des finances.

Comme toute société anonyme moderne, la MM a adopté un organigramme adapté à la complexité de ses activités : au sommet de l'organisation se trouvent un conseil d'administration et son président, secondé par le directeur général, par délégation spéciale du président, lui-même secondé par le directeur d'exploitation. Ces postes bénéficiaient de l'appui d'un sous-directeur et d'un chef des services administratifs remplissant les fonctions de secrétaire général, figure clé de l'organigramme. Afin de diriger efficacement l'exploitation de l'activité portuaire, et étant donné la complexité de la gestion en question (exploitation, commerce, ainsi que les ressources humaines et les problèmes que ces dernières engendrent en matière de litiges, de lois sociales, etc.), quatre chefs de service étaient également nommés : service du trafic, service technique, services administratifs et service du personnel marocain. Le chef de chaque service relevait directement du sous-directeur.

Certains analystes s'accordent à dire que le modèle de gestion de la MM était efficace (Charfaoui et Doghmi, 2005) et que le système de manutentionnaire unique, de monopole, permettait de surmonter les inconvénients liés à un quelconque manque de coordination. En sa qualité de responsable de la manutention des marchandises au sein de l'enceinte portuaire, elle avait tout intérêt à ce que celles-ci restent le moins de temps possible dans les installations et elle s'est tellement attelée à cette tâche que Casablanca était réputé pour la rapidité des services de dédouanement des marchandises, pierre angulaire de la rentabilité de tout port. Dans ce cas particulier, le monopole a constitué un élément de croissance et de rentabilité considérables.

Certains problèmes se sont certes présentés avec le reste des entreprises, lesquels ont provoqué plusieurs contentieux avec les opérateurs portuaires. À titre d'exemple, un rapport du « Comité de coordination » signale que les tarifs de chargement et de déchargement ont été maintenus au plus bas suite aux pressions exercées par la Chambre de commerce et d'industrie souhaitant que Casablanca conserve sa réputation de port bon marché[19].

18. Voir le document des archives de la CCIC cité dans la note précédente.

19. La documentation de cet organisme est conservée dans les archives de la CCIC. Voir, par exemple, le document classé confidentiel « Le Commissaire du Gouvernement pour l'exploitation du port de Casablanca à Monsieur le Ministre plénipotentiaire. Délégué à la Résidence Générale ».
Objet : Rapport consécutif à ma prise de fonctions du 1er Novembre 1949 ».

FIGURE 7.2.
Structure de l'organisation de la *Manutention Marocaine*

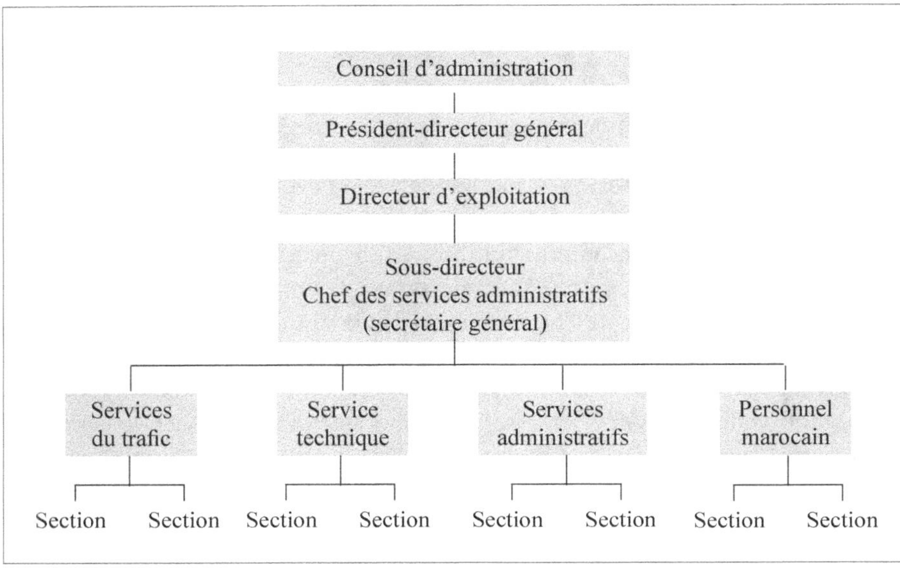

Source : Élaboration personnelle inspirée de l'organigramme de la *Manutention Marocaine*. Observations de la *Manutention Marocaine* sur « L'analyse » de M. Chêne sur l'organisation et le fonctionnement des services du port.

La présence du grand capital dans le port de Casablanca

Le port était une source d'affaires pour un groupe actif de chefs d'entreprise de diverses origines : juifs marocains, espagnols et français. Il l'était également pour les grands intérêts commerciaux internationaux, dont les compagnies de navigation (appartenant pour beaucoup à la grande banque) ou celles représentées par des agences filiales installées dans les ports marocains : la Compagnie Delmas Vieljeux Maroc, Paquet-Maroc, la Compagnie marocaine de transit et d'affrètement, la *Compagnie générale transatlantique*, la Compagnie des Messageries maritimes, la Compagnie chérifienne d'armement, filiale de la SAGA détenue par le groupe Rothschild. Il convient également d'ajouter les entreprises du secteur de la réparation navale comme Damestoy (possédant un capital de 60 millions de francs) ou Genestal-Afrique, les Chantiers et Ateliers du Maroc et les Chantiers Gallinari, ces deux dernières étant des entreprises de réparation et de construction navale, la Compagnie Franco-chérifienne de navigation, société mixte au capital social de 150 millions de francs, ainsi que les consignataires, les agents des douanes, les transitaires et les sociétés d'approvisionnement en charbon telles que la Société marocaine charbonnière et maritime.

3. Les entrepreneurs et le groupement corporatiste d'intérêts naissants

L'une des caractéristiques des entreprises ayant des intérêts dans le port a été d'adopter des stratégies collutoires visant à réduire les risques et à maximiser les bénéfices. Une telle attitude répondait aux exigences des règles du jeu qui prévalaient à l'époque, critère déterminant pour la définition du comportement d'une entreprise, en ce sens qu'elles contrôlaient le rendement relatif de chaque activité commerciale. Il n'est donc pas étonnant qu'elles se soient attelées particulièrement aux activités de recherche des rentes (*rent seeking*). Activités des plus variées, les plus courantes sont liées à la recherche de concessions de monopoles, de droits de douane, d'exonérations fiscales ou d'avantages en tous genres de la part des chefs d'entreprise. Pour donner un exemple de cas concret : la restriction de la concurrence et la formation de coalitions de distribution ou de groupes d'intérêts spécifiques (Olson, 1986). L'objectif est de limiter la concurrence afin d'augmenter les prix et de se partager les bénéfices.

Au début du XXe siècle, les infrastructures portuaires étaient nettement insuffisantes pour faire face à l'activité économique croissante de la région. Un tel dynamisme exigeait la construction d'un nouveau port et les chefs d'entreprises l'ont clairement fait savoir. Afin de défendre leurs intérêts, les entrepreneurs n'ont pas hésité à faire pression sur l'administration afin que la Chambre de commerce et d'industrie, dont ils étaient membres, procède à l'amélioration des équipements existants. Ils ont donc fait valoir leurs atouts dès les premiers moments afin de s'assurer que les installations déficientes du début du XXe siècle soient rénovées et améliorées.

Les affrontements étaient toutefois courants entre les entrepreneurs, notamment entre les entreprises représentant le grand capital international comme la MM et les commerçants locaux. L'adjudication du monopole à la MM a soulevé une certaine controverse et la Chambre de commerce n'a pas hésité à partager ses réticences lors de la session du 30 décembre 1921 portant sur les conditions du renouvellement de l'accord. La nouvelle convention prévoyait notamment que 75 % du capital devrait être apporté par l'État et que les droits dus à la MM seraient réévalués en fonction de la multiplication des opérations réalisées sur les quais[20].

20. « Bilan d'une année. Gestion Morale de la Chambre de commerce et d'industrie. De mars 1931 à mars 1933 », pp. 5-10 et « Le nouveau contrat avec la *Manutention Marocaine*. Histoire des tractations entre le Gouvernement du protectorat et la Chambre de commerce », pp. 11-24, *Bulletin de la Chambre de commerce et d'industrie de Casablanca*, 1933.

La Direction générale des travaux publics n'était pas beaucoup plus convaincue des bienfaits de ce monopole, bien que pour des raisons différentes, voire opposées, elle ait uni sa voix à celle de la CCIC pour dénoncer les graves dangers d'une telle pratique. Elle affirmait en effet que la concession du monopole en 1915 avait été une erreur car la MM n'était pas parvenue à tenir ses promesses et que, de plus, les trois principales modifications visant prétendument à limiter la portée du monopole étaient pour le moins ambigües puisque rien n'empêchait la MM de les transgresser. Mais le point essentiel restait que l'État s'engageait à assumer 75 % du capital nécessaire à l'acquisition des équipements tandis que la MM pouvait refuser de consentir aux sacrifices nécessaires sans que l'Administration n'eût son mot à dire.

La Chambre de commerce et d'industrie réclamait à la MM une diminution de ses tarifs, lesquels étaient maintenus au plus haut sous la promesse, des plus subjectives, d'améliorer les installations dès que l'économie le permettrait. Elle ajoutait encore que le monopole avait supposé une énorme perte de revenus pour le commerce local et exigeait par conséquent la liquidation de la MM et son sauvetage si une dissolution venait à s'avérer impossible. Lors de la session du Conseil de coordination du Port, son représentant vota en faveur d'une intervention de l'État afin de libéraliser les tâches de chargement et de déchargement.

Paradoxalement, tous s'accordaient à dire qu'il était important de conserver les faibles taux du système fiscal favorable à leurs intérêts et qu'une protection devait être mise en place pour lutter contre les dangers de la concurrence étrangère, s'opposant même à l'application d'un quelconque type de taxe par l'État, ainsi qu'à l'imposition des registres comptables que la Direction des finances souhaitait mettre en pratique. En d'autres terme, ils exigeaient plus de liberté commerciale sans avoir à renoncer au soutien des pouvoirs publics. À titre d'exemple, au cours de la période de pénurie qui suivit la fin de la Première Guerre mondiale, ils ont invoqué le statut international du Maroc énonçant la liberté d'importer, d'exporter et d'acheter dans les meilleures conditions et au meilleur prix. Par contre, lorsqu'ils ont rencontré certaines difficultés pour maintenir les bénéfices aux niveaux auxquels ils étaient habitués depuis 1940, ils n'ont pas hésité à demander l'intervention du protectorat en s'exclamant que l'application de la politique de soutien à l'industrie était pleinement justifiée.

D'un autre côté, les intérêts économiques ont donné naissance à un ensemble d'institutions défendant leurs positions : la Chambre française de commerce et d'industrie, le Comité central des industriels (CCI), la Confédération générale du patronat au Maroc et la Fédération des Chambres françaises d'agriculture. Mais la CCIC restait la pièce maîtresse de la défense des intérêts des entrepreneurs locaux. Dirigée par M. Marill, elle regroupait la majeure partie des commerçants. Elle s'était également dotée de son propre organe d'expression, le *Bulletin de la Chambre de commerce et d'industrie de Casablanca*, et son premier conseiller juridique n'était autre qu'un grand intellectuel de l'époque, l'économiste et publiciste M. René Hoffherr. Auteur d'importantes études sur l'économie marocaine, il a également mené des enquêtes sur la situation de la classe ouvrière à Casablanca.

Nombre de ces entreprises ont participé à la création de la CCI en 1934 avec comme objectif immédiat d'abolir la clause des accords d'Algésiras instituant la liberté commerciale. Pour ce faire, elles ont formé un groupe de pression réunissant les petits entrepreneurs locaux, pour la plupart d'origine européenne. Pour sa part, la Confédération générale du patronat du Maroc a été constituée en 1954 sur la base du modèle de la Confédération patronale française après le voyage de son président au Maroc, M. G. Villiers (Ayache, 1956 : 258).

4. Prolétariat industriel et travail portuaire à Casablanca

Les caractéristiques du travail portuaire

Les transformations de l'organisation du travail dans le secteur portuaire sont tout aussi notables, notamment en ce qui concerne les activités exigeant plus de main-d'œuvre et un certain niveau de qualification : arrimage, chargement et déchargement, matelotage, chantiers navals. Un processus long et complexe de transformation des liens unissant les travailleurs et les entreprises venait d'être entamé. Il s'agissait en effet de passer d'un système de recrutement informel à un autre, plus formel, de contrôle du travail en veillant à tenir compte des fluctuations du volume et de la nature des marchandises manutentionnées, ainsi que des caractéristiques intrinsèques du trafic maritime, à savoir la prédominance des lignes régulières, la consommation de charbon ou de mazout, etc. L'administration publique, les entreprises et les travailleurs ont tous participé à des degrés divers à ce processus.

Au niveau des activités portuaires, les thèses de déqualification de la main-d'œuvre et de fragmentation du marché du travail peuvent être appliquées (Bravermann, 1975). La prolétarisation de la main-d'œuvre portuaire a connu une évolution analogue à celle d'autres secteurs de l'économie en ce sens qu'elle a été victime de l'effondrement des structures de production traditionnelles et de l'introduction de secteurs d'activité dynamiques. Né sous le protectorat, ce processus est dû à l'affluence d'une forte immigration des hommes et des femmes des régions rurales. Secteur profondément masculinisé, le port était toutefois réservé quasi exclusivement aux hommes. Et pourtant, selon un manifeste du résident général, les autorités tentaient d'encourager les femmes à participer aux activités portuaires et de construction (Kaioua, 1996 : 297).

Il convient de préciser qu'au sein du port de Casablanca, la majeure partie de la main-d'œuvre était locale. Le personnel du port était donc divisé en deux grandes catégories : le personnel des services publics et des services annexes, pour la plupart d'origine française, et les employés de la MM, plus nombreux et dont la grande majorité étaient des autochtones. Les différences de conditions de travail relevaient plus de l'origine ethnique que de la formation. En règle générale, les Européens jouissaient de meilleures conditions de travail que la main-d'œuvre marocaine. Les premiers remplissaient des fonctions de supervision et affichaient des origines des plus diverses allant d'anciens militaires recrutés pour leur « connaissance des indigènes » [sic] à des travailleurs français destinés à occuper des postes de direction et de supervision.

À l'inverse des Européens, la main-d'œuvre indigène était dépourvue de toute spécialisation. Des témoignages de l'époque font état de conditions de travail proches de celles des travaux forcés, à savoir «... au fouet » [sic] (Gallisot, 1964 : 28). Entre les chefs d'équipe européens et les travailleurs autochtones apparaissait un intermédiaire clé : le caporal (*kabrane*). Il s'agit d'une figure récurrente au Maroc de cette époque. Le responsable de l'entreprise s'en remettait volontairement à lui pour tout ce qui avait trait aux ouvriers d'origine marocaine. Sa mission était de recruter les travailleurs et de les envoyer au travail, de contacter les ouvriers dans leur *douar* ou de choisir parmi les demandeurs d'emploi qui se pressaient à l'entrée du port ou de l'usine, y compris sur les places des villages. Il dirigeait donc un réseau de recrutement supervisé par de véritables négociants de la main-d'œuvre qui étaient sous ses ordres.

Le caporal était une sorte d'agent de liaison entre les responsables de l'entreprise et les ouvriers. Chargé de distribuer les salaires à la fin de chaque tâche, il percevait une *dime* ou une prime d'emploi. La culture marocaine considère cette personne comme essentielle à la bonne marche du travail étant donné qu'elle connaît personnellement les ouvriers non qualifiés, souvent très instables. Il s'agissait en définitive d'un agent de recrutement agissant au nom de la solidarité tribale ou, tout simplement, pour son bénéfice personnel. Les paysans qui arrivaient en ville s'empressaient de le contacter pour lui demander du travail. En contrepartie de ses services, il percevait une sorte de paiement clandestin, à savoir une prime d'embauche majorée d'un pourcentage régulier du salaire du travailleur, lequel était donc privé d'une partie de ses gains théoriques (Gallissot, 1964 : 31).

Il est intéressant de comparer les similitudes et les différences par rapport à d'autres ports. Par exemple, au port de Tanger, les marchandises étaient transférées du navire jusqu'au quai par les *bahriya*, collectif formé par les membres de la tribu des Fahçiya qui jouissaient de ce privilège depuis des temps immémoriaux et qui étaient dirigés par un capitaine ou *raïs*. Relevant du *guich* rifain, ils étaient sous les ordres du pacha de Tanger, leur chef, et constituaient son escorte au cours des cérémonies religieuses (Cherfaoui et Doghmi, 2005 : 423). Ils refusaient catégoriquement de fournir du matériel aux navires, argumentant que leur tâche consistait uniquement à acheminer les marchandises, à dos d'homme, du navire à la porte des entrepôts et vice-versa. À partir des années vingt, les marins continuaient de réaliser les opérations de chargement et de déchargement de marchandises sur le quai où le travail portuaire était assuré par un autre groupe de travailleurs : les *hammala* ou porteurs.

Les ports marocains se caractérisent par le retard dans l'application des réformes métropolitaines successives portant sur le droit d'organisation, les assurances contre les accidents, la répartition équitable de la journée de travail ou l'établissement de la journée de huit heures, qui n'a quasiment pas été appliquée à la population autochtone avant les années trente, voire fin des années quarante à Casablanca. Le patronat a refusé de se pencher sur les questions sociales avant la fin des années trente. Un groupe constitué à partir du Comité central des industriels a toutefois proposé des mesures plus progressistes, bien que teintées d'un certain paternalisme. Cherchant à promouvoir des formules apolitiques, ils se retranchaient derrière la présumée tradition d'action communautaire que représentait la *djemâa*. À ce sujet, le paragraphe suivant est des plus révélateurs : « le fonctionnement de ces *djemâas* constitue pour les ouvriers marocains une excellente préparation à l'utilisation du droit syndical auquel ils ne sont pas encore préparés [sic] » (Maroc, 54 : 199). En vérité, tout type d'organisation syndicale comparable aux syndicats modernes était rejeté même si certaines expériences ont été tentées dans des entreprises comme COSUMA (Compagnie sucrière marocaine). Aux yeux d'un chef d'entreprise, la *djemâa* pouvait être considérée comme une école du syndicalisme « grâce à son contact avec la tradition locale »[21]. En ce qui concerne le besoin d'instaurer une réforme syndicale, un autre écrit énonce comme suit :

« Le Droit Syndical, tel qu'on l'entend en Occident, est en contradiction avec les coutumes et les traditions ancestrales des Musulmans. (...). Le Gouvernement ne sait donc pas encore quelle décision prendre. »

« Il serait désirable que le Gouvernement demande à l'Institut des Hautes Études Islamiques des conseils sur ces question qui sont appelées à avoir un retentissement profond dans la Société musulmane. »

« Il semble bien que tout le monde soit d'accord, en raison des circonstances, pour *accepter l'octroi d'un Droit Syndical exclusivement professionnel, donc sévèrement contrôlé.*

---

21. Ces paroles de M. Mourier apparaissent dans le résumé de l'intervention qu'il a prononcée au cours de la session du 22 novembre 1953 de la Commission de la législation de la CCIC.

Il est souhaitable que soit recherchée dans la tradition musulmane une solution à ce problème en instaurant naturellement des moyens d'éviter un déclenchement sur le plan politique. Les Djemâas constituent une expérience du plus haut intérêt. » (*Bulletin de la CCIC*, 1934, p. 221.)

L'organisation du travail portuaire avant le protectorat

Comme pour tout autre port du littoral africain, les coutumes et la tradition communales exerçaient une grande influence sur l'organisation du travail. L'autorité morale des chefs des communautés était en effet respectée lorsqu'il s'agissait de composer les équipes et les horaires des travailleurs occupés au chargement et au déchargement. L'importance de ce rôle s'est toutefois estompée au fil du temps et les sentiments communautaires se sont peu à peu fondus dans le processus de prolétarisation et d'urbanisation de la force de travail. Les changements opérés au niveau de l'organisation du travail ont également contribué à cette évolution, notamment la concession monopolistique, à Casablanca par exemple, d'une partie des services portuaires à des entreprises et entités publiques.

Les caractéristiques marquantes de l'organisation du travail au sein des ports marocains sont liées à la suppression progressive des obstacles à la libre négociation. Dans un premier temps, l'organisation du travail ressemblait fort à celle du port de Tanger, à la seule différence que les travailleurs de Casablanca ne formaient pas une association professionnelle. Les opérations de chargement et de déchargement étaient réalisées par le personnel intérimaire qui portait les marchandises à dos d'homme du navire, mouillant à une certaine distance du port, aux barcasses et des barcasses aux quais. Cette tâche était exécutée de manière rudimentaire et inefficace. Vidalenc décrivait ce va-et-vient dans les termes suivants :

> « *Les opérations de chargement et de déchargement n'étaient possibles que par beau temps, et elles restaient délicates et compliquées. Elles demandaient en tout état de cause, beaucoup de temps, plus encore de patience et d'ingéniosité. Les marchandises étaient d'abord descendues dans des barcasses par les seuls moyens du bord, puis ces barcasses, menées à la rame par des indigènes, gagnaient le rivage où les cargaisons étaient alors débarquées à dos d'hommes. C'était là du moins le processus théorique, mais dans la pratique c'était beaucoup moins simple. D'abord les barcassiers, détenteurs d'un monopole, apportaient à leur besogne cette belle indolence orientale dédaigneuse des heures qui fait, suivant le cas, l'admiration ou le désespoir des Européens. Ils travaillaient « Inch Allah », « Quand il plaisait à Dieu », peu désireux naturellement de se risquer en mer et d'approcher des*

navires quand le vent soufflait et que la houle était forte, mais peu pressés également de profiter des accalmies et du beau temps. Enfin commencées, les opérations n'allaient pas sans mécomptes et sans retards, il fallait les interrompre fréquemment faute de matériel ou de personnel, et il arrivait aussi que le colis, destiné à la barcasses, tombât à côté par des fonds de 10 à 12 mètres. Mêmes difficultés, mêmes lenteurs, même risques quand il fallait décharger les barcasses. Les quelques marchandises qu'on parvenait à mettre à terre n'étaient pas toujours en bon état et demeuraient grevées de frais considérables (...)» (Vidalenc, 1928 : 38-39).

Cette tendance était générale au Maroc, mais il faut reconnaître que Casablanca a été l'un des ports les moins favorisés jusqu'au début des travaux de modernisation. Il ne disposait que de dix barcasses d'une douzaines de tonnes chacune et en piteux état pour réaliser les opérations de déchargement. Bien que présentant les mêmes risques et conditions maritimes que Casablanca, les ports de Mogador, Safi ou Mazagan étaient ancrés dans des petites rades offrant plus de protection et facilitant la navigation des navires de petit tonnage.

Sachant que la rentabilité des navires dépend fondamentalement de la rapidité de l'exécution des opérations de chargement et de déchargement, la majeure partie des ports du monde optent pour le modèle de distribution du travail connu sous le nom de « 3 x 8 », à savoir trois postes de huit heures afin que le travail ne soit à aucun moment interrompu. Casablanca a cependant privilégié l'option d'un rythme moins soutenu et plus en phase avec la mentalité locale. Les heures de travail étaient divisées en postes du matin, qui commençaient à 7 h 30 et duraient huit heures, et du soir, de 20 heures à 6 heures du matin, tous deux séparés par une pause repas de deux heures.

À l'instar des grands ports, les opérations étaient réalisées par des équipes se composant généralement de 10 hommes pour le débarquement direct de marchandises et de 20 à 30 hommes lorsqu'il s'agissait de barcasses ou de débarquement à dos d'homme.

Mais le rendement de Casablanca était pénalisé par ce refus d'appliquer le système de trois postes successifs de huit heures, privilégiant l'option de travailler uniquement pendant la journée qui perdurera jusqu'à aux décennie des années quarante.

Une fois constituées, les équipes se rendaient sur le quai et étaient placées sous les ordres du *kabrane*, homme de confiance de la MM, élégant, en costume et portant un bâton, symbole de son autorité. Ses ordres étaient rapidement exécutés. La description du recrutement (avant 1949) de la main d'œuvre affectée au chargement et déchargement est assez révélatrice : (les travailleurs étaient embauchés) « ... librement par le chef d'équipe, sous la direction du chef du personnel marocain. Le salaire journalier était calculé sur la *base d'une équipe de neuf hommes et d'un chef d'équipe. Le montant des salaires de chaque équipe était versé au chef d'équipe qui se chargeait de le répartir entre ses compagnons* (...) ».

Ce n'est pas un hasard si la MM a demandé conseil à la Société Continentale de Mesure et d'Analyse du Travail pour tenter d'améliorer le rendement du travail. Après avoir réalisé une étude exhaustive des conditions de travail, cette dernière a proposé une alternative d'inspiration fordiste basée sur le contrôle du temps et des mouvements en insistant sur le besoin d'instaurer des postes nocturnes[22].

5. Gestion de la main-d'œuvre

Le monopole de la Manutention Marocaine

La configuration de l'organisation du travail est un processus long et complexe, fortement influencé par la tradition. Le port de Casablanca a fini par transformer les liens unissant les travailleurs et l'entreprise en passant d'un système de recrutement informel à un autre, plus formel, de contrôle du travail. Cette dynamique devait s'adapter aux fluctuations intrinsèques du trafic maritime, à savoir la prédominance des lignes régulières, la consommation de charbon ou de mazout, etc. L'administration publique, les entreprises et les travailleurs ont tous participé à des degrés divers à ce processus. En ce qui concerne l'organisation du travail dans le secteur portuaire, il convient de tenir compte aussi bien des innovations que de l'enracinement des coutumes.

Ces caractéristiques s'avèrent tout particulièrement notables dans les activités exigeant plus de main-d'œuvre et un certain niveau de qualification : arrimage, chargement et déchargement, matelotage, chantiers navals.

Comme détaillé au point précédent, la MM détenait le monopole des opérations de chargement et de déchargement. La mise en place d'un monopole pour les opérations de chargement et de déchargement n'est pas le fruit du protectorat. En effet, le gouvernement chérifien s'était déjà attribué ce privilège afin de tirer profit des tarifs imposés au trafic portuaire.

22. L'étude en question est conservée dans les archives de la CCIC, mais rien n'indique que ses conclusions aient été appliquées.

TABLEAU 7.2.
Travailleurs européens et marocains de la Manutention Marocaine, par secteur services

D,activite	Européens	Marocains	Total
Directeur, chef des services administratifs	3		3
Service technique (a)	124	291	415
Garage	106	36	142
Services administratifs	52	13	65
Estimation	33	4	37
Personnel « marocain »	3	33	36
Services du trafic (b)	326	259	585
Halle aux poissons (b)	25	49	74
Total général	674	686	1 360

Source : *Manutention Marocaine. Observations de la Manutention Marocaine sur l'analyse de M. CHÊNE sur l'organisation et le fonctionnement des Services du Port (dactylographié).*

Note : a) Ateliers et personnel technique du « Parc à charbon » et de la « Halle au poisson » compris ; b) Atelier et personnel technique exclus.

Les réformes du travail ont peu à peu été appliquées au port de Casablanca, mais toujours avec un certain retard par rapport à la métropole. À titre d'exemple, le droit d'organisation, les assurances contre les accidents, la répartition équitable de la journée de travail ou l'établissement de le journée de huit heures n'ont été adoptés qu'à la fin des années quarante.

Les dockers (chargeurs et manutentionnaires)[23]

La profession de *dockers* (manutentionnaires) est spécifique à chaque port du monde (Davies, 2000) étant donné que les opérations de chargement et de déchargement ne peuvent être réalisées que lorsque le navire remplit les conditions requises. Le nombre d'arrivées au port varie toutefois considérablement d'un jour à l'autre et il convient de prendre cet aspect en considération dans le cadre de l'organisation des tâches portuaires. Le port de Casablanca considère deux catégories de dockers : les hommes à terre et les hommes à bord, sachant qu'ils travaillent tous sous les ordres du chef d'équipe. La majeure partie de la

23. Cette partie a été élaborée à partir de documents obtenus de la Direction des travaux publics. Parmi ceux-ci figure notamment la note signée par GIRARD (Directeur des travaux publics) intitulée « NOTE. De la création d'un centre d'embauche des dockers à Casablanca » consignée dans le rapport de la Direction des services de la sécurité publique, *La vie sociales*, S/f, Casablanca. ACCIC.

main-d'œuvre se compose de chargeurs et de manutentionnaires, ainsi que de grutiers, de conducteurs et de tractoristes, bien que dans une moindre mesure.

La quasi totalité de la main-d'œuvre du port était gérée par la MM, concessionnaire unique et monopolistique des *dockers* et des porteurs. Les deux autres concessionnaires, la Chambre de commerce et l'OCP, ne supervisaient qu'un petit nombre de travailleurs puisque les opérations des silos de chargement de phosphates étaient mécanisées. En 1949, on dénombrait près de 3 000 *dockers* et porteurs. S'agissant d'une main-d'œuvre particulièrement mobile, elle reste toutefois difficile à quantifier avec précision et cette estimation doit donc être interprétée avec une certaine prudence[24]. Cette entreprise employait en moyenne entre 1 200 et 2 000 *dockers* par jour, sachant que ces valeurs pouvaient afficher des creux et des pics de 1 000 et 4 000 *dockers* respectivement. Le recrutement était géré par un centre habilité à cet effet sur la base de deux postes : le premier, qui commençait à l'aube, et le second, à partir de 19 h 30. Les titulaires possédaient un carnet ou un ticket de travail, tandis que les intérimaires et les occasionnels recevaient une fiche numérotée valable pour un jour. Les contrôleurs français étaient chargés de vérifier la présence effective de tous les travailleurs des équipes.

Entre 500 et 600 *dockers* étaient embauchés tous les jours par les différentes agences maritimes qui leur fournissaient un emploi à titre particulier. Ils étaient recrutés à la station de Sidi Belyout où se trouvait un centre de recrutement installé dans le port. Dépourvus de contrat de travail, les *dockers* opérant uniquement à bord des navires et chargés de la manutention des marchandises situées sur le quai jouissaient d'une situation relativement privilégiée étant donné que la grande majorité d'entre eux possédaient une carte professionnelle leur permettant de travailler plus fréquemment et à un meilleur tarif.

En règle générale, le recrutement des hommes à terre et à bord se faisait au hasard, parmi la foule qui se regroupait en bas du boulevard du 4ème Zouave, par un contremaître marocain répondant au nom de M. Touzani. Personnage récurrent, il a exercé ses fonctions pendant presque toute la période du protectorat et était souvent accusé de traitements abusifs envers les travailleurs. Pour pallier cette situation dégradante, la Direction générale des travaux publics a demandé que la MM mette en place un centre d'embauche, installé dans un hangar du port, géré par son personnel et sous la supervision d'un représentant de la DGTP. La consultation du contremaître était conseillée, mais pas son implication dans la procédure d'embauche. Le directeur des travaux publics, M. Girard, a misé sur la création de ce centre en argumentant « il en existe

24. Les données ici exposées ont été tirées principalement du document : « Commissariat spécial du port Casablanca », N° 25 P.S. Objet : « Étude sur les dockers du port de Casablanca », Casablanca, 4 janvier 1942. Signé : Giacometti. ACCIC, dactylographié, quatre pages.

dans tous les ports du monde » et en rappelant que ce dernier devait être géré par les employeurs sous la supervision de l'administration.

Bénéficiant du soutien de la Chambre de commerce, les patrons ont toutefois considéré que le système fonctionnait très bien et qu'en dépit de l'apparente anarchie, cette option était préférable à l'intervention d'une quelconque organisation pouvant venir perturber la liberté d'action[25]. La mauvaise gestion de la MM était souvent critiquée, tout comme le déficit annuel de deux millions de francs, chiffre confirmé par le commissaire spécial du port, J. Bourdier[26]. Pour leur part, les syndicats de travailleurs portuaires accusaient la Chambre de commerce de tenter de s'emparer de la gestion de l'entreprise. Ils étaient également opposés au système d'embauche en vigueur, considérant que celui-ci fragilisait la situation des travailleurs, et demandaient la création d'un centre d'embauche contrôlé par l'administration et les syndicats. Le fond du conflit était en réalité une lutte de pouvoir ayant pour but de déterminer qui allait avoir le contrôle des processus de travail et de l'offre de la main-d'œuvre. En réalité, les entrepreneurs craignaient que le centre d'embauche ne tombe dans les mains des syndicats.

6. Salaires et législation sociale - Organisation du travail

La plupart des travailleurs qui venaient d'arriver en ville conservaient une forte mentalité rurale et étaient dépourvus de toute conscience de classe. La reconnaissance des droits syndicaux à partir de 1947 a toutefois permis à la Confédération générale du travail de gagner des adeptes. (Celce, 1952 : 98). Au début, seuls les droits syndicaux des travailleurs européens étaient reconnus. La majeure partie d'entre eux étaient affiliés au Syndicat des ports et des docks, dirigé par Mohamed Tahar (secrétaire du Parti communiste), au Syndicat du personnel de la *Manutention Marocaine* ou à la Fédération des ports et des docks, dirigée par Taliani, également à tendance communiste. Ce n'est que vers la fin de la période qu'un mouvement de dissidence encouragé par Mohamed Touzani, chef du personnel marocain, est né entre les *dockers* de la MM, lequel a été suivi par quelque 400 travailleurs.

Cette situation était généralement associée au niveau d'instruction insuffisant de la population locale, à l'absence de syndicats et à la faible application du droit d'organisation des travailleurs marocains. La grande majorité de cette main-d'œuvre du port de Casablanca était des citoyens urbains ayant récemment émigré. Venant d'un milieu rural proche, les ouvriers restaient attachés à

25. Note de la DGTP du 14 juillet 1949.

26. Ces deux aspects sont détaillés dans les rapports correspondants du directeur du service de la sécurité publique, celui portant sur les travailleurs, datant du 4 octobre 1948, et celui sur le déficit intitulé « Note confidentielle du commissaire à la DGTG » du 14 septembre. ACCIC, non classé.

leurs coutumes et traditions. Pour leur part, les entrepreneurs préféraient ne pas trop attiser le feu de l'esprit revendicatif et étaient plus enclins à soutenir des institutions telles que la *djemâa* (assemblée) de tradition communale, certes, mais apolitique[27].

La tentative de changer l'horaire nocturne a provoqué un conflit entre la MM et son personnel[28]. La majorité des personnes interrogées, 440 sur 561, s'est prononcée contre cette proposition lors d'une assemblée convoquée à cet effet le 26 septermbre 1948. Ils ont de plus profité de l'occasion pour exiger un changement des conditions d'embauche, revendiquant notamment la création d'un centre d'embauche offrant des conditions décentes. La première grève connue du port de Casablanca a été déclarée à la fin de l'année 1948. L'instigateur de ces actions n'était autre que M. Santoni, secrétaire du syndicat de la *Manutention Marocaine*, investi des pleins pouvoirs par la CGT et la CFTC, qui s'opposait au négociateur désigné par l'entreprise, M. Pardini, directeur de la MM.

Le conflit a pris fin le 9 janvier 1949 avec le protocole signé par M. Taliani, représentant de la Fédération des ports et docks, M. Deghaud, représentant de la Chambre syndicale des consignataires et des agents maritimes du Maroc, M. Taha M'Hamed, représentant de l'Union générale des syndicats, et M. Abdallah Belhadj El Aidi, représentant des *dockers* du port de Casablanca. Les clauses de l'accord étaient les suivantes : 1) création d'un centre d'embauche des travailleurs en collaboration avec les délégués ouvriers désignés par les *dockers ;* ceux-ci recevront une carte de travail permanente avant le 1er février 1949 ; 2) amélioration des salaires pour les dimanches et les jours fériés, conformément à la réglementation en vigueur ; 3) versement des prestations familiales, conformément à la réglementation en vigueur ; 4) rémunération des vacances aux *dockers* à contrat indéterminé ; 5) remise d'une carte professionnelle aux *dockers* embauchés dans le cadre d'une fonction permanente ; 6) aucun sanction ne sera appliquée en représailles du mouvement de grève.

Mais le conflit a entraîné des conséquences négatives sur la direction du syndicat. Lors de l'assemblée du 1er février 1949, M. Santoni, victime d'un boycott continu instauré par la direction de l'entreprise, ainsi que de menaces[29], a été contraint de démissionner. Un autre grève a cependant été déclarée peu

27. Selon les termes employés par un dirigeant de la CCIC dans un écrit. Les données relatives au droit d'organisation et aux revendications sont tirées du document « Étude sur les dockers du port de Casablanca ».

28. Pour plus d'informations sur la grève, consulter *Le Petit Marocain* du 04/01/1949 et du 06/01/1949, ainsi que la demande des travailleurs.

29. Une nouvelle direction a été désignée lors d'une assemblée rassemblant près de 150 participants et qui s'est tenue dans la salle des fêtes de l'œuvre sociale du port de Casablanca. Un nouvel organe de direction a été désigné : Secrétaire général : Taliani ; Secrétaire : Di Martino ; Secrétaire adjoint : Tumbarello ; Trésorier : Carlotti, ainsi que dix conseillers, portant tous des noms de famille italiens et espagnols.

de temps après, en 1950, suite à l'arrestation de Mohamed Tahar, secrétaire de l'UGSCM et secrétaire du syndicat des dockers, qui avait affiché son désaccord par rapport à l'envoi de jeunes à la guerre du Vietnam. Le travail de nuit est une fois de plus boycotté en 1950[30]. Cette fois, les négociateurs étaient M. Talinani pour la CGT, M. Paoli pour la CFTC et M. Le Petit à FO.

7. Évolution des conditions de vie des travailleurs portuaires

Les travailleurs portuaires jouissaient de meilleurs salaires que le reste de la population ouvrière. En règle générale, un manutentionnaire percevait une moyenne de 500 francs par jour (en 1952) et les heures supplémentaires étaient payées à 60 ou 70 francs de l'heure, en fonction du jour ou de la nuit. Quoi qu'il en soit, leurs salaires restaient inférieures à ceux de la métropole se situant pour leur part aux alentours de 850 francs par jour et de 100 francs l'heure supplémentaire. Le salaire des postes de nuit était majoré de 50 % jusqu'à minuit et de 100 % de minuit à six heures du matin. Cette faible rémunération de la main-d'œuvre peut expliquer la viabilité des tarifs réduits appliqués dans ce port par rapport à ceux de la métropole, à savoir dans une proportion de 1,5 à 2 (Celce, 1952 : 98).

Par ailleurs, les *dockers* à durée indéterminée de la MM jouissaient des avantages suivants : un jour de repos rémunéré pour 18 jours de travail effectif, assurance contre les accidents du travail, une infirmerie pour dispenser les premiers soins et un service de restauration à prix réduit. Comme le montrent les chiffres du tableau suivant exprimés en francs, les salaires étaient cependant inférieurs :

Tableau 7.3.
Structure salariale du port de Casablanca

	Catégorie	Manutention Marocaine	Compagnies de navigation
Jour	Dockers	540	540
	Contremaître	588	555
Nuit	Dockers	688	505
	Contremaître, chef du personnel	674	520

Source : Élaboration personnelle à partir de données de Montagne (1950).

30. Rapport de la Direction des services de la sécurité publique, *La vie sociale*, 30 novembre 1948. Casablanca. ACCIC ; idem, 11 Janvier 1949 ; sélection de la direction figurant dans un rapport du 07 février 1949 ; le boycott et le nom des représentants, 22 janvier 1950.

D'autres avantages sociaux ont également été obtenus, tels que les vacances payées. Au Maroc, les charges sociales des travailleurs en général étaient minimes étant donné qu'ils profitaient à peine du système de la sécurité sociale, alors à ses balbutiements. Ils n'étaient protégés que par la bonne volonté de la mutuelle, à la charge de la Caisse d'assurances sociales. Tout semble confirmer que les membres de la population marocaine, installés dans la medina située à proximité du port de Casablanca ou dans les bidonvilles de la périphérie, n'avaient pas acquis la conscience de classe. Certains l'expliquent par leur attachement aux coutumes communautaires rurales, d'autres par l'influence religieuse les exhortant à adopter un comportement passif et à se soumettre servilement à la hiérarchie. Comme mentionné plus haut, ils préféraient les institutions apolitiques telles que la *djemâa*. Beaucoup vivaient dans les bidonvilles des grandes villes, tels que celui de Ben Msik, Casablanca, qui comptait quelque 50 000 habitants. Leurs logements se limitaient à une seule pièce et étaient dépourvus d'un quelconque élément de confort minimum. À Ben Msik, moins de la moitié des habitants étaient propriétaires de leur logement. Les matériaux de moindre qualité utilisés pour leur construction ne leur permettaient pas de garantir les conditions minimales de salubrité ou de disposer de l'eau courante. Ils faisaient de plus l'objet de la spéculation des locataires. Ces quartiers étaient une véritable aubaine pour les propriétaires de terrains qui les louaient aux nouveaux arrivants à des prix exorbitants (30 francs pour un logement de 10 m^2).

CHAPITRE VIII

LE PORT ET LA VILLE DE CASABLANCA

1. Le port et la ville, centre d'activité de la population urbaine

Perspective historique de la relation entre le port et la ville

La relation entre la ville de Casablanca et son port a déjà été mentionnée dans l'introduction qui précisait que ce dernier était à l'origine de cette grande agglomération marocaine. Même s'il est vrai qu'un petit noyau urbain jouissant d'une activité commerciale relativement prospère était installé au bord de la rade répondant au nom de Dar el Beida (et suite Casablanca) avant la construction du port, sa forte croissance provient du développement de l'activité portuaire. Dans le cadre de cette étude, les analyses de l'activité portuaire fondées sur la relation existante entre les villes et les ports, soulignée par de nombreux auteurs, s'avèrent particulièrement pertinentes.

Les zones urbaines accueillant les ports bénéficient de l'investissement et de l'emploi liés à cette infrastructure, ainsi que des industries connexes et auxiliaires qui se concentrent dans la périphérie des villes portuaires. L'existence d'un port facilite l'accès à une plus grande offre de produits d'importation à des prix inférieurs, ce qui favorise l'expansion du marché via les exportations. Les ports contribuent à la construction d'économies d'agglomération en tant que pôles d'attraction, de sélection et de développement de l'activité industrielle. En d'autres termes et d'un point de vue historique, certains facteurs gravitent autour du développement de toute ville portuaire. Le concept de « ville portuaire » découle de l'association historique entre un port et la ville où cette dernière constitue l'élément principal de l'équation. Fortement ancrés dans l'histoire, ces mariages entre l'origine et le développement d'une ville et l'activité maritime durent depuis des siècles, mais peuvent également être plus récents et être le fruit de l'innovation technologique des temps modernes. L'union port-ville est donc variée et complexe et la relation d'interdépendance peut se situer à différents niveaux et couvrir différentes dimensions : contexte spatio-temporel, influence sociale et économique ou technologique et politique.

La relation entre le port et la ville n'est pas dynamique. L'un des modèles les plus cités, le modèle *anyport* (Bird, 1963), décrit l'évolution de structures portuaires dans le temps et l'espace. L'auteur estime que le port maintient une relation directe entre la forme et la fonction. Dans le modèle *anyport*, l'espace du port apparaît et est expliqué comme une succession chronologique et linéaire des phases de développement des quartiers historiques. Un schéma évolutif peut être concrétisé pour le cas de Casablanca.

Main-d'œuvre pour le port

L'activité portuaire a permis à Casablanca de connaître une démographie spectaculaire à partir du début du XXe siècle. Lieu de résidence des travailleurs et des entreprises, la majeure partie de ses habitants provenaient de milieux ruraux. Attirés par la grande offre d'emploi, ils ont marqué la tendance du mouvement des populations des années suivantes, ainsi que la composition des quartiers et des bidonvilles. Ils venaient principalement des plaines intérieures de la Chaouïa et de Doukkala ainsi que des territoires du sud et, dans une moindre mesure, des régions septentrionales et orientales. Ils s'installaient généralement dans l'ancienne médina où cohabitaient juifs et musulmans. Ce quartier qui hébergeait quelque 140 000 personnes en 1950 était soumis à une forte pression démographique atteignant les 1 290 habitants par hectare. Les bidonvilles étaient principalement peuplés de travailleurs immigrés. Parmi ceux-ci figuraient notamment Ben Msik qui hébergeait 50 000 personnes pour une densité démographique de 1 050 habitants par hectare ; la nouvelle médina, construite en 1923 et qui accueillait 150 000 personnes ou la ville modèle d'Aïn Chok, avec ses 8 000 habitants pour une densité démographique de 280 habitants par hectare. En ce qui concerne les ressortissants étrangers, il s'agissait pour la plupart d'Européens, en particulier de Français et d'Espagnols (ces derniers étaient majoritaires au début du siècle mais ont ensuite été surpassés en nombre par les Français), ainsi que par la communauté juive, particulièrement active.

Outre les facteurs économiques, d'autres aspects plus généraux ont favorisé le développement des villes côtières. L'impact de la figure du protégé s'avère particulièrement significatif, ainsi que son association avec les étrangers. Ce phénomène n'a épargné aucune couche sociale. Gravitant autour des Européens et de leurs consulats, les protégés bénéficiaient d'un statut spécifique leur permettant de jouir d'un certaine immunité aux lois locales. En 1909, la région de la Chaouïa comptait 17 971 protégés pour un total de 5 314 Européens, à savoir une moyenne de 29 protégés par étranger (Adam, 1968). L'espoir d'une certaine protection juridique liée à la présence d'Européens et à l'essor de l'activité économique a attiré une important colonie israélienne qui se composait de 5 000 membres au début du siècle.

TABLEAU 8.1.
Évolution du nombre d'habitants (musulmans, juifs et chrétiens)

Années	Musulmans	Juifs	Européens	Total
1857				1 000
1867				6 000
1875				7 000
1885				9 000
1893				13 000
1900		5 000		20 000
1907			533	25 000
1921		19 500	34 000	101 690
1931	85 167	10 960	57 981	163 108
1936				257 430
1951	474 874	74 783	132 758	682 415
1952				682 388
1952				965 277

Source : À partir des données de Kaioua (1996 : 32), sauf pour les données de 1921, 1931 et 1951 qui ont été reprise du travail d'Abitbol (2014 : 540 et 603).

La nouvelle ère économique qui a marqué l'instauration du protectorat a privilégié l'apparition de nouvelles villes au détriment d'autres plus anciennes telles que Fès, Marrakech ou Meknès, pourtant synonymes de prestige et d'histoire. Le vaste changement de paradigme qui s'est alors mis en place à partir du début du siècle a entraîné la transformation de la zone côtière en un axe dynamique et favorable au développement humain. Casablanca a particulièrement profité de cette situation étant donné qu'elle disposait, depuis le début du XXe siècle, de la majeure partie des éléments à la base de sa forte croissance. Bien que les données démographiques ne permettent pas de déterminer le nombre d'habitants avec certitude, diverses sources s'accordent sur l'évolution suivante :

GRAPHIQUE 8.1.
Évolution du nombre d'habitants de Casablanca

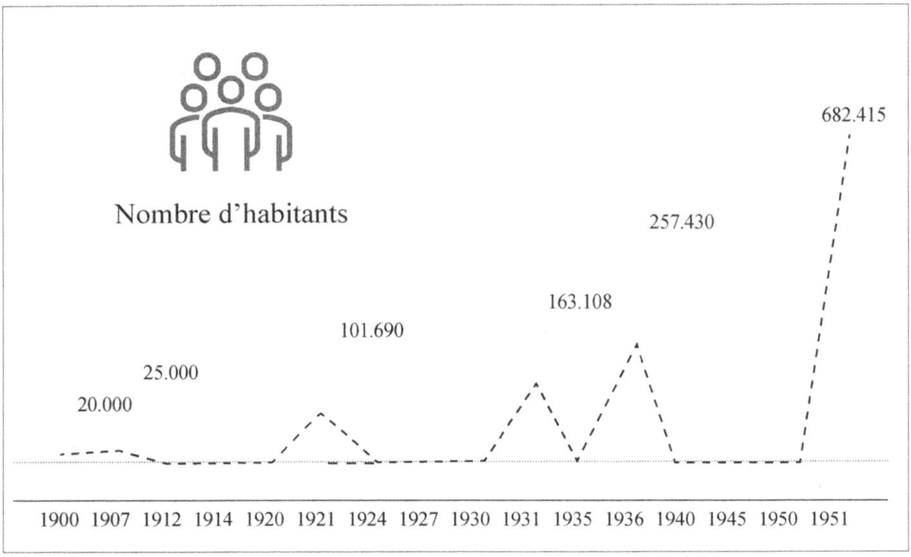

Source : *Ibidem* Tableau 8.1

La main-d'œuvre et l'immigration, les bidonvilles, espace ouvrier urbain

L'absence de vocation maritime du peuple marocain a déjà été commentée et relativisée.

Certaines données indiquent que le nombre de personnes se consacrant à ce secteur a augmenté au temps du protectorat. Pour ne donner qu'un exemple, le quartier maritime et portuaire de Casablanca hébergeait plus d'un millier de marins indigènes se distribuant entre la flotte de pêche et les navires de la marine marchande. Une croissance de la flotte commerciale et marchande est également observée, en partie grâce à l'initiative privée. Une douzaine de compagnies de navigation sont en effet créées au cours de la période du protectorat, lesquelles utilisaient des navires achetés à l'étranger pour arriver à une capacité de 40 000 tonnes brutes.

La législation en vigueur prévoyait pour sa part l'obligation d'embaucher un nombre minimum de citoyens autochtones sur les navires de commerce, les chalutiers et les sardiniers. Les services de la marine marchande permettaient le recrutement et la formation de ceux inscrits sur les listes correspondantes. Fondée en 1931 et réservée aux musulmans, l'École professionnelle maritime du port de Casablanca offrait aux jeunes apprentis un enseignement général ainsi qu'une formation technique, théorique et pratique.

En bien ou en mal, l'activité portuaire fascine et marque la population de la ville qui l'entoure. Il s'agit de villes habitées par une population bigarrée, généralement immigrée, où se mélangent presque toujours des quartiers de mauvaise réputation associés aux bas-fonds de la société. Ces villes sont marquées par la présence du port. Une société portuaire est essentiellement urbaine. Les citoyens des villes peuvent être regroupés sous différentes catégories. La première se compose de ceux qui vivent et développent leurs activités à proximité du port, à savoir différents types de travailleurs du secteur de la mer (commerce, pêche, armée), des affaires et de l'armement. Une deuxième catégorie consiste en une masse non définie de professions dont les limites évoluent au fil du temps. Il peut s'agir des activités liées à la construction navale et à la charpenterie de marine, des différents groupes professionnels impliqués dans les activités portuaires que ce soit sur l'eau (lamaneurs, bateliers) ou sur les quais (manutentionnaires, grutiers, amarreurs). À ceux-ci viennent s'ajouter les services administratifs et de gestion, tels que les consignataires, les transitaires, les douaniers, etc.

Qui plus est, il convient de ne pas oublier qu'une partie de l'activité urbaine se développe à partir de la communauté maritime et portuaire, à commencer par le quartier le plus en contact avec l'environnement commercial et les équipages. Il ne faut toutefois pas s'attendre à rencontrer des sociétés portuaires pures et dures, mais plutôt des mutations morphologiques et économiques répondant aux changements de l'économie.

TABLEAU 8.2.
Travailleurs du secteur industriel et des entreprises (Casablanca et Maroc)

Secteur	Casablanca	Total pour le Maroc
Alimentation	11 000	33 406
Construction	2 200	10 680
Produits chimiques	4 596	4 977
Textile / Crin végétal	5 072	9 655
Cuir	2 954	3 710
Papier	2 083	3 237
Bois	3 732	5 816
Total	40 093	75 713

Source : Ayache (1959) et Kaioua (1999 : 97).

Les formes écologico-économiques des ports sont le résultat de l'introduction de la vapeur, du mouvement de mondialisation entamé par la révolution industrielle, la colonisation, etc. et qui ont marqué les comportements et les mentalités (Marnot, 2015 : 12-13).

Une partie des travailleurs qui ont émigré vers les villes en quête de travail sous le protectorat ont été embauchés dans le port. Leurs conditions de vie ont été analysées par plusieurs auteurs dans le cadre d'enquêtes sociologiques sur la population de Casablanca[31]. Il ne faut pas oublier que le choix politique et économique de l'administration coloniale a permis à cette ville de se hisser au rang de pôle de croissance économique par excellence et, par conséquent, de lieu d'attraction et de concentration de la population. Les terribles sécheresses des années 1936-1937 et 1945 ont eu de lourdes conséquences pour les populations agricoles qui commencèrent alors à émigrer en masse vers les villes côtières.

L'immigration a fortement contribué à la croissance démographique. Selon les estimations quelque 10 923 personnes ont émigré de l'intérieur du pays (Montagne, 1950). Venues des quatre coins du centre et du sud du Maroc (80 %), des plaines atlantiques (52 %) et de la vallée du Souss (24 %), nombre d'entre elles ont été embauchées dans le port. Il s'agissait principalement d'agriculteurs déracinés, arrachés de leurs terres natales, ayant émigré vers la ville en quête de pain et de travail mais sans avoir pu rompre tous les liens avec leur lieu d'origine puisque l'immigré « rêvait de regagner un douar ; c'est un ouvrier malgré lui » (Kaioua, 1996 : 297).

31. Pour ne citer que quelques auteurs : Ayache (1959), Adam (1950a ; 1950b), Mathieu et Manneville (1950), Milleron (1952) ou Montagne (1950).

TABLEAU 8.3.
Provenance de la population active de Casablanca et des travailleurs du port (1948-1950)

Total Entreprises portuaires (2) Casablanca					
Origine		Origine	N° de travailleurs		
	Nombre	Origine	M. M.	CN	CHG
Souss	2 182	Chleuhs y Dra	144	58	36
Confins du Sahara	100				
Oasis (1)	577				
Haut Atlas central	43				
Arabes sédentarisés	1 682	Arabes sédentarisés	163	46	49
Casablanca	1 097	Casablanca	135	47	60
Autres villes	355	Plaines atlantiques, Moyen Atlas et arabes	245	54	51
Moyen Atlas	75				
Gharb, Jbalas	256				
Maroc oriental	40				
Tanger, zone espagnole	11				
Divers			56	9	11
Total	6 318		743	214	207

Note : 1) Dra, Dadès, Saghro, Todgha ; 2) les entreprises portuaires du port sont la MM (*Manutention Marocaine*, services techniques), la CN (Construction navale, ouvriers musulmans) et les Chantiers Gallinari. Les oasis sont les suivantes : Dra, Dadès, Saghro, Todgha.

Source : Montagne, 1950 : 198 et *Planche* 61.

Ces ouvriers travaillaient à présent pour le compte d'une économie différente de celle de leur lieu d'origine où, selon les normes de leur culture originale, ils pouvaient s'organiser de manière autonome. L'entreprise coloniale, notamment dans le secteur portuaire, tel que nous l'avons vu avec la MM, imposait des conditions précaires sans offrir une quelconque protection sociale. Bien que les conditions se fussent peu à peu améliorées au fil du temps, les travailleurs étaient bien souvent des intérimaires constamment en quête de travail et qui s'entassaient à l'entrée du port dans l'espoir d'être appelés pour rejoindre une équipe et décharger la marchandise d'un bateau arrivé au port.

Peu de travailleurs vivaient dans des logements en matériaux durables et ceux qui ne pouvaient pas payer un loyer finissaient généralement dans les bidonvilles. La majorité des immigrés ruraux ayant fui la misère et ne possédant ni formation ni qualification s'installaient dans la périphérie formant la conurbation de Casablanca. Il s'agissait de vastes agglomérations de planches et de tôles. En 1947, la médina de Casablanca comptait près de 138 000 habitants pour une densité démographique de 1 290 personnes par hectare, les bidonvilles des Carrières centrales, quelque 984 (Cerych, 1964 : 273).

Les deux bidonvilles principaux de Casablanca se dressaient le long des routes. Répondant au nom de *karyane*, ils se déplaçaient en fonction de leur développement. Installé par la municipalité en 1939 et déplacé à plusieurs reprises, le bidonville des Carrières centrales comptait quelque 4 000 baraques en 1939 et près de 20 000 ouvriers en 1940. En ce qui concerne le bidonville M'Sik (du nom du propriétaire des terrains où il avait été installé), il se composait de 3 310 baraques pour une population de 12 633 personnes en 1945 qui, dix ans plus tard, a atteint les 38 246 habitants dont la majorité étaient soit ouvriers soit artisans. Plus nombreux, les travailleurs non qualifiés travaillaient dans le port de Casablanca ou dans les entreprises industrielles détenues par les Européens. Au cours du protectorat, ce type d'habitat était l'espace de vie et de cohabitation de la population ouvrière de Casablanca (Kaioua, 1996 : 300).

Les conditions de vie étaient précaires, dans la médina comme dans les bidonvilles. À titre d'exemple, la médina disposait d'une seule toilette pour 120 personnes et 80 % de la population ne disposait pas de fosse septique. Certes, certaines améliorations ont été apportées à partir de 1950, telles que la création de centres sanitaires ou la désinfection des baraques.

Certaines entreprises construisaient également des logements pour leurs ouvriers. Elles fabriquaient en effet des immeubles de qualité minimale (services, etc.) dans des quartiers ouvriers comme celui des Roches Noires qu'elles louaient pour une modique somme d'argent : la cité Lafargue, d'une capacité de 150 travailleurs ou la cité ouvrière de la compagnie sucrière COSUMA, formée d'un total de 56 unités, etc. Il s'agissait en réalité de logements pour travailleurs privilégiés « l'aristocratie ouvrière » s'identifiant avec les intérêts de l'entreprise.

De l'autre côté de la structure sociale se trouvait la population marginalisée. Comme c'est souvent le cas dans les ports du monde entier, les quartiers les plus proches étaient destinés à la prostitution. À Casablanca, ce fléau social était d'une telle gravité que son port était connu comme étant le « plus grand bordel d'Afrique ».

Port de Casablanca, centre d'affaires des minorités fassis et soussis

L'ouverture commerciale du Maroc a principalement bénéficié à la bourgeoisie qui a pu augmenter le volume de ses affaires, développer ses propriétés et intensifier ses relations avec le makhzen dans un contexte de dépendance européenne. Les commerçants *fassis* (de la ville de Fès) ont toujours été présents partout au Maroc. Les deux tiers des commerçants de tissus de Casablanca étaient en effet originaires de Fès. Mais les *fassis* se sont également établis dans d'autres villes telles que Meknès, Taza, Tanger, ainsi qu'au sein du Maroc espagnol. Où qu'ils étaient, ils prenaient bonne note de toutes les informations utiles et les transmettaient à leurs familles restées à Fès. Ces commerçants entretenaient des relations d'affaires dans des pays et des villes comme le Japon et le Sénégal, Manchester ou Lyon, et étaient la preuve vivante de l'importance du rôle d'un port pour le commerce extérieur puisque Casablanca constituait le point d'entrée et de sortie de leurs activités. À partir du milieu du XIXe siècle, plusieurs familles de cette région ont commencé à s'installer à Casablanca : les Bennis, les Benjelloun ou les Benkirane qui ont fondé une vingtaine de maisons de négoce. Ils auraient par ailleurs acquis des participations dans les plus prestigieuses entreprises de l'époque, comme la compagnie de navigation Paquet dont ils détenaient quelque 43 000 actions pour une valeur de 11 millions de francs depuis le moment même de sa constitution (Miège, 1963).

Défenseurs des pratiques commerciales traditionnelles, ils passaient des accords verbaux avec les agriculteurs pour acheter leurs produits, connaissaient à peine la comptabilité en partie double et se contentaient d'un simple bilan. Ils utilisaient très peu les circuits bancaires pour leurs opérations commerciales, préférant plutôt alimenter les réseaux familiaux de solidarité. Leurs méthodes d'organisation et de production reposaient donc sur les principes de la production corporatiste. Pour leurs activités internationales, ils profitaient toutefois de la présence de certaines entités bancaires, telles que la Bank of British West Africa, propriété de la firme anglaise *Elder Dempster*, présente dans plusieurs villes africaines et aux Canaries (Pallez, 1951 : 194).

Les spéculations autour de la fortune des *fassis* ont fait couler beaucoup d'encre et il est vrai que certains membres de cette communauté possédaient d'immenses propriétés. Cette richesse restait cependant relative. Bien qu'elle puisse sembler importante au Maroc, elle était considérée comme modeste au niveau international. À titre d'exemple, une grande fortune *fassi* pouvait atteindre les 50 millions de francs de l'époque, même si certains, tel H. Omar Sebti, commerçant de tissus, pouvaient détenir plus de 500 millions de francs. De nombreux membres de cette communauté allaient devenir de hauts responsables de l'administration publique après l'indépendance du Maroc.

Pour leur part, les *soussis* (originaires de la vallée du Souss) représentaient à la fois un exemple de succès social des migrants et de conservation des liens avec leurs origines. Il s'agissait de migrants *chleuhs*, berbères sédentaires du sud. Cette minorité détenait pratiquement le monopole des commerces de denrées alimentaires de toutes les grandes villes du Maroc, y compris de Casablanca. Près de 90 % d'entre eux ouvraient une boutique ou se lançaient dans le commerce de l'alimentation. Ce succès ne repose pas uniquement sur leurs compétences individuelles dans le domaine du commerce, mais est plutôt dû au fait qu'ils utilisaient des entrepôts familiaux gérés par un « envoyé » qui rentrait régulièrement au bercail et qui, lors de son absence, était remplacé par un autre membre de la famille ou un ami de son lieu d'origine.

L'émigration commerçante qui a connu un immense succès dans l'Anti-Atlas central est un phénomène qui revêt une ampleur sans précédent dans l'Afrique du Nord. Il s'agit de la transformation et de l'intensification d'un commerce ancien qui a connu autrefois la forme la plus humble de la vente des corps gras et savons, avec les *beqqala soussis* des vieilles villes traditionnelles et les marchands les plus modestes encore qu'étaient les marchands de graines cuites, *fowwala*, venus de la région du Noun. Ces deux formes d'activités anciennes survivent encore d'ailleurs à côté des nouvelles entreprises.

Le mouvement de modernisation de ce commerce paraît bien être la résultante de trois groupes d'initiatives (...) : la création, dans les premières années du protectorat de la « caravane » des Aït Mzal (allant du Souk des Aït Baha vers Casablanca) suivie plus tard de la création d'une ligne régulière d'autobus alimentant ce flux migratoire ; et le succès, à la même époque, des entreprises commerciales de notables des Ida ou Gnidif et des Ammeln, habitants des plaines de la région de Tiznit. L'exemple le plus spectaculaire reste le cas des Ammeln qui sont parvenus à conquérir les places de Casablanca et de Tanger. Le résultat a été la création de véritables trusts familiaux du transport des personnes et des marchandises et la constitution d'énormes groupements d'épiceries (jusqu'à 80 ou 100 par des hommes d'une même famille). Le succès de cette minorité a suscité une émulation chez leurs voisins qui ont rejoint le mouvement des petits commerçants au départ pour les villes.

Mais le phénomène de la spécialisation des *chleuhs* ne constitue pas un cas isolé. D'autres professions ou entreprises sont en effet devenues une initiative de membres d'une communauté ethnique, tribale ou locale déterminée et cette tendance apparaît également dans des professions et des entreprises nées de la colonisation. La tribu des *Zenaga*, par exemple, détenait le monopole des services municipaux de nettoyage de Casablanca et de serveurs de Meknès, la plaine de Tiznit fournissait le plus grand nombre d'électriciens et de mécaniciens, la main-d'œuvre des mines de phosphates de Khourigba venait principalement d'une région située à proximité de Mogador (Montagne, 1950 : 56-62).

2. Structure spatiale de la ville à partir du port

Bien que le modèle *anyport* permette de définir la relation port-ville, celui-ci ne peut être appliqué mécaniquement. En effet, même si J. Bird (1963) et Hoyle (1967) considèrent tous deux que la première phase, à savoir lorsqu'une relation étroite s'installe entre le port et la ville, prend fin au début du XIXe siècle, la situation est tout autre pour Casablanca qui prolonge cette étape de près d'un siècle avant de s'adapter rapidement aux phases suivantes grâce à l'essor de l'industrialisation à partir de la fin du premier tiers du XXe siècle. L'analyse évolutive ci-après permet de confirmer cette affirmation.

Au départ, le port et la ville marocains étaient unis, bien qu'il soit plus exact de dire que la petite rade venait littéralement s'encastrer dans l'espace urbain. L'ancienne ville romaine d'Anfa est devenue Dar el Beida (Casablanca) lorsque les Portugais ont commencé à fréquenter son littoral. Elle a ensuite trouvé un nouvel élan au cours du XVIIIe siècle, lorsque le sultan Sidi Mohamed Ben Abdellah (1757-1790) y installa un port et ce, même si son activité progressait lentement et restait à des niveaux très bas au cours du XIXe siècle. Il faudra attendre le milieu du XIXe siècle pour que Casablanca prenne enfin son envol (Miège, 1954), même si elle conservera encore son aspect de village pauvre, semi-rural, jusqu'au début du siècle suivant.

Plusieurs facteurs ont permis l'arrivée de ce nouveau souffle : le développement d'un important marché de la laine, l'exportation de céréales, la création de lignes maritimes régulières à vapeur et, enfin, l'ouverture du pays aux échanges commerciaux. En effet, la demande européenne de matières premières, de textiles et de céréales a convaincu plusieurs commerçants de s'installer au Maroc. En 1853, quatre entreprises du commerce de la laine étaient installées à Casablanca, les principales étant la Maison du Baron Seillière (Paris) et la Compagnie française de Lodève qui détenaient à elles deux le monopole de cette activité. La laine de la région de la Chaouïa était envoyée via le petit port à Marseille, Anvers et Londres. La hausse du prix des céréales en Europe provoquée par la guerre de Crimée a stimulé l'exportation des produits céréaliers qui est devenue le fer de lance de l'entreprise marseillaise Pastre, alors détentrice de la concession de l'exportation de blé. La navigation à vapeur s'est également peu à peu imposée dans les relations entre l'Europe et le Maroc et ce, même si les conditions des ports marocains ne permettaient pas l'accostage des navires devant jeter l'ancre à quelques miles de la côte, comme à Casablanca. Les fonds rocheux offraient toutefois une certaine sécurité par rapport à d'autres ports dont les bancs de sable entravaient encore plus les opérations. Qui plus est, la position géographique stratégique de Casablanca situait ce port comme la porte de sortie naturelle de la production agricole et animale de l'arrière-pays, à savoir des riches régions de la Chaouïa et de Tadla. Assumant peu à peu sa fonction d'entrepôt par rapport aux autres ports voisins, ce petit port a gagné du terrain sur ses concurrents directs tels que Rabat, Mazagan ou Mogador.

Plusieurs compagnies de navigation ont commencé à s'installer dans la petite ville portuaire afin de profiter de la croissance soutenue du commerce. De nombreux Français, Espagnols et Allemands ont profité de l'expansion du vieux continent pour former une importante colonie européenne. Ce port principalement exportateur de produits agricoles régionaux a donc diversifié ses activités pour progressivement devenir un centre de réception et de distribution de produits d'origine européenne. Le développement des services de navigation et l'ouverture d'une ligne régulière entre Casablanca et Marseille par la compagnie maritime Paquet ont marqué un tournant décisif dans la structure du commerce local, ainsi qu'au niveau des points de contact des entreprises européennes sur la côte marocaine. La reconnaissance du rôle régional et extrarégional du port par la Chaouïa, Tadla et Marrakech a provoqué une croissance démographique galopante et l'arrivée de commerçants de Rabat et de Fès.

La planification urbanistique de H. Prost

La ville aborde le XXᵉ siècle sur la base d'une énorme croissance urbaine qui dessinait déjà les contours de son futur développement. Grâce au dynamisme de son port et à l'impulsion de la spéculation frénétique, un extraordinaire développement urbain prend forme dès le début du siècle et jette les bases de l'avenir de cette ville (Cohen & Eleb, 2004). L'action spéculative avait déjà configuré l'unité morphologique et conditionné les éléments structurels de son tissu urbain au cours des premières années du siècle. La ville se transforme en une énorme jungle d'activités commerciales que l'administration coloniale, à partir de l'instauration du protectorat, tentera d'ordonner et de rationaliser. Pour ce faire, le Résident Général, Maréchal Lyautey, charge Henri Prost de concevoir un plan d'urbanisation. Cet urbaniste installé à Casablanca depuis 1913 prépare alors le plan portant son nom et qui parvient à établir un certain ordre en dépit des intérêts des différents groupes de pression (Adam, 1952 et 1956 ; Kaioua, 1996 : 72-73).

Ville d'affaires, Casablanca disposait de deux pôles d'attraction : le port, permettant la communication avec l'extérieur, et la gare ferroviaire reliant les différentes régions du territoire national. Le plan Prost prévoyait l'organisation de la structure urbaine autour de trois grands ensembles : un secteur voué à l'activité industrielle et commerciale, un autre, à l'ouest, destiné à un usage résidentiel et un troisième, central, pour les activités de commerce et administratives. L'un de ses éléments clés consistait, de plus, à séparer les quartiers occupés par la population marocaine de la zone européenne, mais ses perspectives se sont toutefois avérées insuffisantes pour le projet de développement de la ville. La pression de la spéculation, le libéralisme sauvage et le chaos qui ont régné jusqu'à la moitié des années quarante ont remis son application en question. Il n'en reste pas moins que ce plan a marqué une étape décisive dans le développement de la ville et ce, même si son auteur a abandonné le Maroc dans les années vingt.

Le réaménagement urbanistique de M. Michel Écochard

Le développement de l'économie d'exploitation a transformé le Maroc à tous les niveaux dès l'instauration du protectorat et, plus particulièrement, après la Deuxième Guerre mondiale. Afin de tenter de mettre fin au chaos urbanistique en présence, un autre technicien, Michel Écochard, a été contacté à la fin des années quarante pour trouver une solution. Le rythme de croissance particulièrement soutenu au cours de la période de l'entre-deux-guerres était dû notamment à l'arrivée de grandes industries. Cette croissance à l'échelle nationale était soutenue par l'État. Très spéculative, cette situation était renforcée par les déséquilibres entre les différentes régions, ainsi qu'entre le milieu urbain et rural. Au niveau urbanistique, le fait le plus marquant a certainement été l'apparition et la propagation de nouvelles formes de croissance urbaine dans la périphérie de la ville, à savoir des bidonvilles qui étaient occupés par des migrants expulsés du milieu rural par la colonisation et attirés par le chant de l'économie urbaine. À l'arrivée de cet urbaniste en 1947 Casablanca représentait deux tiers de l'activité économique nationale et donnait du travail à plus de cent mille immigrés résidant dans les quartiers de la périphérie. Le nombre d'habitants a augmenté rapidement pour passer de 257 430 habitants en 1936 à 683 388 en 1952, ce qui représente une croissance de 223 % (Adam, 1972 : 895 ; Kaioua, 1996 : 75). La sécheresse et la colonisation du milieu rural ayant dépossédé les agriculteurs de leurs terres en pleine époque de croissance économique sont autant de facteurs ayant provoqué l'affluence à Casablanca d'un grand nombre de travailleurs : plus de 386 000 personnes ont abandonné Kénitra et Safi pour émigrer vers Casablanca et d'autres villes de la façade atlantique.

M. Écochard avait pour mission d'ordonner la croissance effrénée de l'urbanisme et de désengorger Casablanca via l'exécution, le cas échéant, d'interventions dans d'autres villes. Une nouvelle planification urbaine approuvée par un dahir au mois d'août 1952 a tenté d'instaurer une redistribution spatiale de l'industrie s'ajustant à la puissance industrielle et au développement d'après-guerre. Les nouvelles industries devaient s'installer à l'est du port où une zone de 250 hectares parallèle à la côte avait été prévue à cet effet.

CARTE 8.1.
Configuration spatiale de la ville de Casablanca (1956)

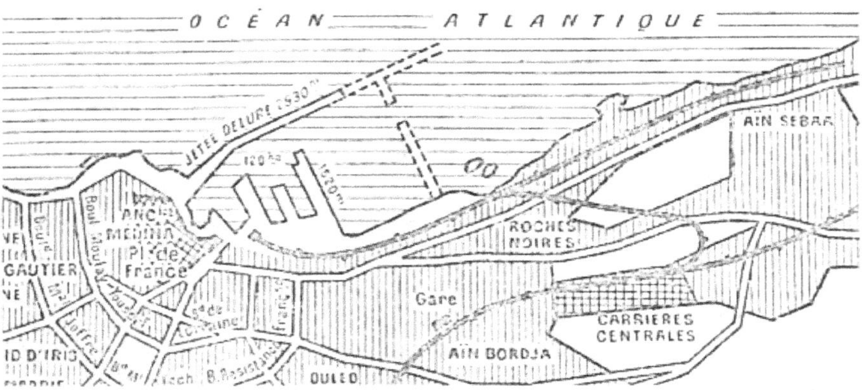

Source : Ayache (1956 : 278).

La stratégie adoptée consistait à répondre aux besoins de la main-d'œuvre qui devait pouvoir se loger à proximité de son lieu de travail. L'auteur du plan lui-même a indiqué que les zones résidentielles étaient trop éloignées des lieux de production et que les ouvriers, fatigués et pauvres, devaient investir beaucoup de temps et d'argent dans leurs déplacements. Les pressions des spéculateurs et des puissants secteurs opposés à ses propositions ont poussé l'architecte et urbaniste à abandonner le Maroc. Son plan ne sera d'ailleurs lancé qu'après la déclaration d'indépendance du pays.

3. Consolidation de la ville industrielle

D'un point de vue strictement économique, les ports sont des générateurs d'activités économiques en milieu urbain. Au cours de ces dernières années, diverses études ont tenté d'évaluer l'incidence économique du port sur la ville et sur la création d'emploi, direct, indirect ou induit. Ces études montrent que le port constitue une contribution majeure au niveau du produit intérieur brut (PIB) local et régional, de la valeur ajoutée et de la création et du maintien de nombreuses activités économiques et de l'emploi au sein de la ville et de la région (Alemany Llovera, 2006). À partir du classement abordé dans le chapitre précédent, ce point prétend analyser les entreprises liées au secteur portuaire tertiaire et plus intégrées dans le tissu urbain (entreprises *soft*).

Casablanca occupait une place privilégiée pour répondre aux besoins communs de l'industrie de base. Sa situation géographique privilégiée au niveau du territoire, sa position en tant que premier port pétrolier du Maroc en collaboration avec le port annexe de Fédala et ses infrastructures adaptées pour le stockage du charbon minéral sont autant de facteurs qui lui ont permis d'assurer la suffisance de l'approvisionnement en matières premières pour la génération de l'énergie requise par la centrale thermique des Roches-Noires. Qui plus est, la main-d'œuvre principalement autochtone était abondante et son manque de préparation ne posait pas un réel problème pour ce type d'industrie n'étant pas vraiment avide de qualifications. Le marché financier était également bien représenté, la majorité des banques disposaient en effet de succursales dans la ville. Enfin, dernier élément mais non des moindres, la disponibilité de la matière première était assurée par la convergence de la majeure partie des routes terrestres au sein du port.

TABLEAU 8.4.
Distribution par secteur d'activité au Maroc et à Casablanca (1949)

	Casablanca et région	Reste du Maroc
Fonderies	27	19
Chantiers navals	10	-
Industries chimiques	3	-
Ciment	1	-
Moulins	7	22
Biscuits	12	6
Pâtes alimentaires	21	18
Conserves de poisson	25	90
Conserves de fruits et légumes	56	38
Viandes	12	1
Emballages métalliques	4	2

Source : *Lexique de l'économie marocaine*, Rabat 1949 (cité par Celce, 1952 : 147).

Deux industries en relation directe avec l'activité portuaire méritent d'être ici mentionnées. D'une part, la construction navale bien qu'au stade embryonnaire jouissait déjà d'une certaine représentation avec les chantiers

« Gallinari », « Maroc » et « Dagosta » auxquels venaient s'ajouter une douzaine d'autres, moins importants, qui regroupaient quelque 160 ouvriers européens et 100 marocains. En 1929, 110 navires ou barcasses à moteur et deux chalutiers y ont été construits. Cette industrie souffrait cependant de la concurrence étrangère. En effet, les navires pouvaient être importés sous un régime de franchise, mais les matériaux utilisés pour leur construction étaient frappés de droits de douane de 12,5 %. L'administration a tenté de corriger ce déséquilibre et de promouvoir cette industrie par un dahir du 30 août 1929 prévoyant la hausse des impôts afin de les situer au même niveau que ceux prévus pour les navires d'importation.

D'autre part, l'industrie de la pêche a progressivement gagné de l'importance. Les populations côtières se sont en effet enfin décidées à exploiter les richesses marines abondantes de leurs côtes à partit du début du XXe siècle. Casablanca occupait une position phare dans l'industrie des conserves de poisson. Les quelque 160 navires qui se consacraient à cette activité occupaient 500 ou 600 travailleurs (Eyquem, 1993 : 135). Parmi les sept usines opérationnelles figurent notamment la Maison Aslande, la Société anonyme de pêcheries et de conserves alimentaires et l'entreprise Delure de Nantes, pour ne citer que les plus importantes. Ces entreprises exportaient leur production (968 tonnes en 1921 et 1 285 tonnes en 1931) vers plusieurs pays d'Europe, dont l'Espagne et la France, ainsi qu'en Afrique de l'Ouest.

Le port de Casablanca ayant été construit sur le flanc côtier de l'ancienne médina, un boulevard tracé à partir des vestiges de l'ancienne muraille servait d'artère principale entre la jetée Delure et la ville arabe. La zone d'activité du port commençait à proximité de la zone européenne de la ville et s'étendait peu à peu vers la zone côtière des Roches-Noires. Cette configuration qui offrait une multitude de possibilité à l'initiative commerciale tournait cependant le dos à la ville arabe. La construction de la voie ferrée Rabat-Casablanca et son prolongement vers Marrakech a joué un rôle crucial dans la promotion de l'installation des industries au sein d'un vaste périmètre côtier. Cette ligne de chemins de fer a en effet permis de relier les industries du littoral à la gare ferroviaire et au service de transport par voie ferrée, réduisant ainsi les opérations de transbordement par camion (Dorre, 1952 : 37).

TABLEAU 8.5.
Centres, matériel et personnel de la pêche au Maroc

	N° de centres de pêche	N° de navires de pêche	N° de marins
Agadir	9	5	200
Mogador	7	80	400
Safi	3	67	310
Mazagan	4	30	180
Casablanca	1	120[1]	640[2]
Fédala	1	30	150
Rabat	2	25	75
Kénitra (Port Lyautey)	2	25	80
		431	2 030

Note : 1) 44 étaient dotées d'une propulsion mécanique ; 2) 260 étaient autochtones.

Source : *Compte rendu de la séance du Comité d'océanographie et d'études des côtes du Maroc du 23 février1949*, Casablanca, le 23 février 1949, (dactylographié), p. 20, ACCIC.

À l'origine, le quartier industriel de Casablanca se divisait en deux secteurs. Roches-Noires, le plus ancien et accueillant la majeure partie des industries, commençait au pied de la jetée des phosphates et s'étendait entre la voie ferrée de Félala-Rabat et la côte maritime. Pour sa part, le secteur industriel-est se trouvait de l'autre côté de la voie ferrée, au sein de la zone des Champs, direction Ben M'Sick, et ne présentait aucune limite clairement définie. Le boulevard perpendiculaire au port était bordé d'immeubles résidentiels et d'entreprises artisanales tels que des ateliers de menuiserie, de construction et de réparation mécanique. La connexion avec Roches-Noires était assurée par une voie ferroviaire côtière offrant une capacité technique suffisante pour assurer l'acheminement de marchandises aux origines multiples. La voie se divisait en plusieurs ramifications longeant les bords des baies Delande et du Commerce. La gare maritime construite sur l'esplanade du boulevard de Chayla a permis la modernisation des installations. D'autres connexions garantissaient l'embranchement avec la ligne Casablanca-Rabat afin de faciliter la sortie des produits issus du district industriel. Cet équipement « était d'une aide inestimable pour l'approvisionnement en marchandises issues du quartier industriel » (Dorre, 1952 : 38). La complémentarité entre le chemin de fer et le transport maritime a continué à s'intensifier à mesure que les chantiers se terminaient. De plus, un tramway arrivant jusqu'au centre-ville facilitait le déplacement des travailleurs entre la banlieue et le port.

La situation privilégiée du quartier des Roches-Noires a provoqué une inflation du prix des terrains qui se vendaient au minimum à 2 500 francs de l'époque le mètre carré. Cette revalorisation s'explique par les facilités de connexion par voie ferrée ou routière qu'offrait ce quartier, ainsi que pour ses équipements. Roches-Noires était un véritable district industriel. Sa création remonte à 1912, lorsque l'entrepreneur français Lendrat décida d'investir et d'acheter un terrain de 400 hectares à trois kilomètres à l'est du centre-ville et d'en destiner une partie au secteur industriel.

En réalité, il s'agissait alors de la naissance du premier district industriel envisagé par l'urbaniste Prost. L'entrepreneur vendait les terrains à un bon prix aux industriels et aux particuliers souhaitant se lancer dans l'édification. Il a également construit des logements pour les travailleurs. Le promoteur a même créé l'usine de briques « Lendrat et Dehor » afin d'alimenter ses projets de construction. D'autres grandes usines telle que la « Société des Chaux et Ciment Lafarge » s'y sont également installées. Lendrat a aussi conçu le projet du tramway, d'abord à traction animale, puis électrique à partir de 1914. Il publiait même son propre journal pour défendre les intérêts de Roches-Noires, de ceux qu'il considérait comme les siens, pour exposer ses idées et faire pression sur les services du protectorat (Kaioua, 1996 : 85).

4. L'arrivée de l'industrie à Casablanca et sa relation avec le port

Au cours des premières années du XXᵉ siècle, les industries marocaines se limitaient à répondre aux besoins locaux et ne disposaient pas des capacités nécessaires pour satisfaire une clientèle étrangère. Un parc industriel a toutefois rapidement vu le jour à Casablanca pour répondre essentiellement à la demande de l'occupation militaire du Maroc qui y avait basé ses troupes. Au cours de la Première Guerre mondiale, une industrie de transformation de matières premières initialement créée pour répondre aux besoins locaux a connu une forte croissance, nettement supérieure à celle du reste du Maroc, dès le début du conflit.

Peu de temps après le début de l'activité du port, un nombre réduit d'industries ont décidé de s'installer en ville. En 1914, le recensement faisait état de 37 établissements employant 761 travailleurs, dont 704 étaient de nationalité marocaine. Quelques années plus tard, un décompte organisé en 1927 enregistrait 600 établissements industriels sur l'ensemble du territoire marocain représentant une force motrice de 50 657 ch et quelque 10 990 ouvriers embauchés. Casablanca détenait pour sa part 210 usines représentant une force motrice de 37 016 ch, un capital de 175 105 000 francs et 4 310 ouvriers. L'ensemble de la région de la Chaouïa regroupait 470 établissements industriels donnant du travail à 11 152 ouvriers, à savoir 30 % des établissements et 32 % du personnel du secteur industriel marocain (Hoffherr, 1932 : 198-199). Le port est lui-même devenu la première entreprise du pays en termes de travailleurs. En 1914, il donnait du travail à 1 200 ouvriers. Ce chiffre est ensuite passé à 2 750 en 1921 et à 4 600 en 1925 (Eyquem, 1933).

Plusieurs usines et maisons de commerce d'entreprises étrangères s'y sont installées et ont joué un rôle prépondérant dans la naissance de l'activité industrielle. Au cours de l'année 1914, une douzaine d'entrepôts d'importation ont fourni à l'industrie naissante les marchandises nécessaires à leurs activités, tels que le ciment, le bois, la peinture, etc. Parmi ceux-ci figuraient notamment les entrepôts « Henri Hamellé », fournisseur de tous types de matériaux industriels, le Comptoir métallurgique, entreprise spécialisée dans la fourniture de matériel en fer, et les Docks, entrepôts et magasins généraux du Maroc, spécialisés dans l'approvisionnement des industries en tout genre. Dans l'ensemble, le développement industriel permettait de répondre aux besoins des entreprises de Casablanca. À l'inverse d'autres villes historiques telles que Rabat, Fès ou Marrakech, Casablanca misait sur une activité industrielle mécanisée et axée sur la production à grande échelle. En 1914, la ville de Casablanca disposait d'un parc d'entreprises donnant du travail à quelque 1 500 travailleurs, dont 40 % étaient d'origine marocaine, ainsi qu'à 500 travailleurs salariés portuaires supplémentaires (Kaioua, 1996 : 82).

En résumé, la stratégie de développement et de concentration des industries dans les villes portuaires appliquée par le système colonial a principalement bénéficié à Casablanca. Le port et la ville ont dès lors commencé à se développer ensemble. Bien qu'installé en dehors du port, le district industriel ne lui tournait pas le dos puisque ces deux éléments étaient étroitement liés par le chemin de fer et les voies routières. Plus de la moitié des industries ont choisi de s'installer dans le centre-ville, face au port, entourées de commerces et de logements, tandis que d'autres ont préféré des emplacements plus proches de voies de communication telles que la route des Oulad Ziane, la route de Mediouna ou la route de Rabat. Contrairement à la configuration diffuse et fragmentée des petites industries du centre-ville, le quartier des Roches-Noires se caractérisait par son architecture, son ampleur et ses matériaux qui lui donnaient un aspect de production moderne à l'origine de la conception de l'espace industriel colonial. D'autres quartiers résidentiels destinés à la haute bourgeoisie ainsi qu'une ville résidentielle appelée Anfa Supérieur ont également été créés.

En quelques années à peine, les industries se sont multipliées et se sont concentrées à Casablanca, bien souvent pour répondre aux besoins de la clientèle européenne en matières d'alimentation, de matériaux de construction et de fabrication mécanique. Il s'agissait de petites installations, semi-artisanales, qui parsemaient le tissu urbain des alentours de l'ancienne médina : moulins familiaux et indépendants, usines de pâté, ateliers de menuiserie, petites imprimeries, etc.

Le port et la ville ont dès lors commencé à se développer ensemble. Bien que le Maroc disposât déjà de petits embryons d'industries artisanales (tissus, bois, cuir), le véritable développement industriel a commencé sous le protectorat. Les entreprises modernes qui se sont installées après la Première Guerre mondiale concernaient principalement les secteurs de la construction et de l'alimentation. Il fallait en effet répondre aux besoins de consommation de la population européenne et des quartiers en construction destinés à accueillir la population immigrée, ainsi que préparer les locaux commerciaux des commerçants et entrepreneurs.

Structure sectorielle

Comme le montre le Tableau 8.6, les secteurs des matériaux de construction et de l'industrie alimentaire occupaient les deux tiers des usines de la ville et mobilisaient 95 % des capitaux investis dans le secteur industriel, à savoir quelque 13 millions de francs de l'époque. C'est à cette époque que les grandes entreprises du pays, dominées par le capital international, ont commencé à s'installer à Casablanca. Parmi celles-ci figurent notamment les Grands Moulins du Maghreb, propriété de la CGM en partenariat avec le Crédit commercial de France, et les Brasseries du Maroc, également filiale de la CGM et de la Banque de Grandis.

De même, le développement des conserves en tous genres a encouragé l'apparition d'usines de conditionnement comme les Huileries et Savonneries du Maroc, filiale de Cotelle et Foucher. Installée au sein du complexe des Roches-Noires depuis 1929, la puissante Compagnie sucrière marocaine (COSUMA) mérite une attention toute particulière. Propriété du consortium industriel et financier formé par PARIBAS et la société parisienne Schneider, cette compagnie fondée en partenariat avec le groupe sucrier Beghin et Lebandy, originaire du nord de la France, avait pour but de contrôler ce secteur à forte demande au Maroc. Elle est rapidement devenue le vaisseau amiral du protectorat et comptait près de 500 employés, dont 86 européens (Hatton, 2009).

TABLEAU 8.6.
Évolution du secteur industriel de Casablanca sur plusieurs années (1914, 1924, 1927 et 1949)

	1914		1924		1927		1949	
Secteur	Établis-sements	Travail-leurs	Établis-sements	Travail-leurs	Établis - sements	Travail-leurs	Établis-sements	Travail-leurs
Aliment	121	306	39	722			133	
Construction	11	528	20	736			1	
Bois et menuiserie	4	346	25	426				
Ateliers mécaniques	5	93	68	880			37	
Imprimerie	e 2	98	11	188				
Confection	n 1	50	3	206				
Industries	2	44	24	288			7	
Total	37	1 465	191	3 446	210	4 310	178	6

Élaboration personnelle inspirée des sources suivantes : Pour 1914 « L'essor industriel de Casablanca. Enquête sur les entreprises industrielles », paru dans *La Vigie marocaine*, 1914 (Publié par Kaioua 1996 : 83) ; pour 1924 : « Recensement des industries du protectorat » (Anne, 1924), publié par Vidalenc (1928) ; pour 1927 : (Hoffherr, 1932 : 198-199) ; pour 1949 : *Lexique de l'économie marocaine*, Rabat 1949 (publié par Celce, 1952 : 147).

Les sociétés filiales du grand capital français étaient également présentes dans l'économie marocaine : la Régie des Tabacs, Chaux et Ciments du Maroc (groupe Lafarge), Brasseries du Maroc, l'entreprise des superphosphates du groupe Kuhlmann, les Ateliers de construction Schwartz-Haumont et les Établissements Canaud (groupe Wendel), pour ne citer que quelques exemples. La prépondérance des groupes financiers et industriels s'est installée sur l'ensemble de l'activité industrielle. Ils en ont été les promoteurs et en ont également été les bénéficiaires.

Dans le secteur de la métallurgie et de l'électricité, il convient de mentionner les Chantiers et ateliers du Maroc, contrôlés par le groupe Rothschild, la SCF, filiale du groupe PARIBAS et des établissements Fauvet-Girel, et la Compagnie générale électrique, filiale de la société française du même nom.

L'usine Grand Socco, propriété du docteur Veyre, proche du makhzen, était, quant à elle, la principale productrice du secteur de l'alimentation, ses produits étaient principalement destinés à la population d'origine européenne. Elle produisait notamment des crèmes glacées, de l'eau distillée et de la farine. Toutes les grandes marques françaises de conserves possédaient une succursale à Casablanca, à savoir Saupiquet Maroc et Olida Maroc, pour ne donner que quelques exemples. Les entreprises américaines Pepsi-Cola et Coca-Cola s'y sont également installées. La grande création de ce secteur reste toutefois les usines de tabac, conséquence directe des accords d'Algésiras.

Dans le secteur chimique, soulignons les nombreuses usines du groupe Kuhlmamm, en particulier la Société chérifienne des engrais et superphosphates et le trust Air Liquide. De puissants groupes tels que Saint-Gobain ou Pechiney contrôlaient pour leur part la fabrication de l'aluminium, des produits pharmaceutiques et des peintures.

Dans le secteur textile, une seule usine assumait la confection des uniformes militaires. Celui-ci était dominé par des entreprises du nord de la France qui avaient installé leurs nombreuses filiales à Casablanca, point de départ de l'activité textile au Maroc.

D'autres activités ont également été développées en réponse aux besoins de la nouvelle ville : services publics, usines de meubles en bois et de menuiserie métallique, ateliers de réparation mécanique (en particulier l'entreprise Carrosseries et Forges Maroco-Mannesman). Bon nombre de sociétés ont été fondées par des particuliers venus d'Algérie ou d'Amérique latine. Une grande imprimerie, l'Imprimerie Rapide, détenait le quasi monopole des travaux d'impression du sud du Maroc et des journaux tels que *La Vigie marocaine*, *Le Maroc*, ainsi que des hebdomadaires tels que le *Journal du Maroc*, les *Annales marocaines* et le *Bulletin officiel du protectorat*.

GRAPHIQUE 8.2
Trafic portuaire et secteur des entreprises à Casablanca

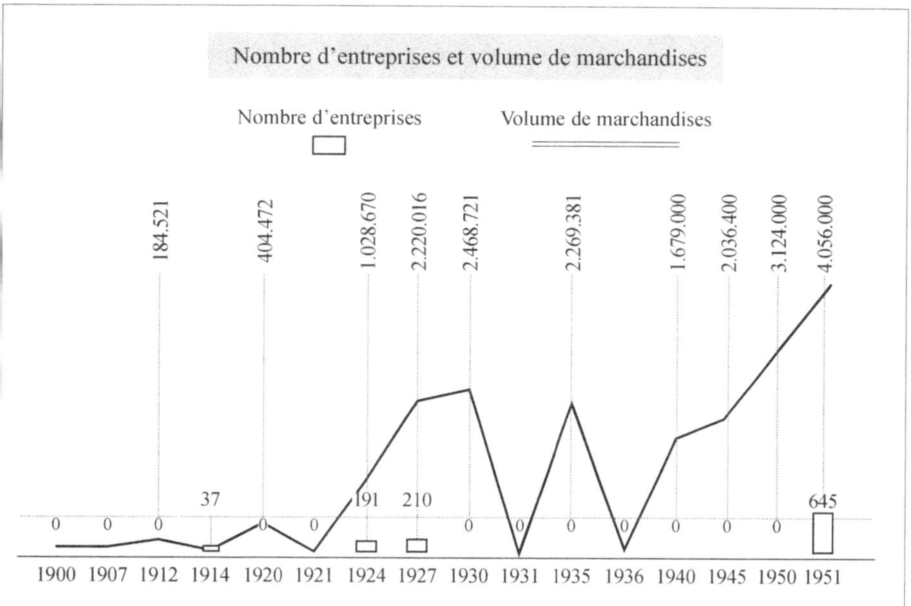

Source : Élaboré sur la base des informations des tableaux 8.6 et Annexe A2.17.

Bien que ces données ne soient pas complètes, un décompte de 1952 permet de recenser 1758 entreprises installées à Casablanca. Ce chiffre doit toutefois être interprété avec prudence étant donné que certaines de ces entreprises se composaient de moins de deux ouvriers (Kaioua, 1999 : 97). Principalement d'origine étrangère, les plus importantes faisaient partie du capital monopolistique. La majeure partie d'entre elles étaient en effet des filiales des principaux groupes financiers européens, notamment de la Compagnie marocaine ou de la Compagnie générale du Maroc. À titre d'exemple, la Société des chaux et ciments du Maroc, installée depuis 1913 dans le district des Roches-Noires, a été fondée par le groupe français Lafarge et du Teil en partenariat avec la CGM et la société Paris-Maroc. Société phare du secteur du ciment, son activité a permis de réduire considérablement le prix de ces matériaux (25 %). Elle avait également des succursales à Meknès et à Agadir et collaborait avec le secteur public.

Localisation industrielle

La configuration spatiale se caractérisait principalement par la concentration des moyens de production industrielle et l'accumulation du capital sur une frange très réduite du territoire national, à savoir sur la ligne côtière dominée par Casablanca qui détenait 80 % de la production industrielle du pays. En règle générale, les industries ne disposaient pas d'un emplacement prédéterminé ou d'une zone réservée pour s'implanter. Elles construisaient souvent au hasard, en fonction des entités financières ou de la proximité du port (le *Shipping District*). En effet, plus de la moitié des industries ont choisi de s'installer dans le centre- ville, face au port, entourées de commerces et de logements, tandis que d'autres ont préféré des emplacements plus proches de voies de communication telles que la route des Oulad Ziane, la route de Mediouna ou la route de Rabat, contrairement à la configuration diffuse et fragmentée des petites industries du centre-ville.

D'autres quartiers résidentiels destinés à la haute bourgeoisie ainsi qu'une ville résidentielle appelée Anfa Supérieur ont également été créés.

Les quartiers industriels suivants se dessinaient à la fin de cette période : le noyau situé à proximité du centre résidentiel du centre-ville, de la nouvelle médina et de Maârif, a été la première zone industrielle de production. Celle-ci se composait principalement de petites entreprises, sous forme d'ateliers, parsemant le tissu urbain et entourées d'activités commerciales et de services. Il s'agissait principalement d'établissements liés aux secteurs textile, alimentaire et mécanique.

Principal quartier ouvrier de la Casablanca coloniale, le Maârif possédait un ensemble industriel spécifique. Le centre-ville offrait pour sa part des avantages en termes d'emplacement pour les investisseurs. Situé en périphérie du port, il permettait un accès rapide aux installations portuaires et se trouvait à proximité du centre d'affaires et de la main-d'œuvre.

1. La grande industrie se concentrait, quant à elle, à l'est de la ville. Fief de grandes entreprises telles que Lafarge, COSUMA, l'huilerie Lesieur ou la Société chérifienne des engrais, il se divisait en trois grands groupes : les Roches-Noires, comprenant une centaine d'entreprises ; le district d'Aïn Sebaâ, comptant 70 entreprises recensées et qui s'y sont installées après la Deuxième Guerre mondiale, situé en bordure de la route de Rabat et de la voie ferrée ; et, un peu plus loin, le quartier de Sidi Bernoussi, siège d'une trentaine d'entreprises. Considéré dans son ensemble, ce secteur urbain constituait la plus importante concentration d'entreprises à la fin de la période du protectorat et représentait 51 % du total des unités de production de la ville. Cette distribution a jeté les bases de la configuration des entreprises du Grand Casablanca actuel étant donné que bon nombre des sociétés actuelles étaient déjà présentes avant 1956, à savoir avant la fin du protectorat (Kaioua, 1999 : 105). Fruit de la colonisation, Casablanca est

devenue la capitale économique du Maroc moderne et a prôné l'organisation d'une exploitation méthodique de son territoire, des activités commerciales et industrielles et de l'avenir de la capitale. La fonction commerciale est non seulement la plus ancienne mais aussi le point de départ de l'extraordinaire développement du port, pierre angulaire de la puissance de la ville. Fondée sur la base de la redistribution des produits importés et de la collecte des produits locaux destinés à l'exportation, des transactions immobilières et de tous types d'opérations de courtage, elle a toujours fait l'objet d'une forte spéculation.

La création d'un ensemble de connexions a permis la croissance rapide et la mise à profit de ces activités. De plus en plus perfectionnées, les connexions postales, téléphoniques et radiophoniques reliaient les routes et les voies ferrées qui commençaient peu à peu à toucher les points les plus reculés du territoire. Une gare maritime et un aérodrome ont facilité la diffusion des commandes, des mouvements de capitaux, l'arrivée d'agents commerciaux et la circulation des marchandises.

La ville disposait également de tous les moyens financiers modernes. Les établissements de crédit et les sociétés financières allaient jouer un rôle prépondérant dans cette économie d'échanges tout comme, dans une moindre mesure, les grands commerçants marocains (juifs et musulmans). Ils offraient leurs capitaux et leurs services en échange d'une partie non essentielle des grands bénéfices générés. Grande place commerciale, Casablanca s'est hissée au rang de marché de capitaux de premier rang. Regroupant une trentaine de banques pour un total de 110 agences et bureaux bancaires, elle a également été le siège, à partir de 1929, de l'Office de compensation des valeurs mobilières destiné à faciliter les transactions immobilières (Ayache, 1956 : 277).

La puissance de Casablanca était particulièrement notable au sein de la région côtière, surtout dans la direction du port de Fédala qu'elle tendait à absorber. Mais Casablanca est plus que la métropole économique, c'est également le siège du patronat français, bourgeois et prolétaire, la ville qui va déterminer la vie économique et politique du pays. Ce n'est pas un hasard si les forces qui ont précipité la fin du protectorat ont vu le jour à Casablanca.

5. Bilan provisoire de la relation entre le port et la ville

Il est communément admis que la configuration des villes portuaires peut être le résultat de l'activité maritime et portuaire, laquelle joue un rôle essentiel dans le renforcement de l'activité économique et industrielle. Et Casablanca ne fait pas exception à la règle. L'étude empirique de la dernière évolution de l'activité économique, de la population, de l'attraction d'investissements étrangers et d'entreprises actives appliquée au cas de la ville marocaine objet de ce travail confirme cette relation et influence. De même, au cours de cette phase qui, selon le modèle Hoyle-Pinder, se caractérise à l'échelle mondiale par l'essor de l'industrialisation et par l'introduction du bateau à vapeur, on assiste à une division des fonctions : tandis que les services de chargement et de déchargement se concentraient dans le port, les commerçants, les banques, les compagnies de navigation, les agences d'assurances, etc. se retiraient du secteur portuaire pour s'installer dans le centre-ville.

Si nous revenons à l'époque où le port et la ville maintenaient une relation étroite, à savoir lors de la transition vers la deuxième étape de la théorie de Hoyle-Pinder, nous constatons que c'est à ce moment-là que diverses industries et entrepôts de services (*Shipping district*) se sont établis au sein de l'enceinte portuaire, tandis que les services de chargement et de déchargement préféraient, pour leur part, le centre-ville et la médina.

Il convient toutefois de faire une distinction entre les emplacements choisis par l'un ou l'autre type d'entreprises. Le port étant également le centre économique du nouveau noyau urbain, plusieurs banques et agences décident de s'installer à proximité du port et du district financier et ce, même si une certaine division spatiale des fonctions est à signaler : agences en douane et assurances, compagnies d'import-export et compagnies de services portuaires. Par ailleurs, compte tenu de la proposition du modèle évolutif et de la localisation des activités, les entreprises de Casablanca privilégiaient naturellement les zones situées à proximité du port.

La plupart des travailleurs portuaires habitaient dans l'ancienne médina. C'est d'ailleurs là que se sont installés les quartiers marins traditionnels hébergeant les ouvriers développant toute une série de professions traditionnelles : pêche, charpenterie de marine ou porteurs. Au fil du temps, la plupart d'entre eux se sont orientés vers le chargement ou d'autres professions portuaires. Certains ont ensuite émigré vers les nouveaux quartiers tels que Ben M'Sik, devenus des lieux de résidence pour travailleurs mais présentant les problèmes sociaux classiques de tout processus d'industrialisation : surpeuplement, insalubrité et apparition de graves troubles de l'ordre public, à savoir prostitution, violence, etc. Le front maritime présentait également une certaine concentration d'activités économiques fortement diversifiées. Leur évaluation a permis d'obtenir une toute première quantification révélant l'étroite relation existant entre l'activité portuaire et le développement de l'activité commerciale et industrielle. La colonisation n'a toutefois jamais encouragé une industrialisation effective pouvant représenter une quelconque menace pour le secteur industriel de la métropole. Cette époque a été marquée par les grands chantiers publics ayant instauré les conditions nécessaires à la domination de l'espace marocain. L'industrie semblait alors peu attirante pour le capital privé représentant à peine 15 % des 100 milliards de francs investis par les entreprises au Maroc entre 1912 et 1932. L'arrivée d'un appareil de production solide et intégré pouvant permettre le développement commercial du pays se faisait attendre, les entreprises locales étaient de dimensions réduites et non complémentaires et répondaient plus aux besoins externes en faveur des intérêts dominants. Elles adhéraient davantage à la logique du capitalisme métropolitain, estimant plus rentable de créer des instruments et des filiales dans les lieux de destination que de vendre des biens fabriqués à des coûts élevés sur le territoire métropolitain. Le manque d'équipement constitue le trait caractéristique principal de l'industrie coloniale. L'événement le plus marquant reste la concentration industrielle autour de Casablanca qui s'est produite au cours de la période comprise entre 1912 et 1945. Et pour cause, des 29 milliards de francs destinés à l'industrie nationale, 80 % ont été absorbés par la ville (Ayache, 1956). Au cours des années suivantes, Casablanca a réaffirmé sa position de capitale économique du pays grâce à l'arrivée massive de capitaux et d'investisseurs à la métropole, ainsi que d'entrepreneurs à succès.

IX CONCLUSIONS

RÉSULTATS ET PERSPECTIVES DE RECHERCHE

Beaucoup de choses avaient changé au Maroc au moment de son indépendance, notamment le port et la ville de Casablanca. La distribution sectorielle de la population active s'est réorientée vers le secteur secondaire qui est passé d'un taux d'emploi de la population active de 3,3 % en 1926 à 11,2 % en 1952 grâce à l'implantation de nouvelles industries. Le personnel du secteur tertiaire a également connu une hausse notable (10,5 % et 18,8 %, respectivement), tandis que le secteur primaire accusait une certaine perte de vitesse passant de 86,2 % à 70 %, respectivement (Cerych, 1964 : 159). La proportion de la population urbaine a considérablement augmenté. De nouvelles villes ont été érigées, d'autres ont été sensiblement élargies, tandis que dans les quartiers européens, tel que ceux de Casablanca, les nouvelles façades s'alignaient de manière harmonieuse et régulière. Une telle évolution a été accompagnée de l'édification de nouveaux hôpitaux et dispensaires. Les communications, tant maritimes que terrestres, ont été améliorées grâce au vaste réseau de voies ferrées et routières reliant la quasi totalité des régions du pays. Nous aimerions toutefois attirer l'attention du lecteur sur la question de la modernisation des ports atlantiques. Dotés de nouveaux quais de dimensions suffisantes pour accueillir des navires de grande taille, ils étaient également équipés de tous les moyens et de toutes les technologies modernes nécessaires pour réaliser rapidement et efficacement les tâches les plus complexes, aspect primordial de la compétitivité dans le secteur portuaire.

Certaines données confirment cette évolution. Plusieurs sources de confiance affirment que les recettes nationales entre 1951 et 1954 ont été supérieures à la croissance démographique estimée à 2 %, que les recettes nationales par habitant ont affiché une hausse annuelle de 4 % à 5 % (6-7 % moins 2 % de la croissance démographique) (Cerych, 1964 : 141). De toute évidence, la dotation en infrastructures a joué un rôle déterminant dans la bonne santé s'accordent à souligner ces résultats qui viendraient confirmer les bénéfices de la colonisation.

La fin du processus indique que les conditions de vie de la population ont été améliorées, bien que de manière inégale. La population européenne et certains membres de la bourgeoisie locale ont été les grands bénéficiaires de la colonisation, même si les revenus des travailleurs ont également connu une certaine hausse, passant de 38 francs/heure à 47 francs/heure, tout en restant inférieurs aux salaires versés à un travailleur tunisien (61 francs/heure) ou français (110 francs/heure).

Bien que les salaires aient été un peu plus élevés pour les travailleurs portuaires, ils n'étaient toutefois en rien comparables à ceux de la métropole. De plus, s'ils bénéficiaient de certains avantages sociaux, comme les vacances payées, ils n'avaient toujours pas accès à un système de sécurité sociale généralisé ou à la mutuelle, quasi inexistante. À ce niveau, il convient de signaler la flagrante discrimination envers la population marocaine. En effet, alors que ces derniers ne disposaient que de 15 jours de vacances par an, les Européens jouissaient d'un mois complet. Ils n'étaient par ailleurs pas autorisés à former des organisations autochtones étant donné que leur niveau de préparation dans ce domaine était considéré comme insuffisant. Vers la fin de la période de colonisation, afin peut-être de préparer la nouvelle situation et de contrôler la menace du mouvement indépendantiste, les autorités du protectorat ont augmenté les salaires de 10 % minimum en 1952 pour les situer à 70 ou 90 francs à Casablanca.

L'évolution des recettes nationales par habitant, donnée indicative du développement économique, s'est avérée supérieure au Maroc que dans les autres pays africains (à l'exception de l'Afrique du Sud où il se situait à 300 dollars) et a atteint la barrière des 180 dollars de l'époque en 1953, devançant la Tunisie et ses 130 dollars. Le Maroc était également le premier consommateur d'énergie avec 240 kilogrammes de charbon par habitant, devançant des poids lourds tels que la Ghana (130 kilogrammes) et le Nigeria (40 kilogrammes). En ce qui concerne la disponibilité des aliments, les 86 grammes de protéines par habitant le situaient également en tête du classement, devant l'Égypte et ses 70 grammes.

Le revers de la médaille de l'époque du protectorat a été la faible création de centres scolaires et le nombre réduit d'enfants d'origine musulmane scolarisés : seuls 1,7 % des enfants de 5 à 14 ans étaient scolarisés en 1938. Cette valeur a cependant connu une légère hausse en 1945 (2,7 %) et au cours des décennies proches de l'indépendance (11,2 % en 1955). Le Maroc est l'un des rares pays qui contredisent la règle générale selon laquelle la hausse des recettes implique l'augmentation de la scolarisation de base (Cerych, 1964 : 302-303).

Cette donnée est particulièrement significative puisqu'elle permet de déterminer la direction et la nature de la croissance nationale. En d'autres termes, bien que la hausse des chiffres macroéconomique s'avère indiscutable, celle-ci n'a pas impliqué un bien-être intégral pour l'ensemble de la population et n'a pas supposé le même bénéfice pour tous les secteurs. Il importe également de signaler qu'en dépit des transformations introduites au cours de la période coloniale, les pouvoirs réels et les autorités coloniales ont préféré maintenir le *statu quo* plutôt que de se lancer dans la réforme des institutions coloniales, telles que le makhzen, s'alliant avec ces dernières pour former un système d'administration dualiste. Il s'agit sans nul doute d'un effet pervers à long terme du colonialisme.

Un examen plus approfondi remet par conséquent en question les présumés bienfaits de l'action du protectorat. Il convient en effet de s'interroger sur certains aspects clés : qui établissait le programme d'équipements ? quels ouvrages ont été exécutés ? qui les finançait ? au bénéfice de quels groupes de la population étaient-ils destinés ? etc. Les ports et les routes ont sans nul doute été construits pour permettre le déplacement des troupes d'expédition, dans l'intérêt des colons européens, afin de faciliter l'exportation de matières premières et, bien entendu, pour répondre aux intérêts des importateurs d'articles de consommation. Les investissements se sont poursuivis au fil du temps et se sont même accrus après la Deuxième Guerre mondiale, notamment dans le cadre des plans quadriennaux dont le premier a été mis en œuvre entre 1949 et 1952 dans le contexte de la planification indicative.

Il faudra donc analyser le revers de la médaille. Il ne faut pas oublier que la macrocéphalie urbanistique générée a entraîné certains déséquilibres économiques et des problèmes sociaux notoires, lesquels ont particulièrement touché les quartiers populaires, les bidonvilles et l'ancienne médina de Casablanca. L'évaluation du niveau de vie va dans le même sens. Bien qu'insuffisantes, les données des enquêtes réalisées offrent une vision favorable, mais limitée, du processus entamé par le protectorat.

Comme on le sait, le développement ne peut se mesurer uniquement sur la base d'indicateurs statistiques. Il s'agit d'un concept complexe englobant une série d'aspects et d'éléments des plus hétérogènes tels que la persistance de l'économie de subsistance, la pauvreté de la population marocaine, l'accès à la santé et à l'éducation, etc.

Le renforcement de l'appareil de l'État sur la base d'un régime de protectorat a certes pu encourager le processus, mais il n'a clairement pas été accompagné par un développement parallèle de l'ensemble des différentes institutions de la société civile qui auraient pu contrecarrer le pouvoir étatique et établir un certain équilibre entre eux. Le problème réside dans le fait que l'élite qui contrôlait l'État ne poursuivait pas réellement ce type de développement mais la protection de ses privilèges en s'alliant, le cas échéant, avec l'oligarchie locale. Ce système oligarchique et clientéliste s'articule autour d'un système d'économie duale extroverti leur permettant de se renforcer mutuellement.

FIGURE 9.1.
Structure de la communauté portuaire du port de Casablanca

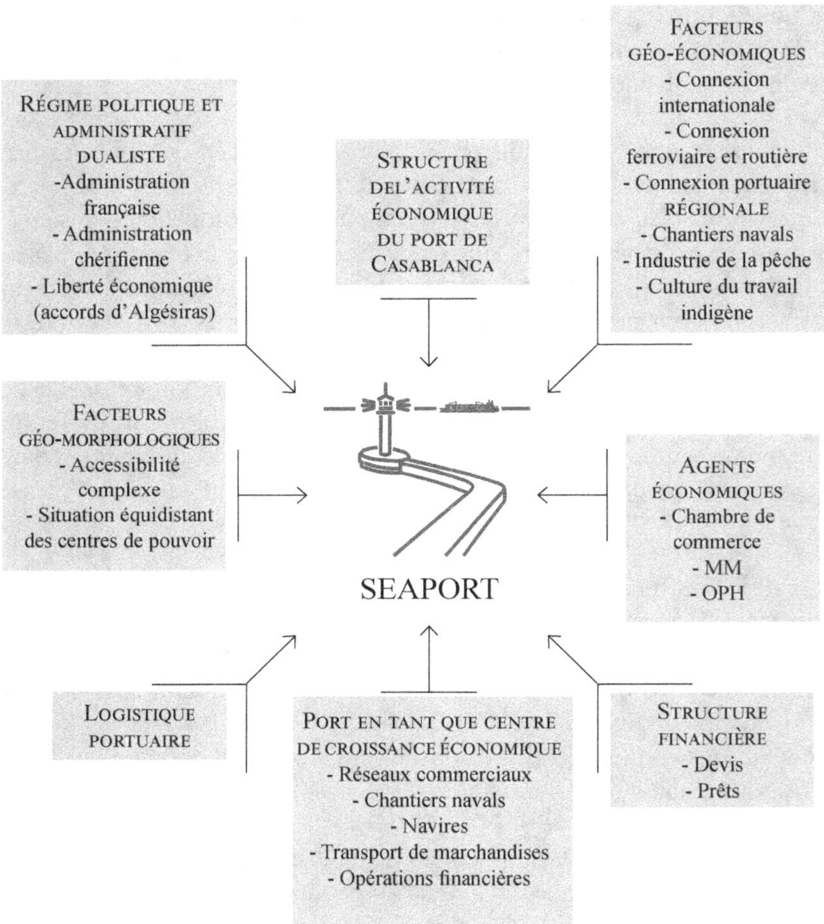

Source : Élaboration personnelle, inspirée de Polonia, 2010.

Quel rôle le port de Casablanca a-t-il joué dans ce processus ? En ce sens, le succès du port de Casablanca est sans appel : il s'agit d'une pièce maîtresse de la croissance économique du Maroc. La politique de concentration portuaire s'est avérée judicieuse, tout comme le fait de l'accompagner d'une stratégie d'amélioration des installations d'autres ports secondaires. Le succès économique s'est également traduit par le grand nombre d'entreprises ayant établi leur siège à Casablanca, même si la plupart d'entre elles étaient contrôlées par le capital étranger. Toutes infrastructures confondues, portuaires et autres, on peut considérer qu'à la fin du protectorat, le Maroc disposait d'une base structurelle acceptable en ce sens qu'à l'inverse de l'ensemble des pays sous-développés, il avait atteint le niveau de capital social fixe (ports, routes, chemins de fer, services publics, etc.) nécessaire pour entamer les premières étapes de développement et prendre son envol.

Il s'agit d'un port connecté aux centres économiques européens dont la fonction principale était de permettre l'exportation des matières premières nationales, à savoir des minerais (phosphates) et des produits agricoles. Pour ce faire, il s'est doté d'une administration souple et efficace basée sur le modèle des concessions administratives. Certains obstacles ont cependant parsemé son parcours, notamment ceux liés à la rivalité entre le capital local et étranger. Il a également éprouvé certaines difficultés à intégrer les caractéristiques culturelles de la population locale, telles que, par exemple, le rythme de travail qui ne s'est aligné sur le modèle des trois postes caractéristiques de la majeure partie des ports du monde que bien plus tard. Dans l'attente de futures recherches, nous pouvons affirmer que les entrepreneurs portuaires ont bénéficié d'un cadre de paix sociale favorable au contrôle de l'organisation du travail n'ayant été perturbé, le cas échéant, que par la résistance passive et culturelle d'une population active attachée aux traditions portant sur le rythme de travail. Il est vrai que le modèle institutionnel autoritaire a pu freiner le niveau de conflictualité mais, étant donné que la paix sociale reposait sur le principe de l'absence de libertés, celle-ci ne pouvait durer. Des conflits professionnels ont donc commencé à survenir à la fin de la période coloniale. L'absence d'un cadre démocratique jetant les bases des relations professionnelles entravait la résolution des conflits selon les paramètres modernes de négociation collective. Qui plus est, la tentative patronale d'encourager les institutions apolitiques du type *djemaa*, n'a pas rencontré le succès escompté et l'absence de syndicats bien organisés n'a pas facilité les choses.

Les progrès accomplis dans le cadre de cette recherche nous montrent le chemin à suivre pour le projet dans son ensemble. Comme il a été indiqué dans la présentation, il ne s'agit pas ici de définir un modèle fermé de port colonial, mais bien de tracer une feuille de route pour la recherche tout en rappelant qu'il convient de tenir compte des caractéristiques économiques, culturelles ou politiques de la formation sociale locale. Parmi les questions laissées en suspens figurent notamment :

• L'intégration des ports dans le concert des échanges internationaux, aspect clé du projet. Son calcul pourrait impliquer le recours au taux d'ouverture, lequel est le résultat de la comparaison entre le volume de trafic international du port et le trafic total ou, le cas échéant, le taux d'évolution annuel moyen du commerce extérieur. Ce taux permettrait de mieux comprendre la dynamique afférente au trafic international sachant que, bien entendu, des séries homogènes seront nécessaires pour que celle-ci s'avère significative.

• La relation avec les ports locaux et le trafic régional pouvant être définie via l'étude de la documentation des autorités portuaires de chaque port.

• La centralité de Casablanca en tant que plate-forme de connexion des réseaux de transport du Maroc a été établie mais doit encore être approfondie, notamment la relation avec les chemins de fer pouvant nous donner de plus amples informations sur l'influence du port sur son hinterland.

• Les infrastructures portuaires, la technologie employée et leur relation avec le trafic maritime doivent encore être approfondies. Cette opération pourra nous donner plus d'informations quant à l'influence de la technologie sur le développement économique ou, au contraire, sur l'effet retardataire de son absence.

• La caractérisation de l'entreprise portuaire et de l'esprit d'entreprise peut bénéficier des apports de la nouvelle documentation consultée. Bien qu'aucun fichier complet des entreprises impliquées dans l'activité portuaire n'ait encore été découvert, nous sommes convaincus que le jour venu, la consultation des registres de l'OCP et de la MM mettra ce point en lumière. De même, et dans le même contexte, il reste à réaliser l'analyse de l'organisation et des conditions de travail, ainsi que de la gestion de la main-d'œuvre.

• L'analyse du coût de la vie et d'autres variables liées à la population active peut être renforcée par l'étude des données publiées dans le BESM ainsi que dans les documents originaux utilisés par R. Montagne dans ses enquêtes, parmi d'autres de même nature.

• Le tout permettra de caractériser les forces et les faiblesses du port de Casablanca ainsi que son influence sur le développement du Maroc. Afin de satisfaire ce souhait, il convient de poursuivre l'examen des archives précitées et d'approfondir l'analyse des données fournies par les publications de l'époque. Tel est le défi de ce projet de recherche.

BIBLIOGRAPHIE

SOURCES ET DOCUMENTATION

1. Bibliographie générale - Maroc et Port de Casablanca

ABITBOL, M. (2014), *Histoire de Maroc*, Perrin, París.

ACEMOGLU, D., JOHNSON, D. et ROBINSON, J.A. (2001), "The Colonial origins of comparative development : An empirical investigation", *The American Economic Review*. Vol. 91, n° 5, 2001, pp. 1369-1401.

ADAM, A. (1950a), "La prolétarisation de l'habitat dans l'ancienne médina de Casablanca", *Bulletin économique et social du Maroc*, Année 1950, n° 45.

ADAM, A. (1950b), "La population marocaine dans l'ancienne médina de Casablanca", *Bulletin économique et social du Maroc*, Année 1950, n° 47 et 48.

ADAM, A. N° 68, (1956), "Naissance et développement d'une classe moyenne au Maroc", *Bulletin économique et social du Maroc*, n° 68, pp. 486-492,

ADAM, A. (1968), *Histoire de Casablanca des origines à 1914*, Publications des Annales de la Faculté des Lettres d'Aix en Provence, éditions Ophys, n° 66.

ADAM, A. (1972), *Casablanca, essai sur la transformation de la société marocaine au contact de l'Occident*, Éditions, CNRS, Paris.

ALEMANY LLOVERA, J. (2006), "Los puertos atlánticos en el siglo XIX", in J. FORTEA PÉREZ y J. E. GELABERT GONZÁLEZ (coord.), *La ciudad portuaria atlántica en la historia : siglos XVI-XIX*, Universidad de Cantabria, pp. 117-128.

AMIN, S. (1986), *El desarrollo desigual*, Planeta Agostona, Barcelone.

ARMITAGE, D (2002), "Three Concepts of Atlantic History", in *The British Atlantic World, 1500-1800*, edited by David Arbitrage and Michael J. Braddock, 11-27, 250-54. Basingstoke, Palsgrave Macmillan.

AYACHE, A. (1956), *Le Maroc. Bilan d'une colonisation*, Paris, Éditions Sociales, 1956.

AUSTIN, G. (2008), "The 'Reversal of Fortune' Thesis and the Compression of History : perspectives from African and Comparative Economic History", *Journal of International Development*, N° 20, pp. 996-1027.

BARRAGÁN MUÑOZ, J. M. (1987), "Las áreas de influencia portuaria (A.I.P.) en el análisis geográfico regional : aspectos metodológicos y conceptuales", *Estudios Regionales*, n° 17, pp. 17-39.

BAUMOL, W. (1993), *Mercados perfectos y virtud natural. La Ética en los negocios y la Mano Invisible*, Celeste Ediciones, Madrid,

BEAUD, M. (1960), *Le commerce extérieur du Maroc*, Éditions la Poste, Rabat/Librairie de Médicis, Paris.

BELAL, Abdel Aziz (1968*), L'investissement au Maroc (1912-1964) et ses conséquences en matière de développement économique*, Paris, La Haye, Mouton coll., Publications de la Faculté de Droit et des Sciences économiques de Grenoble.

BENKO G. et A. LIPIETZ (Comp.) (1994), *Las regiones que ganan. Distritos y redes : Los nuevos paradigmas de geografía económica*, Edicions Alfons El Magnánim, Valence.

BIRD, J. (1963), *The major seaports of the United Kingdom*. Londres : Hutchison, 1963.

BOURIVET, R. (1953), « La Cie franco-chérifienne », *Bulletin Économique et Social du Maroc*, n° 55, pp. 189-194.

BRAUDEL, F. (1994), *La dinámica del capitalismo,* Fondo de Cultura Económica, Santiago de Chile, 1994.

BRAVERMANN, H. (1975), *Trabajo y capital monopolista*, Editorial Nuestro tiempo, Mexique.

BURRIEL DE ORUETA, E. L. (1974), *El puerto de la Luz en Las Palmas de Gran Canaria*, Las Palmas de Gran Canaria.

CASSON, M. (2006), "Network : A New Paradigma in Internacional Business History ?, en Mary B. Rose y Paloma Fernández Pérez (org.), *XIV International Economic History Congress-Session 40*, IEHA, Helsinki.

CASTEJÓN ARQUED, R. (2009), *Geografía portuària-2*, Universitat de Barcelona. Facultad de Geografia i Història, *Dipòsit Digital de la Universitat de Barcelona*, http :// diposit.ub.edu/dspace/handle/2445/6961, dernière consultation le 3/4/2016.

CASTELL, M. (1996), "The rise of the network society", *The information age : Economy, society and culture*, vol. 1, Blackwell Publishers Ltd. Oxford.

CASTILLO HIDALGO, D. (2015), "Las puertas del Imperio. Análisis del sistema portuario de Senegal : Jerarquía, centralidad y complementariedad en un contexto colonial, 1839- 19102, *Investigaciones de Historia Económica*, n° 11, pp. 91-102.

CASTILLO, D. et B. MARNOT (2014), « La première modernisation portuaire au Sénégal : le rôle fondateur de Dakar (1880-1939) », *Revue d'Histoire Maritime*, n° 19 (2), pp. 347-371.

CASTILLO HIDALGO, D. et ZOHRA MOHAMED-CHÉRIF, F. (2016), "La configuración de las redes de transporte marítimo en África noroccidental (1880-1939) ", *Investigaciones de Historia Económica - Economic History Research*, (http ://dx.doi.org/10.1016/ j.ihe.2016.02.001.

CASTILLO-MANZANO, J. I. et L. LÓPEZ-VALPUESTA (2012), "Los estudios de impacto económico portuarios : ¿ El mejor instrumento de relaciones públicas o el heraldo de las sobreinversión ?, in *Papeles de Economía Española*, pp. 200-208.

CELCE, G. (1952), *Le port de Casablanca et l'économie marocaine*. Thèse de Doctorat, Faculté de Droit de Paris [inédite].

CELÉRIER, J. (1934), « Les ports de la zone française du Maroc », *Annales de Géographie*, 43 (242), pp. 163-170.

CHANDLER, A. D. (1987), *La mano invisible. La revolución en la dirección de empresa norteamericana*, Ministerio de Tabajo y Seguridad Social.

CHANDLER, A. D. (1996), *Escala y diversificación : la dinámica del capitalismo industrial*, Prensas Universitarias de Zaragoza, Zaragoza.

CHAPUS, R. (1928), *L'exploitation des phosphates au Maroc. L'Office chérifien des phosphates*, impr. G. Thone, París.

CHERFAOUI, N. et H. DOGHMI (2005), *Fulgurances. Ports du Maroc. Des* origines à 2002, Casablanca, Éd. Sciences de l'ingénieur, 2005.

CERYCH, L. (1964), *Européens et Marocains (1930-1956), Sociologie d'une décolonisation*, Bruges, Collège d'Europe. *Bulletin économique et social du Maroc*, n° 45, 1° trim.

COHEN, J.L. et M. ELEB (2004), Casablanca. Mythes et figures d'une aventure urbaine, *Éditions Hazan*, Turin.

COASE, R. H. (1994), *La empresa, el mercado y la ley*, Alianza, Madrid,

CURRY-MACHADO, J. (ed.) (2013) : *Global Histories, Imperial Commodities, Local Interactions*, Palgrave Macmillan, Basingtoke.

CRAFTS, N. et A. J. VENABLES (2005), "Globalization in History : A Geographical Perspective", in M. D. BORDO, A. M. TAYLOR and J. G. WILLIAMSON, University of Chicago Press, 323-372.

CROZE, H. (1949) : « Causerie sur le Port de Casablanca », *Bulletin de la Chambre de Commerce et d'Industrie de Casablanca*, janvier-février 1949, n° 280.

D'ANGIO, A. (1995), *Schneider & Cie et les travaux publics (1895-1949),* École de Chartes.

DAVID (1985), P. A., "Clio and the economics of QWERTY", *in American Economic Review*,75, 2. 332-337.

DEBRIE, J. (2010), "From colonization to national territories in continental West Africa : the historical geography of a transport infrastructure network", *Journal of Transport Geography*", n° 18, pp. 292-300.

DEBRIE, J. (2012", "The West African Port System : Global Insertion and RegionalParticularities", *Echogéo*, n° 20, pp. 1-10.

DAVIES, P.N. (1973) : *The Trade Makers. Elder Dempster in West Africa*, 1852-1972. Alle and Unwin.

DAVIES, S. (ED.) (2000), *Dock Workers. International Explorations in Comparative Labour History, 170-1970*, Ashgate, Aldershot-Burlington.

DE RAULIN, G. (1941), *Les ports de Commerce : construction, organisation, exploitation*, Société d'Éditions géographiques, maritimes et coloniales, Paris.

DE CAQUERAY, G. (1952), « Pourquoi et comment Casablanca et son Port », dans Notre Maroc, *Notre Maroc. Revue Bimestrielle Illustrée*, numéro spécial du mois de juin 1952, pp. 5-12.

DE ROUSIERS (1909), *Les grands Ports de France*, Colin, Paris.

DE RUS, G., C. ROMAN et L. TRUJILLO (1994), *Actividad económica y estructura de coste del Puerto de La Luz y de Las Palmas*, Cívitas, Madrid.

DORRE, H.E.C. (1952), « Le quartier industriel de Casablanca », dans Notre Maroc, *Notre Maroc. Revue Bimestrielle Illustrée*, « Le Port de Casablanca et la naissance d'une grande ville » numéro spécial du mois de juin 1952 consacré au port de Casablanca), pp. 37-40.

DUCRUET, C. and F. ZAIDI (2012), "Maritime constellations : a complex network approach to shipping and ports", *Maritime Policy Management*, 39 (2), 151-168.

ECOCHARD, M. (1951), « Problèmes d'urbanisme au Maroc », *Bulletin économique et social du Maroc*, n° 52, pp. 28-35.

EYQUEM, J. (1933), *Les ports de la zone française du Maroc, leur rôle économique*, Alger,V. Heintz, 1933.

FAUST, P. (1995), "Multimodal transport", dans *Port manegement textbook Containerisation*, pp. 219-232.

FINLEY, R. et K. H. O'ROURKE (2005), "Commodity Market Integration, 1500-2000", in M. D. BORDO, A. M. TAYLOR and J. G. WILLIAMSON, *The University of Chicago Press*, 13-64.

GALLISOT, R. (1964), *Le patronat européen au Maroc (1931-1942),* Éditions Techniques et Africaines, Rabat.

GONZÁLEZ LAXE, F. (Dr.) (1999), *Análisis económico del sistema portuario gallego*, Instituto de Estudios Económicos/fundación Pedro Barrié de la Maza, A Coruña.

GORRY, J-V (1951), "Le Maroc maritime", *Bulletin économique et social du Maroc*, n° 51, pp. 519-543.

GRANOVETTER, M. (2005), "The impact of Social Structure on Economic Outcomes", *Journal of Economic Perspectives*, 19 (1), pp. 33-50.

GUILLÉN, P. (1965), « L'implantation de Schneider au Maroc, les débuts de la compagnie marocaine (1902-1906) », *Revue d'histoire diplomatique* (cité par KAIOUA, 1996 : 60).

GUIMERÁ A. D. y ROMERO (1996), *Puertos y Sistemas portuarios (Siglos XVI-XX),* Ministerio de Fomento, Madrid.

HATTON, J. (2009), *Les enjeux financiers et* économiques *du protectorat marocain (1936-1956). Politique publique et investisseurs privés,* Société Française d'Histoire d'Outre-Mer, Paris, 2009.

HUARD, A. (1911), *Les ports du commerce français,* Berger-Levrault, Paris.

HEADRICK, D.R. (1989), *Los instrumentos del Imperio,* Alianza Universidad, Madrid.

HOFFHERR, R. (1932), *L'Économie marocaine,* T. III, Recueil Sirey, Paris.

HOFFHERR, R. et R. MORRIS (1934), *Revenus et niveaux de vie indigènes au Maroc,* Sirey, Paris.

HOPKINS, A. G. (1973), *An Economic History of West Africa* (New York, Columbia University Press).

HOYLE, B.S. (1968), "East African seaports : An application of the concept of anyport", *Transport Papers of the Institute of British Geography,* 44, pp. 163-183.

HOYLE, B. S. (1997), "Cities and Ports : Concepts and issues", en *Vegueta,* n° 3.

HOYLE, B. S. (1982),"The Port-Urban Interface : an Area in Transition", *Area,* V. 14, pp. 219-224.

HOYLE, B. S. (1989),"The Port City Interface : Trends, Problems and Examples", *Geoforum,* V. 20, pp. 429-435.

HOYLE, B. S et D. A. PINDER, D.A. (1992), *European port cities in transition,* Belhaven Press, Londres.

HOYLE, B. S, D. A. PINDER, D.A. et HILLING (1985), *Seaports Systems and Spacial Change. Technology, Industry, and Development Strategies,* Chichester-New York-Brisbane-Toronto-Singapore : John Wiley & Sons.

HUGON, PH (2013), *L'économie de l'Afrique,* La Découverte, Paris.

JMARI, M. (2000), *Le port d'El Jadida. Une histoire méconnue, Les Cahiers d'El Jadida* n° 7, Casablanca.

KAIOUA, A. (1996), Casablanca, l'Industrie et la Ville, URBAMA, Casablanca.

KIRKALDY, A.W. (1914), *British Shipping. Its History, Organisation and Importance,* chapitre X, *"Coaling –stations",* pp. 454-468.

KRUGMAN, P. (1995), *Development, Geography and Economic Theory,* MIT, Cambridge.

LAKROUM, M. (1982), *Le Travail inégal. Paysans et salariés sénégalais face à la crise des années trente*, L'Harmattan, Paris.

LEPYRE et E. MARCHAND (1918), *Casablanca. La Chaouïa*, Émile Larose, Libraire-Éditeur, Paris.

LAROCHE, C. (1927), "The Port of Casablanca", dans *Twenty-third Ordinary General Meeting, Société des Ingénieurs Civils de France, Brithis Section*, 16 décembre 1927, Londres, pp.1-23.

LEPEDI, J, (1951) : « Les phosphates marocains (Étude technique, commerciale et sociale », *Bulletin* Économique *et Social du Maroc*, n° 50, pp. 403-412.

LOMBARD, J. et NINOT, O. (2010), « Les territoires et les mutations des transports en Afrique », *Bulletin de l'Association de Géographes français*, 1, 2010, pp. 69-86.

LOURIDO DÍAZ, R. (1992), "El mar como elemento básico en la realización del proyecto político de Sidi Muhammad b. Abdallah", dans *Le Maroc et l'Atlantique*, Faculté des Lettres et des Sciences Humaines de Rabat, Casablanca, pp. 207-222.

LÓPEZ GARCÍA, S. et J. Mª VALDALISO (1997), "Introducción : hacia una historia económica evolutiva", dans S. López García y J. Mª Valdaliso *¿ Qué inventen ello ? Tecnología, empresa y cambio económico en la España contemporánea*, Alianza Universidad, pp. 19-52.

MADDISON, A. (2006), *The World Economy*, Paris, OECD Development Centre.

MANEVILLE, R. et J. MATHIEU (1950), « Budgets de prolétaires musulmans vivant à Casablanca », *Bulletin Économique et Social du Maroc*, n° 44 (janvier 1950), pp. 127-136.

MARTNER PEYRELONGUE, (1999), "El puerto y la vinculación entre lo local y global". *Revista Eure*, V. XXV, n° 75, pp. 103-120.

MARILL, H. (1952), « Le grand port sur lequel veille la Chambre de Commerce et d'Industrie », dans *Notre Maroc. Revue Bimestrielle Illustrée*, numéro spécial du mois de juin 1952, pp. 19-22.

MARNOT, B (1999), « La politique des ports maritimes en France de 1860 à 1920 », *Histoire, économie et société*, 3, pp. 643-658.

MARNOT, B. (2011), *Les grands ports de commerce français et la mondialisation du XIXe siècle*, Paris, Presses Universitaires Paris-Sorbonne, 2011.

MARNOT, B. (2012), « L'irréversibilité dans l'équipement des grands ports de commerce occidentaux au XIXe siècle : les bifurcations d'une trajectoire d'innovation", *Transportes, Servicios y Telecomunicaciones*, n° 23, 2012, pp. 20-33.

MARNOT, B. (2015), *Les villes portuaires maritimes en France. XIXe-XXIe Siècles*, Armand Colin, París.

MAZIANE, L. (2010), "Le système portuaire marocain et l'Atlantique à l'époque moderne aux XVIIe et XVIIIe siècles", XVIII *Coloquio de Historia Canario-americana* (2008), pp. 983-1008.

MASSEY, D. et J. ARANGO, G. HUGO et alii (Coord.) (1993), "Theories of International Migration : A Review and Appraisal", *Population and Development Review*, Population Council, vol. 19, num. 3.

MICHEL, N. (1997), *Une Économie de subsistances : le Maroc précolonial*, Le Caire, Institut Français d'Archéologie Orientale.

MIÈGE, J.-L. (1952), « Le commerce du sucre á Casablanca à la fin du XIXe siècle », *Bulletin économique et social du Maroc*, 1° oct, pp. 248-265.

MIÈGE, J.-L. (1954), « Le Commerce marocain des laines au XIXe siècle », *Bulletin économique et social du Maroc*, mars 1954.

MIÈGE, J.-L. (1963), *Le Maroc et l'Europe (1830-1894)*, P.U.F., Paris.

MIÈGE, J.-L. (1992), « Pour une méthodologie de l'histoire maritime du Maroc », dans *Le Maroc et l'Atlantique*, Casablanca, pp. 11-17, *Eur 1906* , IHEM, Paris.

MILLERON, J. (1952), « Revenus et niveaux de vie du Maroc français », *Bulletin économique et social du Maroc*, n° 56 (4° trimestre 1952), pp. 50-73.

MOHAMMED-CHÉRIF, F.Z. et C. DUCRUET (2011), *Les Ports et la façade maritime du Maghreb, entre intégration régionale et mondiale. Mappemonde. 29*, [online : http : //mappemonde.mgm.fr/num29/articles/art22203.html.]

MONTAGNE, R. (1950), *Naissance du prolétariat marocain. Enquête collective 1948- 1950*, Cahiers d'Afrique et d'Asie-III, Peyronnet et Cies (s.d.).

MUSSO, E., F. PAROLA, F. et C. FERRARI (2012), "Modelos de gestión portuaria", *Papeles de Economía Española*, número monográfico 131, 2012, pp. 116-127.

NORTH, D. (1956), D. C. North (1958), "Ocean freight rates and economic development 1750-1913", *Journal Economic History*, 18-538-44.

NORTH, D. (1993), *Instituciones, cambio institucional y desempeño económico*, Fondo de Cultura Económica, Mexique.

OLSON, M (1986), *Auge y decadencia de las naciones. Crecimiento, estanflación y rigidez social*, Ariel, Barcelone.

OLUKOJU, A. (2002), "Getting Too Great A Grip : European Shipping Lines and British West African Lighterage Services in the 1930s", *Afrika Zamani : Journal of the Association of African Historians*, n° 9/10, pp. 19-40.

OLUKOJU, A. (2004), *The Liverpool of West Africa*, Africa World Press, New Jersey.

OSTROM, L. (1990), *Governing the Commons. The Evolution of Institutions for Collective Action*, Cambridge (Mass.), Cambridge University Press.

PALLEZ, G. (1951), « Les marchands fassis », *Bulletin économique et social du Maroc*, nº 49, pp. 49-51.

PETEREC, R.J. (1967), *Dakar and West African Economic Development*, Columbia University Press, New York.

POLONIA, A. (2010), A., "European seaports in the Early Modern Age : concepts, methodology and models of analysis", *Cahiers de la Méditerranée* [En ligne], 80 | 2010, mis en ligne le 15 décembre 2010, consulté le 02 décembre 2012. URL : http ://cdlm.revues.org/index5364.html.

PRADOS DE LA ESCOSURA, L. (2012) "Output Per Head in Pre-Independence Africa : Quantitative Conjectures", *Working Papers in Economic History*, Universidad Carlos III, November 2012, WP 12-11.

PRASHAD, V. (2013), *The Poorer Nations : A Possible History of the Global South*, Verso Books, Londres, 2013.

ROURD DE CARD, E. (1914), *Traités et accords concernant le protectorat de la France au Maroc*, A. Pedone, Paris.

ROSENBERG, (1992), N. (1992) : *Progreso técnico : análisis histórico*, Oikos-Tau, Barcelone.

ROSTOW, W.W. (1961), *Las etapas del crecimiento económico*, Fondo de Cultura Económica, Mexique.

STEWART, CH. F. (1964), *The economy of Morocco, 1912-1961*, Cambridge, Massachusetts, Harvard University Press.

SECK, A. (1970), *Dakar. Métropole Ouest-Africaine*, IFAN, Dakar.

SUÁREZ BOSA, M (2004), "The Role of the Canary Islands in the Atlantic Coal Route from the End of the Nineteenth Century to the Beginning of the Twentieth Century : Corporate Strategies", *International Journal of Maritime History*. XVI (1), pp. 95-124.

SUÁREZ BOSA, M. (Ed.), (2014), *Atlantic Ports and the First Globalization, c.1850- 1930*. Palgrave Macmillan, Basingstoke.

SUÁREZ BOSA, M. y CABRERA ARMAS, L.G. (2012), "La competencia de los servicios portuarios entre Cabo Verde y Canarias (1850-1914) ", *Anuario de Estudios Atlánticos*, nº 58, pp. 363-414.

SUÁREZ BOSA, M. et MAZIANE, L. (2014a), "The Port of Casablanca in the First Stage of the protectorate", in SUÁREZ BOSA, M. (Ed.). *Atlantic Ports and the First Globalization, c.1850-1930*, Palgrave Macmillan, Basingstoke, pp.70-89.

SUÁREZ BOSA, M. et L. MAZIANE (2014b), "Los puertos atlánticos de Marruecos en la época del protectorado Francés : desarrollo portuario, organización, redes y administración", *Hespéris Tamuda,* Vol. XLIX, pp. 47-66.

SUÁREZ BOSA, M., J. L. JIMÉNEZ GONZÁLEZ, et D. CASTILLO HIDALGO (2011), "Puerto, Empresas y Ciudad : una aproximación histórica al caso de Las Palmas de Gran Canaria", *Revista de Historia Industrial,* n° 46, pp. 73-96.

SURLEAU, S. (1957), « L'économie des ports marocains », *Bulletin économique et social du Maroc,* n° 75 (3° trimestre). countries : a comparative analysis", *Geographical Review,* 53 (4), 1963, pp. 503-529.

TARRIOT, A. (1924), *Monographie de Casablanca de 1907 a 1914,* Petit Marocain, Casablanca.

TIMOULE, A. (1988), *Le Maroc à travers les chroniques maritimes. Tome II. La mer dans l'Histoire du Maroc. De Hassan 1er à Hassan II,* l'Imprimerie SONIR, Casablanca.

TERRASE, E. (1954), « Les Dynasties marocaines et leur œuvre », *dans Maroc-54, Encyclopédie Mensuelle d'Outre-mer* (numéro spécial), pp. 32-39.

TORRES VILLANUEVA. E. /1997), « Funciones enpresariales y desarrollo económico », en S. López García y J. Mª Valdaliso *¿ Qué inventen ello ? Tecnología, empresa y cambio económico en la España contemporánea,* Alianza Universidad, pp. 52- 85.

THOMAS, B. (1957), "Railways and Ports in French West Africa", *Economic Geography,* 33 (1), 1-15.

VAUDREY, M. (), « Les investissements privés dans l'économie marocaine en 1949 », *Bulletin économique et social du Maroc,* n° 47, pp. 262-263.

VIDALENC, G. (1928), *Le port de Casablanca,* Librairie Faraire, Casablanca, 1928.

VIGARIÉ, A. (1979), *Ports de commerce et vie littorale,* Paris, Hachette, 1979.

VILLAVERDE CASTRO J. et P. COTO MILLÁN (1995), *Impacto del puerto de Santander sobre la economía cántabra,* Autoridad portuaria de Santander, Santander.

VILLE, S. (1990*), Transport and the Development of the European economy, 1750- 1918.* MacMillan, London.

WALLERSTEIN, I. (2006), *Análisis de sistemas-mundo. Una introducción,* Siglo XXI Editores, Madrid.

WILLIAMS, D. M. et D. ARMSTRONG (2012), "An appraisal of the Progress of the Steamship in the Nineteenth Century", in G. HERLAFTIS., S. TENOLD. y J. M. VALDALISO. (Eds.), *The World's Key Industry. History and Economics of International Shipping.* Palgrave Macmillan, Basingtoke, pp. 43-63.

WILLIAMSON, O. E. et S. G. WINTER (eds.) (1991), *The Nature of the Firm. Origins, Evolution, and Development*, New York, Oxford University Press.

ZIMMERMANN, E. W. (1983), *Zimmermann on Ocean Shipping*, New York, Sir Isaac Pitman & Sons, 1921, pp. 14-18.

2. Documentation

Documents tirés d'internet. Consultation en ligne.
Historique du Port de Casablanca,
http ://www.mtpnet.gov.ma/Vpm/Maroc %20Maritime/ports/PortsAtlantiques/Casablanc a/historique.htm

Site Web « Entreprises coloniales françaises » : www.entreprises-coloniales.fr

A- Documents officiels

Comptes économiques du Maroc, 1951-1954 et 1951-1955.

- Division du Commerce et de la marine marchande, Rabat, *Répertoire officiel des établissements industriels du Maroc*, 1952.

- Ministère de l'Économie nationale, Division de la coordination économique et du plan, *L'évolution économique du Maroc dans le cadre du Deuxième plan quadriennal (1954-1957),* Rabat, 1958.

- Protectorat de la République française au Maroc. Gouvernement Chérifien, Direction de Travaux Publics, *Notice sur le Port de Casablanca*, 1953.

- Protectorat de la République française au Maroc. Directions des Affaires économiques. *Rapport sur la navigation et le mouvement commercial de la zone française du Maroc*, Imprimerie Nouvelle, Rabat (diverses années).

- *Rapport général de la Commission d'étude et de coordination des plans de modernisation et d'équipement*, Maroc, Commissariat général au plan, Paris, juin 1954.

- Résidence Générale de la République française au Maroc (s/f), *1912-1922), La Renaissance du Maroc. Dix ans de protectorat*, Marc Texeir, Rabat.

- Royaume du Maroc. Ministère de l'Économie nationale, Division de la coordination économique et du plan, Bureau des études économiques, Rabat, Royaume du Maroc. Ministère de l'Économie nationale. Division de la coordination économique et du plan. *Tableaux économiques du Maroc 1915- 1959,* Service central des statistiques, Rabat, 1960.

- Service central des statistiques, *Recensement général de la population en 1951-1952*, Volume I, II, III, Rabat, (ainsi que les recensements antérieurs).

- *Statistiques du Mouvement commercial & maritime du Maroc. Zone française & Zone de Tanger*. Élaboré par la Direction des affaires économiques. Service du commerce et de l'industrie. Publiées par le Bureau du commerce et de la statique douanière de Casablanca. Année 1938, Casablanca, 1929.

- *Tableaux économiques du Maroc, 1951-1959.*

Ministère des Affaires étrangères. Centre des Archives diplomatiques de Nantes (1995). Protectorat français au Maroc. Fonds iconographiques.

B- Documents privés et/ou d'entreprises

- *L'essor industriel de Casablanca. Enquête sur les entreprises industrielles de Casablanca faite par la « Vigie Marocaine »*, 1914, imprimerie pro G. Mercié & Cie, Casablanca.

- *Manutention Marocaine. Observations de la Manutention Marocaine sur « L'ANALYSE » par M. CHÊNE sur l'organisation et le fonctionnement des Services du Port* (Document confidentiel), édité par le gouvernement chérifien. Protectorat de la République française au Maroc.

- *Notice économique sur Casablanca et la région des Chaouïa.* Préparée par le Bureau économique de Casablanca d'après les renseignements fournis par les contrôles civils de la région des Chaouïa. Exposition franco-marocaine. Casablanca, 1915.

- *Plan quadriennal marocain (1953-1956),* Encyclopédie mensuelle d'Outre-Mer, juin 1953.

C- Mémoire de l'administration portuaire de Casablanca

Protectorat de la République française au Maroc/Gouvernement chérifien Direction des travaux publics (1953) : *Notice sur le Port de Casablanca.* Plusieurs années.
Royaume du Maroc (1978) : *Régie d'Aconage du Port de Casablanca,* BECEOM.

D- Diplomatic and Consular Reports on Morocco and Casablanca

Maroc. Reports for the Year 1907 on the Trade of Morocco. Edited at the Foreign and the Board of Trade. Diplomatic and Consular Reports. N° 4363. Annual Series.

Morocco. Reports for the Year 1908 on the Trade of Morocco. Edited at the Foreign and the Board of Trade. Diplomatic and Consular Reports. Annual Series.

Morocco. Reports for the Year 1909 on the Trade of Morocco. Edited at the Foreign and the Board of Trade. Diplomatic and Consular Reports. N° 4624. Annual Series.

Morocco. Reports for the Year 1910 on the Trade of Morocco. Edited at the Foreign and the Board of Trade. Diplomatic and Consular Reports. N° 4883 Annual Series.

Morocco. Reports for the Year 1912 on the Trade of Morocco. Edited at the Foreign and the Board of Trade. Diplomatic and Consular Reports. N° 5248. Annual Series.

Morocco. Reports for the Year 1908 on the Trade of Consular District of Casablanca. Edited at the Foreign and the Board of Trade. Diplomatic and Consular Reports. N° 4254. Annual Series.

Morocco. Reports for the Year 1912 on the Trade of Consular District of Casablanca. Edited at the Foreign and the Board of Trade. Diplomatic and Consular Reports. N° 5217. Annual Series.

E- Revues, bulletins et annuaires

- *Annuaire statistique général du Maroc* (1917).
- *Annuaire statistique de la zone française du Maroc*, 1945-1953, Service central des statistiques, Rabat.
- *Annuaire statistique du Maroc (ex zone sud), 1954-1956*, Service central des statistiques, Rabat.
- *Bulletin de la Chambre de commerce et d'industrie de Casablanca.*
- *Bulletin économique du Maroc* (1933-1939).
- *Bulletin économique et social du Maroc (suite du Bulletin économique du Maroc,* depuis 1945).
- *Bulletin de la Chambre de commerce et d'industrie de Casablanca.*
- *Bulletin officiel du Maroc*, Rabat.
- *Lexique de l'économie marocaine* (première édition de 1947).
- *Notre Maroc. Revue bimestrielle illustrée*, « Le Port de Casablanca et la naissance d'une grande ville », numéro spécial du mois de juin 1952 consacré au port de Casablanca).
- *Maroc*, 1954. Album.
- *La conjoncture économique marocaine* (publié en 1947).
- *Réalités marocaines*, numéro de 1954 consacré aux « Grands travaux d'équipement ».
- *Statistique générale de la France. Annuaire statistique.* Édité par l'institut National de la statistique et des études économiques, Ministère du Travail, de l'Hygiène, de l'Assistance et de la Prévoyance sociale.

- Royaume du Maroc (1998), *Le Port de Casablanca par l'image, 1907-1987*, Ministère des Travaux publics, de la Formation professionnelle et de la Formation des cadres, Impression multimédia, Dépôt légal 271/1988.
- *Notice sur le Port de Casablanca* (1953), Protectorat de la République française au Maroc/Gouvernement chérifien, Direction des travaux publics.

3. Archives visitées

A) En France :

- Archives diplomatiques (Nantes et La Courneuve).
- Centre des archives économiques et financières (471 Avenue de l'Europe, Savigny-le-Temple).
- Comité pour l'histoire économique et financière de la France (Ministère de l'Économie et des Finances (Hôtel de la Monnaie, 11 Quai de Conti, 75270 Paris CEDEX 06).
- Centre de Documentation de l'École nationale d'administration (ENA).
-Archives nationales d´Outre-Mer (ANOM- Aix en Provence).
- Bibliothèque nationale de France Paris).
- Annuaire statistique de la France (1881-1900).
- Bulletin de l'Agence générale des colonies.
- Revue de statistique (1898-1899).
- ableaux coloniaux de population, commerce et navigation.

B) En Angleterre :

- House of the Commons Parliamentary Papers
- British Diplomatic and Consular Reports (DCR) (1899-1913)
- National Archives (NA, Kew Gardens).
- Foreign Office (FO) : 881-8050X (1901).

C) Au Maroc :

- Archives de la Chambre de commerce de Casablanca.
- Archives de l'Autorité portuaire de Casablanca.
- Bibliothèque nationale du Maroc.

ANNEXES STATISTIQUES

A.1. Maroc Bilan commercial (en milliers de francs courants)

Année	Importation	Exportation	Total	Bilan commercial
1911	69 300	70 400	139 700	1 100
1912	100 700	67 100	167 800	-33 600
1913	181 400	40 200	221 600	-141 200
1914	133 600	31 000	164 600	-102 600
1915	180 100	55 800	235 900	-124 300
1916	229 000	81 900	310 900	-147 100
1917	271 100	116 100	387 200	-155 000
1918	314 400	115 000	429 400	-199 400
1919	479 600	227 700	707 300	-251 900
1920	1 000 500	268 800	1 269 300	-731 700
1921	909 200	306 400	1 215 600	-602 800
1922	777 700	237 400	1 015 100	-540 300
1923	779 754	272 384	1 052 138	-507 370
1924	925 441	622 482	1 547 923	-302 959
1925	1 189 427	564 480	1 753 907	-624 947
1926	1 692 272	711 853	2 404 125	-980 419
1927	1 798 598	851 390	2 649 988	-947 208
1928	1 999 545	1 275 295	3 274 840	-724 250
1929	2 547 430	1 233 176	3 780 606	-1 314 254
1930	2 208 473	719 252	2 927 725	-1 489 221
1931	2 075 190	761 382	2 836 572	-1 313 808
1932	1 785 058	684 964	2 470 022	-1 100 094
1933	1 532 416	600 231	2 132 647	-932 185
1934	1 319 705	667 395	1 987 100	-652 310
1935	1 139 138	621 380	1 760 518	-517 758
1936	1 150 502	781 484	1 931 986	-369 018
1937	1 765 623	1 143 930	2 909 553	621 693
1938	2 184 870	1 512 401	3 697 271	672 469
1939	2 255 687	1 777 874	4 033 561	477 813
1940	2 141 940	2 020 689	4 162 629	121 251
1941	1 937 740	2 538 698	4 476 438	600 958
1942	3 049 290	2 064 637	5 113 927	984 653
1943	2 143 390	1 509 674	3 653 064	633 716
1944	3 609 059	2 665 365	6 274 424	943 694
1945	6 782 171	3 901 755	10 683 926	880 416
1946	17 528 893	10 394 844	27 923 737	7 134 049
1947	33 385 531	18 322 756	51 708 287	15 062 775
1948	74 890 856	37 231 812	112 122 668	37 659 044
1949	103 320 669	53 515 576	156 836 245	49 805 093
1950	115 233 211	66 402 617	181 635 828	-48 830
1951	159 680 000	88 159 000	247 839 000	71 521
1952	180 534 000	95 848 000	276 382 000	-84 686
1953	171 184 000	93 897 000	265 081 000	77 287

Source : Beaud, 1960 ; BESM, vol. V, n° 21 (1938), et vol. X, n° 37, 1948.

A.2. Évolution des recettes fiscales à l'importation

Années	Recettes en francs courants	
	Données selon Hatton (en millions)	Données selon Hoffherr (totaux)
1918		32 721 275,55
1919		45 739 143,10
1920	83 000 000	92 236 753,62
1921		92 224 588,06
1922		76.093.534,69
1923		76 175 463,87
1924		103 392 188,57
1925		124 263 815,27
1926		168 271 276,66
1927		172 510 060,56
1928		218 862 474,06
1929	230 600 000	264 250 744,82
1930		207 561 637
1935	103 800 000	
1940	202 800 000	
1944	302 100 000	
1945	446 100 000	
1946	1 345 900 000	
1947	3 261 800 000	
1948	7 111 000 000	
1952	16 592 000 000	
1953	15 454 000 000	
1954	15 260 000 000	
1955	15 197 000 000	
1956	15 393 000 000	

Source : Hatton (2009 : 146) ; Hoffherr (1932 :287).

A.3. Mouvement des marchandises dans les ports du Maroc, en milliers du tonnes

	Embarquées						
	Agadir	Casablanca	El Jadida	Essaouria	Fédala	Kenitra	Safi
1920	-	74	32	14	2	2	39
1925	16	838	28	19	2	16	41
1930	25	1.921	24	10	8	49	5
1935	3	1.640	53	19	8	100	80
1940	-	1.117	58	447	5	135	169
1945	6	1.881	4	12	14	3	420
1950	17	4.576	18	52	82	176	1.102
1955	64	5.811	66	66	90	407	1.386
1958	94	6.097	44	20	36	42	1.725
	Débarquées						
	Agadir	Casablanca	El Jadida	Essaouira	Fédala	Kenitra	Safi
1920	-	254	13	8	11	44	11
1925	-	298	20	16	16	106	9
1930	8	548	17	11	50	216	23
1935	17	527	10	12	56	110	16
1940	4	407	1	2	60	36	13
1945	44	1.439	16	14	170	15	71
1950	69	1.578	-	-	277	133	22
1955	76	2.210	-	-	231	208	28
1958	53	1.450	-	-	233	104	23

Source : *Service central des Statistiques, Tableaux économiques du Maroc (1951-1959), op. cit.*, p. 167.

A.4 Activité du port de Casablanca

Mouvement général des principales marchandises embarquées et débarquées (1952)

DÉBARQUEMT		EMBARQUEMENT	
Animaux	0,06	Agrumes	92,9
Autos-camions-tracteurs	23,2	Animaux	0,9
Beurre et fromage	7	Blé	0,05+si
Blé	28,9+silos	Orge	18+silo
Bois divers	117,6	Avoine	2,4+sil
Bois de caissage	10	Maïs	3,9+sil
Câbles divers	6,4	Graines	35,4
Café	3,5	Légumes	1,8
Cageots (et couvercles)	3,2	Viandes	0,3
Carbure	7,8	Poissons	17
Cadres de mobilier	4	Fruits, pulpes, confitures	3,2
Chlorure de potassium	2,1	Essence	0
Ciment- chaux	293,3	Condiments	8
Céréales, autres que le blé	0,04+silos	Crin végétal	65,4
Clinkers	116,3	Cuirs et peaux	1,3
Coton	3,8	Engrais	13,1
Engrais	15,9	Farines de poissons	4,5
Eaux minérales	4,6	Fruit secs	1,4
Fûts vides	0,32	Huiles diverses	7,2
Fers divers	148,8	Jus de fruits	0,2
Graines de semence	0,66	Laines effilochées	3,1
Graines oléagineuses	5+silos	Légumes secs	39,3
Fruits divers	5	Liège	24,6
Huiles et graisses minérales	22,3	Matériau de construction	10,7
Huiles et graisses végétales	5,1	Minerais divers	18,3
Lait	5	Œufs	4,2
Matériaux de construction	24,1	Primeurs	44,1
Papiers et cartons	16,8	Salaisons	0,25
Pommes de terre	19,5	Sucre	32,4
Pyrites	11,3	Tourteaux, provendes	25,3
Pneumatiques	4,9	Vieux métaux	17,4
Inflammables dangereux	30,5	Vins et spiritueux	1,8
Suif	0,6	Frigo	1,2
Soufre	4,9	Caroubes	4,6
Sucre	231	Divers	67,8
Tabac	1,8	C.F.M	2,14
Terre réfractaire	5,75	Os	3,4
Thé	13,8	Ciment	5
Tissus	15,5		
Tuyaux	17,4		
Vins et spiritueux	9,3		
Verrerie	7,3		
Etat	18,5		
C.F.M.			
Divers			

Source : *Notice sur le port de Casablanca* (1953 : 54)

A.5. Produits de la pêche (1938-1952), tonnes et prix bruts

ANNÉES	Apport poisson du kilo			Apport de poisson à usage industriel		
	Poids (tonnes)	Valeurs (milliers de f)	Prix moyen du kilo	Poids (tonnes)	Valeurs (milliers de fr.)	Prix moyen du kilo
1938	6 845	11 788	1,72	6 863	5 900	0,86
1939	6 045	12 150 -	2,01	6 805	6 300 -	0,93
1940	5 894	20 334 -	3,45	5 806	10 064 -	1,73
1941	5 206	27 114 -	5,21	8 881	17 862 -	2,01
1942	3 413	20 927 -	6,14	9 081	23 241 -	2,56
1943	5 684	67 512 -	11,87	2 792	10 590 -	3,79
1944	7 027	97 370 -	13,85	1 092	5 313 -	4,87
1945	6 176	91 594 -	14,83	5 642	34 952 -	6,2
1946	4 175	59 519 -	14,26	4 861	37 552 -	7,31
1947	7 329	293 221 -	40,01	4 382	49 513 -	11,29
194 8	8 960	464 891 -	51,87	5 117	75 727 -	14,8
1949	10 861	585 720 -	54,05	4 099	112 963 -	27,55
1950	10 692	579 439 -	54,19	3 438	63 517 -	18,46
1951	10 362	721 389 -	69,61	6 413	132 477 -	26,57
1952	12 331	949 300 -	76,98	4 043	60 478 -	14,95

Source : *Notice sur le port de Casablanca* (1953 : 61).

A.6. Tonnage d'eau fournie aux navires (1938-1952)

ANNÉES	Tonnages (en tonnes métriques)	ANNÉES	Tonnages (en tonnes métriques)
1938	101 080	1945	325 716
1939	132 319	1946	118 319
1940	242 654	1947	124 234
1941	167 564	1948	161 477
1942	156 207	1949	148 246
1943	201 936	1950	153 202
1944	288 140	1951	188 827
		1952	213 498

Source : *Notice sur le port de Casablanca* (1953 : 60).

A.7. Nombre de passagers embarqués et débarqués (1938-1952) (troupes, mineurs de moins de 15 ans et touristes non compris)

ANNÉES	Nombre de passagers débarqués	Nombre de passagers embarqués	Totaux
1938	75 664	73 456	149 120
1939	63 898	63 230	127 128
1940	28 571	33 344	61 915
1941	37 419	35 862	73 281
1942	31 266	31 289	62 555
1943	17 442	2 273	19 715
1944	6 694	2 426	9 120
1945	3 294	8 538	11 832
1946	29 920	38 375	68 295
1947	38 985	32 890	71 875
1948	34 193	29 651	63 844
1949	36 136	30 344	66 480
1950	34 757	28 165	62 922
1951	36 102	35 433	71 535
1952	42 490	38 931	81 421

Source : *Notice sur le port de Casablanca* (1953 : 60).

A.8. Combustible manutentionné au port de Casablanca. Charbon débarqué (tm)

ANNÉES	Débarquement	Embarquement	Totaux
1938	108 966	28 677	137 643
1939	125 482	45 337	170 819
1940	173 765	79 426	253 191
1941	100 061	56 084	156 145
1942	109 151	52 678	161 829
1943	151 154	12 552	163 706
1944	185 578	86 444	272 022
1945	184 128	89 670	273 798
1946	135 403	47 920	183 323
1947	167 283	71 339	238 622
1948	159 306	33 595	192 901
1949	130 791	27 285	158 076
1950	101 913	19 406	121 319
1951	106 351	22 189	128 540
1952	92 698	9 214	101 912

Source : *Notice sur le port de Casablanca* (1953 : 63)

A.9. Combustible liquide débarqué (tm)

ANNÉES	Essence	Pétrole	Produits noirs
1938	7 064	84	66 959
1939	7 721	239	86 679
1940	3 836	4	115 545
1941	-	-	41 576
1942 (1)	-	-	-
1943 (1)	-	-	-
1944 (1)	-	-	-
1945 (1)	-	-	-
1946	34	-	183 441
1947	95	274	262 558
1948	4 164	-	342 000
1949	31 446	-	288 510
1950	51 726	1 915	273 354
1951	118 571	8 673	289 487
1952	195 309	30 767	503 689

1. Pendant la durée des hostilités les mouvements des combustibles liquides sont restés secrets.
Source : Notice *sur le port de Casablanca* (1953 : 63)

A.10. Combustible embarqué (tm), à l'exception des petits navires de pêche

ANNÉES	Essence	Pétrole	Produits noirs
1938	375	9 409	21
1939	485	9 787	0
1940	-	8 234	-
1941	-	22 160	-
1942 (1)	-	-	-
1943 (1)	-	-	-
1944 (1)	-	-	-
1945 (1)	-	-	-
1946	468	808	369
1947	68	10 635	177
1948	138	174	-
1949	3 766	-	60 911
1950	6 235	-	64 628
1951	23 094	-	94 324
1952	20 798	8 921	111841

1. Pendant la durée des hostilités les mouvements des combustibles liquides sont restés secrets.
Source : *Notice sur le port de Casablanca* (1953 : 64).

A.11. Tonnage manutentionné par la *Manutention Marocaine* (1938-1952)

ANNÉES	Tonnages bruts manipulés (eau douce non comprise)		TOTAUX
	Débarquement (t)	Embarquement (t)	
1938	492 000	347 000	839 000
1939	507 000	381 000	888 000
1940	463 000	373 000	836 000
1941	315 000	290 000	605 000
1942	293 000	210 000	503 000
1943	273 000	143 000	416 000
1944	329 000	113 000	442 000
1945	915 000	172 000	1 087 000
1946	822 000	261 000	1 083 000
1947	821 000	282 000	1 103 000
1948	1 134 000	441 000	1 575 000
1949	1 134 000	546 000	1 680 000
1950	1 135 224	630 132	1 765 356
1951	1 716 884	664 538	2 381 422
1952	1 742 383	588 901	2 331 284

Source : *Notice sur le port de Casablanca* (1953 : 58).

A.12. TONNAGE MANUTENTIONNÉ PAR LA *CHAMBRE DE COMMERCE DE CASABLANCA* (1938-1952)

ANNÉES	Tonnages manipulés		TOTAUX
	Débarquement (t)	Embarquement (t)	
1938		33 000	33 000
1939		129 800	129 800
1940		180 500	180 500
1941		85 300	85 300
1942		47 900	47 900
1943		18 200	18 200
1944	14 600	9 600	24 200
1945	318 500		318 500
1946	176 000	16 600	192 600
1947	68 100	45 500	113 600
1948	62 100	41 500	103 600
1949	91 100	159 600	250 700
1950	44 600	143 600	188 200
1951	84 300	173 900	258 200
1952	23 100	142 300	165 400

Source : *Notice sur le port de Casablanca* (1953 : 59).

A.13. Mouvement de la Navigation y des marchandises (en milliers de tonnes), Casablanca (1911-1956)

Années	Nombre de navires	Marchandises embarquées	Marchandises débarquées (en tonnes)	Total (en tonnes (phosphates exclus)
1911	670	51.511	77.738	129.249
1912	549	90.919	93.602	184.521
1913	748	227.530	14.974	242.504
1914	540	139.758	26.220	165.978
1915	422	107.265	48.648	155.913
1916	372	119.946	38.345	158.291
1917	608	136.585	122.865	259.450
1918	681	148.197	88.900	237.097
1919	942	226.742	102.111	328.853
1920	1.085	272.110	132.362	404.472
1921	1.404	238.610	181.894	420.504
1922	1.367	298.639	225.284	523.923
1923	1.452	316.811	321.052	637.863
1924	1.568	303.277	725.393	1.028.670
1925	1.773	436.752	1.007.632	1.444.384
1926	1.878	473.628	1.163.662	1.637.290
1927	2.026	618.588	1.601.428	2.220.016
1928	2.258	635.595	1.960.561	2.596.156
1929	2.116	534.089	1.961.032	2.495.121
1930	2.234	547.784	1.920.937	2.468.721
1931	1.997	601.922	1.279.025	1.880.947
1932	2.175	721.600	466.100	
1933	2.120	580.491	1.374.985	1.955.476
1934	2.204	536.181	1.607.308	2.143.489
1935	2.077	599.343	1.670.038	2.269.381
1936	2.069	706.353	1.746.562	2.452.915
1937		774.033	1.724.257	2.498.290
1938	4.214	675.300	748.800	1,424,100
1939	4.630	727.700	1.007.600	1.735.300
1940	3.793	757.800	921.200	1.679.000
1941	2.703	473.200	658.400	185.200
1942	1.744	415.700	492.900	908.600
1943	2.064	437.500	409.200	846.700
1944	2.445	576.300	475.800	1.052.100
1945	2.983	1.440.400	596.000	2.036.600
1946	2.691	1.316.900	560.200	1,877.100
1947	3.351	1.320.000	804.000	1,400.000
1948	4.620	1.706.000	1.098.000	2.804.000
1949	6.018	1.594.000	1.322.000	2.916.000
1950	6.238	1.578.000	1.546.000	3.124.000
1951	7.029	2.258.000	1.798.000	4,056.000
1952	8.161	2.578.000	1.767.000	4.345.000
1953	8.852	2.228.000	1.726.000	3.954.000

Source : Pour 1911-1931, Eyquem (1933 : 71) ; pour 1932-1938 et 1953-55, Cherfaoui & Doghmi (2005) ; pour 1938-1953, *Notice sur le port de Casablanca,* 1953 : 57.

A.14. Mouvement Casablanca : phosphates, charbon, produits noirs (milliers de tonnes) (1915-1956)

Années	Charbon débarquement	Débarquement produits noirs	L'eau douce fournie	Phosphates embarquées	Passagers embarqués/ débarqués
1915					25.500
1916					29.400
1917					41.000
1918					38.800
1919					50.200
1920					46.700
1921				8.000	55.800
1922				79.345	48.000
1923				191.596	49.200
1924				436.422	45.500
1925				726.537	41.500
1926				884.917	44.600
1927				1.198.077	43.775
1928				1.324.115	44.960
1929				1.577.576	52.956
1930				1.772.201	62.446
1931				965.444	78.620
1932				972.692	
1933				1.091.174	
1934				1.254.956	
1935				1.296.071	
1936				1.098.377	
1937				1.154.159	
1938	108.966	66.959	101.080	1087.800	149.120
1939	125.482	86.678	132.319	1.176.000	127.128
1940	173.795	115.545	242.654	649.300	61.915
1941	100.061	41.576	167.564	582.900	73.281
1942	109.151		156.207	488.200	62.555
1943	151.154		201.936	613.400	19.715
1944	185.578		288.140	976.000	9.120
1945	184.128		325.716	1.093.200	11.832
1946	135.403	183.441	118.319	2.207.100	68.295
1947	167.283	262.558	124.234	2.052.300	71.875
1948	159.306	342.000	161.477	2.258.000	63.844
1949	130.791	288.510	148.246	2.692.000	66.480
1950	101.913	273.354	53.202	3.030.000	62.922
1951	106.351	289.487	188.827	3.233.000	71.535
1952	92.698	503.689	213.498	3.947.000	81.421
1953	66.374				3.954.000

Source :pour 1911-1931, Eyquem (1933 : 71) ; pour 1932-1938 et 1953-55, Cherfaoui et Doghmi (2005) ; pour 1938-1953, *Notice sur le port de Casablanca,* 1953 : 57.

GLOSSAIRE

Amîn Al-Umana : percepteur de douane, administrateur.

Bahriya : équipe chargée de la manutention des marchandises entre le navire et le quai.

Dette : service du contrôle de la dette dont le siège se trouve à Tanger et chargé de percevoir les recettes douanières destinées au remboursement des prêts en cours.

Dîme : prime.

Djemâa : assemblée de la population locale.

Douar : village, rassemblement de tentes.

Fassis : personnes originaires de Fès.

Foreland : région nationale ou internationale d'origine des marchandises débarquées au port et de destination de celles qui y sont embarquées.

Fquih : jurisconsulte, responsable du budget portuaire.

Gateway : les ports dits *gateway* constituent les principaux points d'entrée et de sortie des marchandises d'une région géographique déterminée.

Habous (plu. ahbâs) : biens de mainmorte, au Maghreb, dont le produit est essentiellement affecté à l'entretien des mosquées.

Hammâla : dans le port de Tanger, nom attribué aux portefaix réalisant les opérations de chargement et de déchargement sur le quai.

Hinterland : zone d'influence du port située généralement, mais sans pour autant s'y limiter, aux alentours de celui-ci.

Hub : le terme « *hub* maritime » est utilisé pour définir tout port de transbordement effectuant principalement des opérations de regroupement et de distribution de marchandises dont l'origine et la destination se trouvent en dehors des limites de l'hinterland du port.

Kabrane : chef d'équipe, responsable de la main-d'œuvre indigène.

Makhzen : gouvernement, et par extension, le haut dirigeant qui le constitue.

Mustafâdât : type de rentes qui étaient versées aux ports.

Raïs el-mars : capitaine du port, responsable de la gestion portuaire.

Souk : marché local.

Soussis : personnes originaires de la vallée du Souss.

PRINCIPAUX ACRONYMES

ACCIC : Archives de la Chambre de commerce et d'industrie de Casablanca.
ADC : Archives diplomatiques de La Courneuve.
ADN : Archives diplomatiques de Nantes.
AOF : Afrique-Occidentale française.
ATP : Assemblée des travaux du port.
ATP : Administration des travaux publics.
BA : Budget annexe.
BCCIC : Bulletin de la Chambre de commerce et d'industrie de Casablanca.
CCI : Comité central des industries.
CCIC : Chambre de commerce et d'industrie de Casablanca.
CFM : Compagnie des chemins de fer du Maroc.
CGM : Compagnie générale du Maroc.
CM : Compagnie marocaine.
COSUMA : Compagnie sucrière marocaine.
DGTP : Direction générale des travaux publics.
FIDES : Fonds de développement économique et social.
FM : Fonds de modernisation et d'équipement.
MM : Manutention Marocaine.
OCP : Office chérifien des phosphates.
PARIBAS : Banque de Paris et des Pays-Bas.
SAGA : Société anonyme de gérance et d'armement.
SCIF : Société chérifienne de l'industrie ferroviaire.
SCRA : Société chérifienne de remorquage et d'assistance.

INDEX

TABLE DES FIGURES, GRAPHIQUES, CARTES ET TABLEAUX

FIGURES

GRAPHIQUES

CARTES

TABLEAUX

MAROC
AUX ÉDITIONS L'HARMATTAN

Dernières parutions

ECRIVAINS MAROCAINS DU MONDE
Volume 3
Etats-Unis d'Amérique
Najib Redouane, Yvette Bénayoun-Szmidt
Ce troisième volume est réservé à ces onze écrivains vivant sur le continent nord-américain, aux États-Unis : Aziz Abbassi, Anissa Bouziane, Sami Shalom Chetrit, Marcel Crespil, Abdellah Hammoudi, Farah Kinani, Leila Lalami, Anouar Majid, Najib Redouane, Abdelhak Serhane et Nessim Sibony. Dans la lignée des deux volumes précédents, l'ouvrage jette un éclairage particulier sur l'originalité, l'intensité, la profondeur et la diversité de des écrivains marocains dans le monde.
(Coll. Autour des textes maghrébins, 230 p., 24,5 euros)
ISBN : 978-2-343-17369-6, EAN EBOOK : 9782140130021

MORT ENSOLEILLÉE
Meriem BEKKALI
Préface de Nadine Grelet
"Toute en finesse, l'écriture de Meriem nous entraîne dans un dialogue intime entre l'ombre et la lumière, entre la vie et la mort, entre le réel et le subtil." Ce recueil, préfacé par Nadine Grelet, regroupe plus de trente poèmes répartis en quatre sections.
(Coll. Poésie(s), 92 p., 12 euros)
ISBN : 978-2-343-17792-2, EAN EBOOK : 9782140131332

MÉMOIRES DU COLONEL EL FASSY
Retour vers l'envers
Abdouh El Fassy
Cet ouvrage relate la carrière d'Abdouh El Fassy, né en 1925, officier d'arme blindée et cavalerie de l'Armée Française puis des Forces Armées Royales. Il évoque son instruction à Saumur, ses affectations en Allemagne et ses coups de feu indochinois aux actes de bravoure et blessures médaillés, pour lesquels la République reconnaissante le nomma en 2010 Chevalier de la Légion d'Honneur. Aide-de-camp de Mohammed V et des princes Moulay el Hassan et Moulay Abdallah, témoin privilégié de la naissance des institutions du Maroc indépendant, il fut un fidèle serviteur du Trône. A divers postes de l'Etat-major, puis tour à tour Président-fondateur de l'équipe de football des FAR, diplomate militaire à Washington, Juge au tribunal du coup d'État de Skhirat, il se retirera dans le civil dès 1972.
(Coll. Mémoires du XXe siècle, 280 p., 28 euros)
ISBN : 978-2-343-17915-5, EAN EBOOK : 9782140130045

L'ENVERS DU DESTIN
Roman
Najib Redouane
Mimouna, jeune juive dans le Maroc post-colonial, possède un destin tout tracé au sein d'une famille aimante, jusqu'au moment où son regard croise celui de Mohand, musulman, bouleversant ainsi le cours des choses. Leur union est inconcevable, et la blessure de la séparation brutale ne se refermera jamais. Les confidences qu'elle livre à l'aube de sa vieillesse exposent le drame de son arrachement à la terre marocaine vers Israël, paradis promis qui se révèle le début de son enfer. Un destin orageux retracé dans sa réalité où l'intolérance, la violence et la haine ont détruit une âme qui s'élève parfois en métaphore de celui vécu par les sépharades exilés en terre hébraïque.
(Coll. Rue des écoles, 324 p., 27 euros)
ISBN : 978-2-343-18280-3, EAN EBOOK : 9782140129476

L'ORALITÉ, DE LA PRODUCTION À L'INTERPRÉTATION

Sous la direction de Nadia Ouachene et Lahcen Ouasmi

Toute langue véhicule une culture traditionnelle qui diffère d'une région à l'autre. Elle est le vernaculaire d'une littérature orale très riche représentée par les genres classiques prosaïques et poétiques. La parole permet à l'homme de s'approprier et de se représenter son univers. Au même titre que l'écrit, la parole se consolide, transmigre et s'incruste dans l'imaginaire pour asseoir le sceptre de l'oralité. Souvent arbitraire, la confrontation entre l'écrit et l'oral a redynamisé l'intérêt pour l'essence de l'expression humaine. Les contributions contenues dans ce livre tentent de cerner en partie le concept de l'oralité à travers contes, chansons, devinettes, poésie, aphorismes, littérature et chant.

(Coll. Harmattan Maghreb, 300 p., 30 euros)

ISBN : 978-2-343-17430-3, EAN EBOOK : 9782140128073

85 ANS DE LITTÉRATURE MAROCAINE DE LANGUE FRANÇAISE (1932-2017)

Fatiha Bennani

Préface d'Abderrahman Tenkoul

Dictionnaire bibliographique, cet ouvrage se situe dans la tradition des travaux engagés par Jean Desjeux, Jacqueline Arnaud ou encore Charles Bonn qui ont jeté les fondements de la critique académique et scientifique relative à cette littérature. Fatiha Bennani fait le point sur une longue évolution de la littérature marocaine, fournissant ainsi un outil d'analyses, de statistiques titrologiques, de comparaisons, révélatrices de la richesse du patrimoine culturel marocain.

(Coll. Harmattan Maghreb, 122 p., 13,5 euros)

ISBN : 978-2-343-17432-7, EAN EBOOK : 9782140128011

ÉCRIVAINS MAROCAINS DU MONDE

Volume 2

Canada

Najib Redouane, Yvette Bénayoun-Szmidt

Ce deuxième volume est consacré aux dix-huit écrivains suivants au Canada : Abderrahman El Fouladi, Roger Elmoznino, Raja El Ouadili, Myriame El Yamani, Elhafed Ezzabour, Mustapha Fahmi, Ahmed Ghazali, Latifa Halim, Asmaa Ibnouzahir, Aberrahim Khouibaba, Pierre Lasry, Intissar Louah, Rachida M'Faddel, Soukayna, Bob Oré Abitbol, Serge Ouaknine, Nour Eddine Yahiaoui et Mohammed Zaari Jabiri. Leur production contribue à vivifier le dialogue entre cultures et civilisations dans ce pays qui vise à concilier les réalités, à souder les continents et à enrichir la condition humaine en pratiquant à la fois le partage, la connaissance, la reconnaissance et la fraternité universelle.

(Coll. Autour des textes maghrébins, 330 p., 33 euros)

ISBN : 978-2-343-17368-9, EAN EBOOK : 9782140126628

L'ENSEIGNEMENT-APPRENTISSAGE DU FRANÇAIS AU MAROC AU XXIE SIÈCLE

Vers de nouveaux enjeux ?

Mohamed Essaouri, Abdelouahed Mabrour, Mina Sadiqui

Quelles sont les influences qu'exercent les politiques linguistiques et éducatives suivies au Maroc, depuis plusieurs décennies, sur le statut de la langue française et sur les pratiques de classe au sein du système éducatif ? Les dispositifs pédagogiques conçus et mis en oeuvre sont-ils en adéquation avec la réalité des apprentissages visés? Quelles difficultés rencontrent les différents acteurs pour proposer des modalités d'enseignement efficaces et adaptées aussi bien aux besoins du public ciblé qu'aux différents contextes de son enseignement/apprentissage, du primaire à l'université en passant par le secondaire? Les contributeurs de cet ouvrage tentent d'apporter un éclairage sur la complexité de l'enseignement et de l'apprentissage d'une langue vivante dans un milieu plurilingue.

(Coll. Questions contemporaines, 260 p., 27 euros)

ISBN : 978-2-343-17439-6, EAN EBOOK : 9782140126697

A TORTS ET À RAISONS

Rania Berrada

Dans un hôpital psychiatrique de Paris, une jeune femme de 19 ans demande à se faire interner après avoir tenté de mettre fin à ses jours. Durant cinq jours d'internement, Imane Bennani essaye de comprendre ce qui l'a menée à ce geste. En contrepoint, le roman nous dévoile un récit du Maroc sous Hassan II, celui de la grand-mère d'Imane. Puis du Maroc de sa mère, fonctionnaire à Rabat. Et enfin celui d'Imane : un Maroc de l'élite et de la mission française. Il nous mène et nous ramène au Mir Ali, un quartier populaire de Oujda, qui est le fief de sa famille maternelle et le théâtre de la rupture et de l'impossibilité du dialogue.

(Coll. Lettres du monde arabe, 196 p., 19 euros)

ISBN : 978-2-343-17779-3, EAN EBOOK : 9782140127441

ÉCRIVAINS MAROCAINS DU MONDE
Volume 1
Canada

Najib Redouane, Yvette Bénayoun-Szmidt

Ce premier volume est consacré aux dix-sept écrivains suivants au Canada : Mary Abécassis Obadia, Georges Amsellem, Sylvia Assouline, Rachida Azdouz, Abderrahman Beggar, George Bénay, Yvette Bénayoun-Szmidt, Salomon Benbaruck, David Bendayan, Clémence Bendelac-Lévy, Mostafa Benfares, Kamal Benkirane, David Bensoussan, Fiby Bensoussan, Sofia Benyahia, Majid Blal et Radouane Bnou-Nouçair. Ces écrivains et écrivaines, juifs et musulmans, femmes et hommes, toutes générations confondues, qui écrivent en français et en anglais réalisent une variété d'écrits dans différents genres : poésie, récits, romans, nouvelles, dramaturgie et essais. Leur production apparaît comme une manifestation exemplaire et singulière sans cesse renouvelée qui vise à mettre en lumière les enjeux intertextuels qui se tissent entre la littérature et l'histoire de l'immigration.

(Coll. Autour des textes maghrébins, 318 p., 32 euros)

ISBN : 978-2-343-17367-2, EAN EBOOK : 9782140126611

L'ÉTRANGER AU MAROC
Droit et pratiques

Nadia Khrouz

Cet ouvrage a pour but d'éclairer les pratiques du droit des étrangers par l'analyse des mécanismes de déploiement et de mobilisation du droit tel qu'il se développe quotidiennement dans l'environnement marocain. Son objectif est d'observer, en contexte, le déploiement des activités d'acteurs impliqués ou confrontés à des questions touchant au droit des étrangers au Maroc. Au-delà d'éclairages sur les phénomènes sociaux entourant les droits des étrangers, il s'agit d'envisager les modalités par lesquelles le droit peut être appréhendé, les relations du droit avec la société et de la société avec le droit, ainsi que le droit comme phénomène social et politique.

(Coll. Les mobilités africaines, 394 p., 39 euros)

ISBN : 978-2-343-17560-7, EAN EBOOK : 9782140124310

L'EXIL INTÉRIEUR
Poésie

Hakima Loukili

La poésie se trouve partout, hante notre vie et notre devenir. Dans un tableau, dans un paysage comme dans les êtres eux-mêmes, se manifeste parfois encore une pénétration singulière, une sorte de plongée dans les profondeurs, provoquant une joie mélancolique, une tristesse complaisante ou désespérée, ou encore une jubilation soudaine, qui sont quelques-uns des effets de la beauté poétique. Parfois elle est un songe qui caresse notre quotidien, semble faite à notre image. Nous sommes les êtres d'émotions et nous remplissons le monde qui nous entoure de ces émotions.

(Coll. Harmattan Maghreb, 108 p., 13 euros)

ISBN : 978-2-343-17431-0, EAN EBOOK : 9782140124877

AUTRES PLUMES LITTÉRAIRES D'EXPRESSION FRANÇAISE AU MAROC

Sous la direction de Rabia Redouane

La présence d'une nouvelle génération d'écrivains au Maroc se caractérise par une création littéraire marquée par de nouvelles préoccupations esthétiques se distinguant de ses aînées aussi bien par sa modernité que par son originalité. Or, la majorité de ces nouvelles plumes demeure méconnue ou ignorée par la critique qui continue à privilégier certains écrivains qui sont trop médiatisés. Le but de cet ouvrage est de faire connaître certains de ces écrivains dont les écrits sont exclusivement édités au Maroc et de mettre en valeur l'originalité et la spécificité des thèmes traités, des styles et des formes de leurs procédés d'écriture romanesque.

(Coll. Autour des écrivains maghrébins, 274 p., 28 euros)

ISBN : 978-2-343-16838-8, EAN EBOOK : 9782140121159

LA RESPONSABILITÉ SOCIÉTALE DES ENTREPRISES AU MAROC

Facteurs déterminants, analyses perceptuelles et typologies comportementales

Adil Cherkaoui

Préface de Jacques Igalens ; postface de Jean-Marie Peretti

Les entreprises marocaines sont de plus en plus sollicitées pour intégrer des préoccupations à la fois économique, sociale et environnementale dans leurs pratiques managériales. L'objectif de cette recherche est d'expliquer les facteurs déterminant l'appropriation des démarches RSE par les entreprises marocaines et de comprendre les motivations, les freins et les acceptions qu'en font leurs acteurs au sujet de la RSE au Maroc. L'étude s'inscrit dans une logique de contextualisation des travaux de recherche sur le comportement managérial des firmes dans les pays en voie de développement.

(328 p., 34 euros)

ISBN : 978-2-343-17152-4, EAN EBOOK : 9782140121012

LE MAROC ET SES RIVERAINS MÉDITERRANÉENS

Emergence économique, réformes, défis et enjeux

Abdelghani Youmni

Dans quelle mesure les politiques économiques telles qu'elles ont été appliquées dans certains Pays du sud et de l'est de la Méditerranée (PSEM), durant les trois dernières décennies, ont impacté leur développement économique et social ? Ce livre cherche à comprendre et à tirer des conclusions et des leçons des trois dernières décennies, pour montrer qu'elles n'ont pas réussi à ajuster de manière efficiente les économies de ces pays. Les inégalités se sont davantage creusées dans des sociétés de plus en plus injustes et de plus en plus déchirées. Les « printemps dits arabes » ont montré le grand décalage dans cette région entre le temps politique, le temps économique, le temps social et le temps administratif.

(Coll. Histoire et perspectives méditerranéennes, 252 p., 26 euros)

ISBN : 978-2-343-16567-7, EAN EBOOK : 9782140119996

L'INTERNET AU MAROC

Militantismes, sociabilités et solidarités numériques

Sous la direction de Souad Azizi

Cet ouvrage questionne trois dimensions de l'usage d'Internet au Maroc constituant un enjeu majeur, pour toute société et pour la société marocaine en particulier : la dimension militante, la dimension relationnelle et la dimension solidaire. Les contributions s'articulent autour des trois axes thématiques suivants : l'Internet comme espace de "militantisme numérique", les usages et représentations de l'Internet chez les parents et les enfants, enfin l'Internet comme espace public alternatif des communautés minorisées.

(Coll. Logiques sociales, 218 p., 22,5 euros)

ISBN : 978-2-343-16789-3, EAN EBOOK : 9782140117695

Structures éditoriales du groupe L'Harmattan

L'Harmattan Italie
Via degli Artisti, 15
10124 Torino
harmattan.italia@gmail.com

L'Harmattan Hongrie
Kossuth l. u. 14-16.
1053 Budapest
harmattan@harmattan.hu

L'Harmattan Sénégal
10 VDN en face Mermoz
BP 45034 Dakar-Fann
senharmattan@gmail.com

L'Harmattan Cameroun
TSINGA/FECAFOOT
BP 11486 Yaoundé
inkoukam@gmail.com

L'Harmattan Burkina Faso
Achille Somé – tengnule@hotmail.fr

L'Harmattan Guinée
Almamya, rue KA 028 OKB Agency
BP 3470 Conakry
harmattanguinee@yahoo.fr

L'Harmattan RDC
185, avenue Nyangwe
Commune de Lingwala – Kinshasa
matangilamusadila@yahoo.fr

L'Harmattan Congo
67, boulevard Denis-Sassou-N'Guesso
BP 2874 Brazzaville
harmattan.congo@yahoo.fr

L'Harmattan Mali
Sirakoro-Meguetana V31
Bamako
syllaka@yahoo.fr

L'Harmattan Togo
Djidjole – Lomé
Maison Amela
face EPP BATOME
ddamela@aol.com

L'Harmattan Côte d'Ivoire
Résidence Karl – Cité des Arts
Abidjan-Cocody
03 BP 1588 Abidjan
espace_harmattan.ci@hotmail.fr

L'Harmattan Algérie
22, rue Moulay-Mohamed
31000 Oran
info2@harmattan-algerie.com

L'Harmattan Maroc
5, rue Ferrane-Kouicha, Talaâ-Elkbira
Chrableyine, Fès-Médine
30000 Fès
harmattan.maroc@gmail.com

Nos librairies en France

Librairie internationale
16, rue des Écoles – 75005 Paris
librairie.internationale@harmattan.fr
01 40 46 79 11
www.librairieharmattan.com

Lib. sciences humaines & histoire
21, rue des Écoles – 75005 Paris
librairie.sh@harmattan.fr
01 46 34 13 71
www.librairieharmattansh.com

Librairie l'Espace Harmattan
21 bis, rue des Écoles – 75005 Paris
librairie.espace@harmattan.fr
01 43 29 49 42

Lib. Méditerranée & Moyen-Orient
7, rue des Carmes – 75005 Paris
librairie.mediterranee@harmattan.fr
01 43 29 71 15

Librairie Le Lucernaire
53, rue Notre-Dame-des-Champs – 75006 Paris
librairie@lucernaire.fr
01 42 22 67 13

www.ingramcontent.com/pod-product-compliance
Lightning Source LLC
LaVergne TN
LVHW011019061026
849535LV00006B/1956